從俾斯麥到希特勒
回顧德意志國

Von Bismarck zu Hitler
Ein Rückblick

德意志
三部曲
2

賽巴斯提安·哈夫納◎著　周全◎譯
SEBASTIAN HAFFNER

周全譯序

德意志：一首未完成交響曲

今日的德意志聯邦共和國雖是德意志國之合法繼承人，卻並未恢復德意志國。我們從郵票即可看出此事：德意志帝國、威瑪共和國以及「第三帝國」在郵票上面打出的國號，都是「德意志國」（Deutsches Reich）。今日的郵票上面則只打出「德國」（Deutschland）字樣。二者在程度上的確有所差別，我們不妨這麼表示：德意志國是「未完成式」，因為任何講德語的地區都有可能成為日後納入的對象；德國則是「完成式」，表明這個民族國家「到此為止」。

本書德文版原名《從俾斯麥到希特勒：回顧》，是德國政論大師及現代史家賽巴斯提安．哈夫納晚年的著作，被德國輿論界譽為「哈夫納留給後世的遺產」。哈夫納以時代見證者的身分口述這部遺產時，彷彿從遠方透過望遠鏡一般，回顧了「德意志國」的時代。我們因而直接在中譯版的副標題加上「德意志國」四字，以便讀者立即掌握全書的主題。

德意志國（Deutsches Reich）是德國歷史上的專有名詞，用於稱呼一八七一至一九四五年之間的德意志民族國家。它同時也是德國在一八七一至一九四三年之間的正式國號，只有在第二次世界大戰末期才改稱「大德意志國」——當時希特勒的德意志國已經敗亡在即。

希特勒在一九四五年毀滅了德意志國，俾斯麥則在一八七一年建立德意志國。這正是本書主標題《從俾斯麥到希特勒》之由來，表明書中所回顧的對象，就是德意志國在俾斯麥時代與希特勒時代之間的演變史。但德意志國並非無中生有憑空冒出來的，而且未曾隨著希特勒的自殺而馬上結束。全書的範圍於是向上和向下伸延，旁及於德意志國形成的經過以及德意志國身後的歷史。

德意志國的前身是北德意志邦聯（北德同盟），乃一八六四年的普丹戰爭和一八六六年的普奧戰爭之結果。普魯士擊敗奧地利並將之逐出德境，同時併吞若干支持奧地利作戰的北德邦國以後（如併吞漢諾威王國），在一八六七年將德境北部的軍事同盟改組成為一個君主立憲的邦聯。從此有了德國歷史上的第一個聯邦國家和民族國家。

接著普魯士在一八七〇／七一年擊敗法國，南德四邦隨即於一八七一年加入北德意志邦聯，北德意志邦聯遂更名為德意志國，由普魯士國王擔任世襲的德意志皇帝。此後的德意志國又分成三個風貌迥異的階段：起初是德意志帝國，一九一八年打輸第一次世界大戰以後變成了威瑪共和國，從一九三三年開始則是納粹德國。最後希特勒發動第二次世界大戰，導致德國戰敗並淪為美、蘇、英、法四強的占領區。於是德意志國「以三場戰爭作為序幕，然後以兩場駭人聽聞的世界大戰收尾」，從一九四五年開始只能存在於虛無縹緲間，進而在一九四九年分裂成兩個國家——德意志聯邦共和國與德意志民主共和國。

那一切都發生於八十年左右的時間內，因此哈夫納在本書的開頭部分，立刻點出了德意志國的三個奇特之處：國祚短促、變化多端、戰爭之國。他並且強調，德意志國看起來簡直是從一開始就把自己推向毀滅，所以從俾斯麥通往希特勒之路不僅是德意志國的歷史，同時亦為德意志國敗亡的歷史。

本書的結構則是透過下列章節，描繪出德意志國本身的七十四年歷史及其前因後果：德意志國的形成（德意志民族運動）；俾斯麥時代、德皇時代、第一次世界大戰、一九一八年（德意志帝國）；威瑪與凡爾賽、興登堡時代（威瑪共和國）；希特勒時代、第二次世界大戰（納粹德國）；德意志國身後的歷史（四國占領區與德國的分裂）。

我們明白了書中所回顧的對象之後，現在也必須回顧一下本書初版的時間，因為其中饒有深意，並且還影響了全書的結論。

哈夫納出書的時間，往往另含玄機。例如《從俾斯麥到希特勒》完成於一九八七年。那年哈夫納八十歲、北德意志邦聯成立一百二十週年、普魯士被二戰戰勝國「宣判死刑」四十週年。而尤其重要的是：東德「國務委員會主席」何內克前往西德進行官式訪問，獲得國家元首級的禮遇，德國一分為二的態勢儼然已成定局！

於是哈夫納在本書最後一章——〈德意志國身後的歷史〉——將德意志國蓋棺論定，以無懈可擊的論證列出許多重大歷史轉捩點，藉此標明德意志國從一九四五年開始的緩慢死亡過程已告結束。我們可將之總結如下：美英法三國占領區和蘇聯占領區各自在一九四九年建國；史達林在一九五二年提議讓德國以中立國的地位重獲統一，但遭到美國拒絕；東西兩德在一九五五年恢復武裝並分別加入「北約組織」和「華約組織」；東德在一九六一年蓋起柏林圍牆，在一九六七年將「兩國論」入憲，兩德並存的事實自此難以動搖；東西兩德在一九七二年相互承認對方是主權國家（特殊國與國關係），而後在一九七三年同時加入聯合國。

況且德國的分裂是冷戰下的產物，而東西德邊界就是「鐵幕」的中央段落，以及美蘇兩大軍事陣營的最前線。美國不可能讓蘇聯收編西德，蘇聯也不可能讓美國收編東德，一場核子大戰的威脅，更讓雙方不敢輕舉妄動而陷入僵局。美國、蘇聯和歐洲各國因而舉行了「赫爾辛基會議」來制訂歐洲的和平規範，與會各國並在一九七五年做出決議，承認彼此皆為地位平等的主權國家，並且保證不干預其他簽約國的內政——東西兩德亦為簽約國，雙方的關係從此進一步正常化。

於是哈夫納得出結論如下：「恢復（或者重新建立）一個不論以何種形式涵蓋全德的國家——一個新德意志國——之前景，最後已然消失。……歷史發展日益遠離了德意志國。它從一九四五年時的影子國家，一個任由四大戰勝國擺布的對象，已經逐步演變得完全不復存在，甚至倒退至無法重建的地步。」言外之意就是：不可能重建德意志國，而且德意志國早已一去不返。

然而就在德意志國離我們漸行漸遠之際，卻突然出現意外狀況：本書初版兩年以後，柏林圍牆在一九八九年十一月九日夜間「倒塌」；初版三年以後，東西兩德在一九九〇年十月三日統一。那麼作者在結論中做出了錯誤的預測嗎？

不論哈夫納所做的預測是否正確，都無損於本書的價值。因為歷史學家不是命理大師，其責任絕非預告未來，而是要以客觀中立的態度來呈現過去的事實，「以史為鏡」

令世人知道以往的得失，設法避免在未來犯下同樣錯誤。這正是哈夫納在〈一九九〇年的後記〉中所欲表達的看法：德意志國的歷史將繼續維持當初的原樣，不可能因為德國的再統一而有所改變；從俾斯麥到希特勒之間的歷史教訓則比以往任何時刻都要來得更加迫切，因為它已經告訴我們，「德國可以非常迅速地向世人呈現出一種截然不同的面貌」。

這不禁令人回憶起當初德意志國成形的經過：一九九〇年德國再統一的方式，是東德以五個「邦」的身分加入德意志聯邦共和國《基本法》（憲法）所適用的地區——其情況豈不就類似南德四邦在一八七一年加入北德意志邦聯時的情況？德意志國的歷史豈不正是一面很好的鏡子，可供記取教訓？

就德國的再統一而言，那簡直出自歷史的意外！譯者曾在一九八〇年至一九九〇年底之間定居西德（然後前往蘇聯以及蘇聯解體後的俄國住了七年），我可以依據自己的親身經歷表示：當時歐洲人根本料想不到德國還會有統一的可能。畢竟德國的分裂源自美蘇兩強的對峙，而且歐洲各國對統一的德國心懷畏懼（希望德國「越多越好」），就連許多德國人也害怕德國統一（擔心「再度出怪」）。

但就在東德四十週年國慶前夕，萊比錫於一九八九年秋季爆發了固定舉行的「週一示威」，然後蔓延至全東德。最後光是東柏林一地，即有多達五十萬名憤怒的百姓不斷高喊：「我們要出去！」東德政府無計可施，只得在十一月九日傍晚召開國際記者會。會中慌張做出的官方宣布，讓電視機前的東德百姓誤以為可立即獲准自由出境，於是紛紛前往東西柏林的交界。東德衛兵眼見來者人多勢眾，乾脆撒手不管，讓東柏林的人潮不斷湧入西柏林，柏林圍牆從此倒塌。

東德示威群眾此後喊出的口號則相繼變成「我們留下來」、「我們就是人民」、「我們是一個民族」。於是東西兩大陣營突然面臨一個駭人的事實：東德百姓希望跟西德統一！在第一次世界大戰結束後，戰勝國面對奧匈帝國德語地區要求與德國統一的呼聲時，立即加以否決。如今卻正眼看待東德百姓的要求。

此時戈巴契夫統治下的蘇聯早已放棄「布里茲涅夫主義」，不再干預東歐附庸國的內政。美蘇兩國也已經和解，結束了冷戰，使得導致德國分裂的先決條件不復存在。再加上西德一向表現得相當循規蹈矩，大致消除了歐洲各國的疑慮，而且歐洲也已走上區域整合之路（歐盟）。結果東西兩德與四大戰勝國順利舉行「二加四會議」，最後在一九九〇年獲准完成德國的再統一。

今日的德意志聯邦共和國雖是德意志國之合法繼承人，卻並未恢復德意志國——至少無意給人這種印象。我們從郵票即可看出此事：德意志帝國、威瑪共和國以及「第三帝國」在郵票上面打出的國號，都是「德意志國」（一九四三年底至一九四五年則為

「大德意志國」)。今日的郵票上面則只打出「德國」(Deutschland)字樣。二者在程度上的確有所差別，我們不妨這麼表示：德意志國是「未完成式」，因為任何講德語的地區都有可能成為日後納入的對象；德國則是「完成式」，表明這個民族國家「到此為止」。我們讀完本書以後應可對此產生更多體會。

由此看來，哈夫納的結論其實說不上是錯誤，而且他無法想像東西兩德「還會有辦法融合成一個順利運作的國家」之觀點，目前甚至已部分得到證實：德東與德西的百姓相處並不融洽，德西的百姓巴不得重新建立柏林圍牆，德東的百姓卻開始懷念昔日的東德。

總之，哈夫納在一九八七年推出本書時，於德國看似再也無法統一之際，以一貫的精闢見解為德意志國做出了總結。這讓我們不僅也有機會如同透過望遠鏡一般來回顧德意志國，更可回顧德意志國身後的歷史在末期階段之真實情況。因此即使進入二十一世紀以後，本書仍然一字未改地不斷再版，繼續獲得德國讀者五顆星的最高評價。

導言

Einleitung

「德意志國」從一開始就大於——但同時也小於——「德國」這個民族國家。「小於」是因為它只在普魯士力有所逮的範圍內被建立成一個民族國家，因此它稱得上是：「普魯士的德意志國」；「大於」則隱喻中世紀「德意志民族的神聖羅馬帝國」在歐洲跨越民族界限的普世要求。

「德意志國」既可以是「普魯士在最大範圍內所能支配的德國」，或者也可以意謂「德國在最大範圍內所能支配的歐洲或世界」。前者是俾斯麥的見解；後者則是希特勒的詮釋。從俾斯麥通往希特勒之路，不僅是德意志國的歷史，同時亦為德意志國敗亡的歷史。

如果我們彷彿透過望遠鏡一般地來回顧德意志國的歷史，馬上可以發現三個奇特之處。

首先是這個國家的短暫壽命。它只在前後共計七十四年的時間內，成為一個具有行為能力的整體：從一八七一到一九四五年。即便有人寬宏大量，將其前身的「北德意志邦聯」[1]一併列入，同時在尾巴加上第二次世界大戰結束後，四大戰勝國還願意將德國視為一個整體來管轄的短暫時期，所得出的總和也只有八十或八十一年（一八六七至一九四八年），僅僅相當於一個人一生的歲數。就一個國家存在的期限而言，這個時間未免短得可怕。我幾乎不曉得還有任何別的國家會如此國祚短促。

其次引人注目的是，德意志國在此非常短暫的生命期限內，至少有兩度（一九一八年和一九三三年）——但實際上是三次（還包括更早的一八九〇年）——徹底更改了自己的內在性格與外交政策路線。這八十年的時間內於是出現過四個涇渭分明的階段，而我們甚至可以如此表示：德國在其中的每一個階段都變成了另外一個德國。

第三個奇特之處則在於，這段如此短暫的歷史是以三場戰爭作為序幕，然後以兩場駭人聽聞的世界大戰收尾，而其中的第二次世界大戰或多或少脫胎自第一次世界大戰。由此看來，德意志國的歷史簡直就像是一部戰爭史，而且難免會有人設法把德意志國稱作「戰爭之國」。

人們自然會想問個明白，那一切到底是怎麼回事。莫非德國人天生就比其他民族更加好戰嗎？我並不這麼認為。若將德國人的歷史看待成一個整體，亦即著眼於一千年出頭的時光，便可發現德國人在俾斯麥時代以前很少發動戰爭，而且幾乎沒有發動過侵略戰爭。德國自從近代初期以來就位於歐洲的中央，成為一個巨大而呈現出多元面貌的緩衝地帶，不但時而有外力介入干預，德境內部也爆發過大規模的軍事衝突：諸如「施馬爾卡爾登戰爭」、「三十年戰爭」、「七年戰爭」……等等。[2]但是這些內部紛擾並未演變成對外侵略的行動，不像德意志國在二十世紀的時候卻有兩次那麼做了，並且隨之走上末路。

德意志國究竟為何覆亡？它為什麼會偏離其創建者俾斯麥的初衷，變成一個向外擴張、侵略成性的國家？對此出現過各種不同的理論，但我認為它們都不怎麼具有說服力。

1 北德意志邦聯（Norddeutscher Bund）或譯為「北德同盟」，成立於一八六六年八月，原本是一個以普魯士為首的軍事同盟，一八六七年七月成為君主立憲的邦聯，一八七一年一月納入南德四邦以後擴充為德意志帝國。

2 「施馬爾卡爾登戰爭」或譯為「徐馬爾卡爾底戰爭」，是神聖羅馬帝國皇帝與新教諸侯進行的宗教戰爭（1546-47）；雙方最後在一五五五年簽訂《奧古斯堡和約》，確立了「地區決定信仰」的原則。「三十年戰爭」（1618-1648）使得神聖羅馬帝國正式四分五裂，「七年戰爭」（1756-1763）則促成普魯士崛起。

其中有一種論點把全部責任都推給普魯士——德意志國畢竟是透過普魯士才建立起來的。德意志國完全被看成是某種形式的「大普魯士國」(至少其建國者如此認為),由普魯士在德境享有主導地位。在此過程中同時出現了德國的第一次分裂:奧地利被排除在德國之外。這麼說來,一切都該歸咎於普魯士了?假如當初法蘭克福「保羅教堂」內召開的國民議會,在一八四八革命時就能夠將德國建立在民主的基礎上,一切豈不可以發展得比較理想?

但說來奇怪的是,情況並非如此。即便有許多人這麼認為,然而法蘭克福國民議會的外交政策可一點也不和平。「保羅教堂」事實上甚至將許多場戰爭一併納入考量——「左派」的國民議會成員巴不得跟俄國大打一仗來解放波蘭;中間派及「右派」的議員則為了「什列斯威—霍爾斯坦」[3]的緣故,不惜與丹麥開戰,而且普魯士果真在一八四八年把那場「代理戰爭」進行了好一陣子,然後才半途收兵。除此之外,「保羅教堂」內許多身為自由民主派人士的政界顯要並且大刺刺地公開宣示:我們的當務之急,就是要為德國爭取權力。

> 德意志民族已對原則與教條、字面上的「偉大」和理論上的「存在」深感厭煩。它所要求的,就是權力、權力、權力!能夠給它權力的人,就可以從它那邊得到

榮耀，而且所能得到的榮耀將超出該人自己的想像。

以上是尤利烏斯．福祿貝爾的用語；此人今日早已遭到遺忘，然而當時他是「保羅教堂」大德意志派政治人物中的翹楚。

在整個「保羅教堂」裡面都非常強烈的願望，就是要擺脫德國人數百年來在歐洲中央所處的被動狀態。他們希望能夠仿效歐洲外圍列強已經行之有年的做法，也來推動權力政治與擴張政策。此類的願望在俾斯麥身上卻淡薄許多，而且他在一八七一年後不斷強調，德意志國是一個已經飽足的國家。但比較正確的講法其實是：普魯士在這個國家的內部已經飽足，而且過於飽足。或許普魯士向南德的進展，甚至已略微超出自身勢力範圍的天然界限。不過一直要等到俾斯麥下台以後，才會發現德國其實完全未曾饜足——而且隨著普魯士的色彩日益減少，德意志民族國家的成分不斷增多，那個現象也就益形顯著。因此我們無法用普魯士的罪過來解釋德意志國的罪過（假如我

3 什列斯威與霍爾斯坦是德境最北方的兩個公國，由丹麥國王兼任公爵。其中霍爾斯坦隸屬於德意志邦聯，什列斯威則地位不確定（北部居民為丹麥人、南部居民為德國人）。二公國曾立誓「永不分離」，但丹麥兩度企圖正式合併什列斯威，導致德意志邦聯兩度對丹麥作戰（1848-51, 1864）。什列斯威在一八六四年以後完全劃入德境，一戰結束後北什列斯威屬於丹麥、南什列斯威屬於德國。

們硬要使用「罪過」一詞的話）。反之：當普魯士依然在德意志國境內享有支配權的時候，它實際上扮演了剎車而非發動機的角色。

此外還有各種不同的講法被拿來解釋德意志國走上擴張與覆亡的理由。例如有一派理論將工業化視為主要原因，因為它促成德意志國在極短時間內躍升為歐陸首屈一指的經濟強權：這種快速工業化釋放出強大的社會動能，最後爆炸開來。

這種論點可以用一個事實來加以反駁：工業化並非德國特有的發展。工業革命在十九世紀的時候分成幾個階段逐步傳遍了歐洲大陸。它傳到法國的時間稍早於德國，以及荷蘭和比利時等較小型的西歐強國。奧地利開始工業化的時候又比德國晚一點，而俄國開始的時間更晚。那是一個全歐洲性的發展過程。德國固然將工業化進行得特別徹底和特別成功，但整體而言仍大致與歐洲其餘各國同步邁進。假如德意志國的駭人動能與擴張主義是工業化所導致的結果，那麼自然而然就會衍生出另外一個問題：為何偏偏只有德國如此？莫非一個目前正走紅的史學流派在此發揮了作用，有意以言過其實的方式將經濟與政治緊密地結合到一起？

其他若干解釋模式則讓人注意到，它們涉及了特定政治立場的意識型態，而且實際上是被刻意構思出來，以便為相關政治立場做出證明。比方說吧，如果有誰看法與列寧一致，也認為「帝國主義是資本主義的最高形式」的話，那麼免不了就會怪罪於資本主義，認為是它害得德意志國走上帝國主義，並且為此而土崩瓦解。

或許因為我不是馬克思主義者的緣故，那種論點向來無法令我折服。但即便試著設身處地從馬克思主義的角度來思考，我也無法不注意到，有許多奉行資本主義的國家從未走上帝國主義之路——例如高度資本主義化的瑞士。那些國家為何沒有走上帝國主義呢？該問題導引出另外一種截然不同的解釋模式，而且我認為這種解釋更加合情合理。

瑞士是一個小國，而小國與大國在外交上的生存法則迥不相同。小國必須選邊站或者維持中立，向來無法試圖透過自己的強權政治來改善命運。各大強國卻很容易就會出此下策。他們只要在任何地點發現了空隙，便傾向於朝著那裡擴張過去，藉以鞏固和擴大自己的權力，而權力正是其賴以立國的基礎。德意志國是一個強權，這是它有異於德境昔日國家型態的地方，以及真正的新奇之處。然而德意志國找不到什麼有機可乘的空隙，難以趁虛而入進行擴張。

一位青壯派的美國歷史學家大衛．卡里歐曾經表示：「**德意志國誕生於包圍之中**。」這麼講就正確多了，因為打從一開始就有許多強權環伺在德意志國的周圍。德意志國在西方面對法國和英國，在南方和東南方與奧匈帝國接壤（當時奧地利仍為列強之一），在東方則毗鄰巨大的俄羅斯帝國。

德意志國的地理位置可謂相當不利。它缺乏可供開拓的自由空間，既無法像英國、法國，甚或比利時、荷蘭、西班牙、葡萄牙等國那般經由海路進行擴張，也無法和俄國一樣東向深入亞洲腹地。但就另一方面而言，德意志國已然成為強權，於是也具備了強權的本能，打算讓自己變得更大。這種本能可說是一開始就被放入了它的「大國搖籃」。

此外還存在著第二項不利的因素：德意志國處於不大不小的尷尬地位。早在建國戰爭的時期就已經顯示出來，它在一對一的時候或許強過任何單獨的歐洲大國。但它當然敵不過列強的同盟，更遑論是由圍繞在外的全體強權一起組成的同盟。正因為這個緣故，德意志國始終對此類的同盟心生畏懼。列強當中的法國、奧地利、義大利，甚至俄國都感覺自己不如德意志國強大，於是傾向於爭取與國來締結同盟。德意志國又因為它們的此種傾向，不斷設法阻止形成這樣的同盟，必要時更不惜訴諸武力，透過戰爭來加以破除。我們可別忘了：對當時所有的強權來說，戰爭仍然是「最後的理性」，亦即最終與最嚴峻的政治手段。這種情況所導致的結果是：德國人在違背帝國創建者原意的情況下（我在此重覆這一點，並且將在後面更詳細地加以闡述），往往會認為建立德意志國的工作仍不完全——它非但不是民族歷史的極致，反而是一個跳板，通往從未明確定義出來的擴張行動。

人們為何將一八七一年在凡爾賽宮建立的德意志民族國家稱作「德意志國」(Deutsches Reich)，而不直截了當地稱之為「德國」(Deutschland)?主要的理由在於：它從一開始就大於——但同時也小於——「德國」這個民族國家。「小於」，那是因為它將許多德國人排除在外的緣故：它是「小德意志」國。它只在普魯士力有所逮的範圍內被建立成一個民族國家，而且必須與普魯士的霸主地位協調一致。因此它稱得上是：「普魯士的德意志國」。

但是「德意志國」這個名目不僅涵蓋了此一「較小」的層面，同時也隱喻著「較大」的一面：此即中世紀「德意志民族的神聖羅馬帝國」在歐洲跨越民族界限的普世要求。「德意志國」既可以是「普魯士在最大範圍內所能支配的德國」，或者也可以意謂「德國在最大範圍內所能支配的歐洲或世界」。前者是俾斯麥的見解；後者則是希特勒的詮釋。從俾斯麥通往希特勒之路，不僅是德意志國的歷史，同時亦為德意志國敗亡的歷史。

這部歷史最令人毛骨悚然的地方在於，德意志國看起來簡直是從一開始就把自己推向毀滅。其權力擴張的規模變得越來越大、越來越難以捉摸，以致德意志國為自己創造出一個由敵人所構成的世界，最後被那個敵對的世界擊破，並且在敵國之間遭到瓜分。隨著德意志國的分裂，那些敵國卻彷彿受到魔棒點擊一般，突然都不再是敵人。

自一九四九年起接替俾斯麥帝國的兩個德意志國家——「德意志聯邦共和國」與「德意志民主共和國」——打從一開始就分別在西方和東方沒有了敵國。時至今日我們所生活的時代，東方對「德意志聯邦共和國」，以及西方對「德意志民主共和國」的繼續存在，似乎也都逐漸有辦法以正面的態度來加以看待。兩個德意志國家已經對峙了幾近四十年，而且此種局勢還看不見有結束的一日。這正好讓我們有辦法以從前不可能的方式，彷彿從遠方透過望遠鏡一般地來回顧「德意志國」的時代。

第1章

德意志國的形成

Entstehung des Deutschen Reiches

對法之戰變成了第一場真正的德意志民族戰爭，而且對德意志民族意識來說，北德意志邦聯在戰後的擴充才意味著真正的「建國」。一八七〇年於是將德意志民族運動與其來自拿破崙時代的源頭銜接起來：如今再度反抗法國，再度反抗一個名叫拿破崙的皇帝，更何況對許多德意志民族主義者而言——無論他們身在普魯士、在北德，還是在南德——一八七〇年的戰役，就是針對十九世紀最初十年內的拿破崙征服戰爭所進行的復仇雪恥行動。

人們總喜歡表示，德意志國建立於一八七〇／七一年。然而那其實是一種誤導性的說法。德意志國並非冷不防驟然被「建立」出來的，它反而具有一段相當漫長，為時超過二十年的演進歷程：從一八四八年到一八七一年。

德意志國衍生自一個怪異的不對稱聯盟，其中一方是普魯士的德國政策，另一方則是德意志民族運動。這個同盟關係之所以不對稱，不僅僅是由於俾斯麥稍微把重心拉到了普魯士那一邊的緣故，同時也因為它一開始就由完全相互對立的勢力所組成，是一個既矛盾十足又難以預測的聯盟。

無論普魯士還是德意志民族運動，二者在德國歷史上現身的時間都很晚。普魯士是在一七〇一年才成為一個國家、於一七五六至一七六三年的「七年戰爭」期間才開始躍升為強權，[1]而且嚴格說來是在一八一五年「維也納會議」以後才成為德意志的強權。之前普魯士一直強烈傾向於朝著波蘭的方向發展，而且在一七九六至一八〇六年之間的十年內，它更是一個半德意志半波蘭的雙民族國家——華沙當時隸屬於普魯士。

普魯士實際上是在一八一五年才轉向西方，被推入了德國的懷抱。它所擁有的波蘭土地已經喪失殆盡（但並未悉數損失），它在德境西部的疆域則大幅擴充，獲得了萊茵省作為補償——然而那些新增的土地與普魯士位於德境東部的核心地帶完全不接壤。普魯士因此在地理上成為一個不完整的國家，必須想方設法將自己的領土連貫起來，而且是在德意志境內這麼做。也就在這個時候，普魯士躍升為德境僅次於奧地利的第二大強權。聽起來非常怪誕的事情是：在十九世紀推動德國政策的那個普魯士，其實遲至一八一五年以後才開始成形。

德意志民族運動存在的時間也長不了多少——它誕生於拿破崙的年代。我們首先必須明白的是：十九世紀之前從未有過德意志民族國家。古老的神聖羅馬帝國向來就不是一個民族國家，而且它在十三世紀以後日益裂解成許許多多個據地稱雄的諸侯國。但這並不意謂，當時的德國人會覺得那是什麼特別不自然的現象。例如名作家維蘭德在十八世紀末葉為席勒的《三十年戰爭史》撰寫序論時，仍然可以表示：「我們有充分的理由來宣稱，……這種四分五裂的局面為我們帶來的整體益處，遠遠凌駕於壞處之上。或許說不定正是歸功於分裂的緣故，我們才會享有這麼多的益處。」在那個年代可還沒有人認為，德國必須變得跟法國一樣，成為一個緊密結合的權力架構、成為一個國家，而且是一個民族國家。

無論是民族運動，還是身為德意志主要強權的普魯士，都在十九世紀初葉才走入

1 一七〇一年時，「布蘭登堡選侯」於僻處神聖羅馬帝國境外的東普魯士成為國王（「在普魯士的國王」）。「布蘭登堡—普魯士」在七年戰爭時期搖身成為歐洲列強之一，其統治者腓特烈二世（「大帝」）從此改稱「普魯士國王」。

德國歷史。同時二者起先絕非盟友，反而是敵人。有兩個很好的理由促成了這種敵對關係。首先，若以現代通用的政治概念來表達，普魯士屬於「右派」：它仍然是一個具有濃厚封建色彩的農業國，一如既往由貴族在鄉間進行統治，同時這個農業國又具備了現代化的專制官僚體系。從我們今天的角度來看，這兩項特質都會被歸類成十足的「右派」作風。

德意志民族運動卻是一個「左派」的運動。其初衷在於模仿大革命時期的法國，因此起先也和民族解放以及自由民主等運動有所關聯。德意志民族運動隨著拿破崙才開始強大起來，而拿破崙先是在德國政治界與知識界的圈子內，接著也越來越在一般德國大眾之間，激發出兩種截然不同的反應。其中之一是：「這種事情絕不可再度發生到我們身上！」第二種反應則大致為：「我們有朝一日也要有辦法那麼做！」拿破崙時代的法國是德意志民族運動的榜樣，而拿破崙就是該運動的「非婚生父親」。

德意志民族運動同時也是一個反法運動，因為法國人來到德境時的身分，並非只是榜樣和現代化的推手而已，他們還是征服者、壓迫者與剝削者。他們尤其是軍事上的剝削者，因為德國人曾經被迫加入法方作戰，以致在拿破崙戰爭期間流了許多鮮血。

完全相反的觀感因而混雜在一起：一方面是對法國人的強烈恨意（「這種事情絕不

可再度發生到我們身上！」），可是另一方面卻出現了心嚮往之的願望（「我們有朝一日也要有辦法那麼做！」）。拿破崙所成就的功業，顯然必須歸因於法國在大革命期間的「民族主義化」與「全面政治化」，而且他將二者繼承過來以後便繼續發揚光大。德境某些圈子裡面的人士，則早在拿破崙的時代之前即已醉心於法國新出現的自由、平等，以及具有民族主義色彩的民主。就「解放戰爭」時期的普魯士軍方而言，他們的態度也沒有太大差別——從沙恩霍斯特或格奈森瑙均可看出此點。[2]其立場為：我們必須向法國學習，必須仿效法國人向我們示範的事情，而最終的目的不外乎為了以牙還牙。仇恨與欽佩便如此交會起來。

人們往往喜歡將德意志民族運動過度理想化，甚至直到今天依舊如此。早期的德意志民族主義者們，特別是其中最具重要意義的斯坦因男爵，迄今仍一直被視為德國政治家的楷模。[3]可是在此還是小心為妙。如果我們將歌德排斥德意志民族運動的態度

2　沙恩霍斯特（Gerhard von Scharnhorst, 1755-1813）和格奈森瑙（August Neidhardt von Gneisenau, 1760-1831）都是具有自由主義思想的普魯士名將。二人曾在普軍被法軍擊潰之後主導了普魯士的軍事改革，使得普魯士有能力進行反抗拿破崙的「解放戰爭」。

3　斯坦因男爵（Freiherr vom Stein, 1757-1831）是出身萊茵地區的普魯士改革家和德意志民族主義者，其名言為：「我只有一個祖國，它叫做德國。」

納入考量，如果我們進而閱讀湯瑪斯・曼於《綠蒂在威瑪》一書中對這種排斥態度所做的陳述，[4]難免會變得非常憂心忡忡。因為那個早期的民族運動已經不無國家社會主義的味道：例如以一種極度誇張的自我標榜和自我崇拜，將德國人視為「原本民族」、固有的民族、真正的民族，以及歐洲最實在和最優秀的民族——但其中同時又充滿了可怕的恨意，例如劇作家克萊斯特寫道：「把他們打死！最後的審判不會向你們詢問那麼做的理由。」在恩斯特・莫里茲・阿恩特身上，我們也可以發現這種令人憂慮、既模仿法國又極度仇視法國人的混合態度。[5]更糟糕的是，那種態度因為哲學家約翰・戈特里布・費希特而進一步得到合理化。

這些潮流之所以產生了極為重大的意義，是因為在普魯士與民族主義的不對稱聯盟當中（德意志國即由此衍生而出），德意志民族運動曠日持久之後反而成為較強大的一方——儘管俾斯麥起初看似達成了完全相反的結果。到了最後，民族運動遙遙凌駕於普魯士之上，促成德意志民族主義和擴張主義節節攀升，最後在希特勒統治下臻於極致。不過這種「左」「右」之間的對立，僅僅是促成普魯士與民族運動彼此出現敵意的兩大理由之一而已。第二大理由則源自奧地利與普魯士的對立關係：德意志民族運動走的是「大德意志」路線，普魯士卻頂多只可能採取「小德意志」的德國政策。然而那要等到一八四八革命以後才昭然若揭。

普魯士與奧地利曾經在一八一五至一八四八年之間攜手合作，而且合作的目的就是為了鎮壓德意志民族運動。兩國在這方面的共同工具乃「德意志邦聯」。

在維也納會議上，具有革命色彩的德意志民族國家理念遭到斷然拒絕；但是重建不合時宜、一八〇六年已遭解散的「神聖羅馬帝國」之構想，也同樣被束諸高閣。德意志邦聯這個由三十八個邦國和自由市所組成的鬆散同盟，如今取代了古老的神聖羅馬帝國，而且它從一開始的目的之一，也正是為了阻止中歐出現一個權力集中的民族國家。

德意志邦聯的結構非常不平均：其成員國包括奧地利和普魯士兩大強權，巴伐利亞、符騰堡、薩克森與漢諾威四個中等大小的王國，其餘則都是一些小邦國和自由市。這種內部權力的分配方式，可讓人由小見大聯想起今日聯合國的狀況。身為德意志邦聯之父的奧地利首相梅特涅，在想法上類似聯合國的精神導師，美國總統羅斯福。令

4 歌德曾在一八〇八年表示：「德國原無足掛齒，每個單獨的德國人卻意義重大。」《綠蒂在威瑪》（*Lotte in Weimar*）則撰寫於一九三九年，可視為《少年維特的煩惱》之續集——「綠蒂」（夏綠蒂）為歌德年輕時愛戀的對象，但她已有婚約。書中敘述二人分手四十多年後，綠蒂在威瑪與歌德重逢的經過。

5 恩斯特·莫里茲·阿恩特（Ernst Moritz Arndt, 1769-1860）乃德意志愛國主義詩人和波昂大學歷史教授，具有濃厚的仇法與反猶太色彩。阿恩特的詩作《何謂德國人的祖國？》後來被譜曲成為德意志民族運動的「國歌」（參見本章譯注十四）。

羅斯福深信不疑的是，聯合國的順利運作有賴於美蘇兩強不斷事先取得諒解；梅特涅也始終堅信，除非擔任主席國的奧地利小心翼翼地與另一個強權——普魯士——攜手合作，否則德意志邦聯便無法運作下去。以一八一九年的《卡爾斯巴德決議》為例，它是事先由奧地利和普魯士在卡爾斯巴德敲定，然後才由德意志邦聯在法蘭克福表決通過，導引出惡名昭彰的「追捕煽動者」措施。雖然該決議的構想源自奧地利，普魯士卻把它執行得特別起勁。

各種箝制措施所波及的對象主要為各大學、文學界和新聞界，但它們實際著眼的目標就是民族運動——在一八一五至一八四八年之間，只有透過大學、文學界和新聞界之類的「媒介」（這是我們今日的用語），才能夠讓人感覺到民族運動的存在。於此情況下，一八四八革命不僅是針對鎮壓與迫害所做出的回應，同時也是一場民族革命。它試圖取消一八一五年時有關德國的規定，並以一個德意志國來取代德意志邦聯，而且那個國家應當是一個「大德意志國」。

這第一個德意志國竟然從一八四八年夏天到一八四九年初，存在了將近一年之久。它有過一位國家元首、一個內閣，以及一個國會（即召開於法蘭克福「保羅教堂」內的國民議會）。那個國家甚至還得到美國承認，只不過它並沒有真正的力量。

這第一個德意志國唯一的權力基礎，就只是德境各邦爆發的「三月革命」，而且那場革命氣數不長。早在同一年的夏天，革命即已顯露疲態；時序入秋之後，德意志雙雄已在本國境內敉平革命——在奧地利是血腥鎮壓，在普魯士則是不流血落幕。法蘭克福「保羅教堂」內的國民議會開始注意到，自己的德意志國缺乏國家的構成要素，即軍隊與政府。國民議會必須設法張羅它們。可是該從何處著手呢？這種念頭所得出的奇特結論為：要把那兩個機構借過來使用，而且是向普魯士借用。

當那個嶄新的德意志國為了什列斯威－霍爾斯坦的緣故，打算在一八四八年向丹麥開戰的時候，便委託普魯士軍方代為執行，而且戰事起先進行得還相當順利（那是在一八四八年夏初，當時普魯士自己也仍然擁有一個革命政府）。等到普魯士由於列強的干預而在同年九月被迫退出戰局，同時法蘭克福也爆發騷亂之後，普魯士軍隊又被召喚過來進行救援。時至革命的最後階段，亦即一八四九年初，保羅教堂國民議會完成自己建國大業的做法就是進行表決，以些微多數通過將普魯士國王選舉為世襲的德意志皇帝。但眾所周知的結果為，普魯士國王拒絕了那頂皇冠，因為他再也無意跟革命有所瓜葛。

對保羅教堂裡面的那些先生們而言，此事不啻晴天霹靂。但更加令人詫異的事情（起初就連他們自己也大感意外），卻是那些議員竟然派團勸進，請求普魯士國王接受德意志的皇冠。德意志民族運動其實向來具有大德意志色彩，而且法蘭克福國民議會的成員也一面倒地心懷大德意志：他們推舉出來的「帝國攝政王」是一位哈布斯堡家族的大公爵；奧地利人在「德意志國政府」內的聲勢非常浩大；奧地利的代表們還一起參加了投票。那麼他們為什麼會突然轉而投向普魯士的懷抱呢？

這是一種權宜之計、一種退讓行動，以及向現實投降——因為奧地利帝國非但出人意料地並未土崩瓦解，反而還卯足全力恢復原樣，並且再也不打算將自己的德裔百姓釋放出去，讓他們加入一個新炮製出來的大德意志國。法蘭克福國民議會於是迫不得已而限縮範圍，願意接受一個由普魯士出面領導的小德意志國。那是民族主義革命者所採取的「現實政治」，是一種令人心痛的犧牲，更何況還是遭到拒絕以後所做出的犧牲。但無論如何：德意志民族主義首度認同了普魯士的小德意志方案，即便那只是退而求其次的選擇。結果早在俾斯麥登台之前，德意志民族主義運動已經一度主動著眼於這種替代性的聯盟。

這種普魯士與德意志的協同一致，甚至還在俾斯麥主政以前第二度短暫成真，而且是直接發生於一八四八革命結束後。但這一回是由普魯士採取主動。普魯士雖曾拒絕從革命運動手中接受德意志的皇冠，可是有關普魯士出面領導小德意志統一的構想，在柏林並未被當成耳邊風看待。柏林當局的構想是組成一個諸侯同盟，它固然結構鬆散，不過最起碼已初具邦聯的形式，並且還擁有一個國會——更何況那一切當然與革命無關。於是普魯士在腓特烈・威廉四世國王主導下，在一八四九年成立了「德意志聯盟」，一個由二十八個德意志邦國所組成的邦聯。其涵蓋範圍與日後的德意志國不盡相同，因為巴伐利亞和符騰堡自始就不捧場。漢諾威和薩克森兩個王國也在加入不久以後便退出了。

其中值得注意的地方是：法蘭克福國民議會的殘餘成員在哥塔繼續集會，並決議支持「德意志聯盟」。他們對此做出的解釋為：應以實現之前在法蘭克福所追求的「目標」為重（即統一德國，必要時不惜採取小德意志統一方案），而非斤斤計較表面上的形式。

民主派的民族主義者因而並非導致「德意志聯盟」失敗的理由，外交方面的因素才使得它未能成功。奧地利在俄國的支持下強力反對「德意志聯盟」，最後並以戰爭為威脅，要求重建昔日的「德意志邦聯」。結果普魯士被迫讓步，同時俾斯麥在普魯士下議院發表了關鍵性的演說來聲援退讓措施。俾斯麥當時仍然反對與德意志民族主義結盟、支持恢復舊邦聯，並贊成重建普魯士與奧地利之間的良好關係——正因為這層緣故，他在一八五一年七月被送去法蘭克福，擔任普魯士派駐重建後的德意志邦聯之代表。俾斯麥在法蘭克福一直任職到一八五九年三月初。他是在那段期間內才逐漸痛下決心，要讓普魯士與德意志民族運動結盟。

接下來必須對俾斯麥多加著墨。但是我們轉向俾斯麥的故事以前最好先說明一下，普魯士與德意志民族運動矛盾百出的結合，如何在一八六六年和一八七〇年被俾斯麥帶向成功之前，就已經曇花一現地有過具體結果。

一八四九／五〇年的「德意志聯盟」，在宗旨上已經與一八七〇／七一年的德意志帝國相同，在實務上則有些類似一八六七年俾斯麥的「北德意志邦聯」：若無法涵蓋整個德國的話，那麼至少也應該在德境北部組成一個由普魯士出面領導的諸侯同盟，並且將奧地利排除在外——不過這種行動必須獲得德意志民族主義者以及議會成員的積極認同與配合。至於在普魯士與民族革命運動結成的同盟裡面，到底應該由誰來當馬兒，由誰來當騎士呢？就連這個問題也已經完全用類似日後俾斯麥的方式加以解決了。

一八四八／四九年的時候，民族革命運動還打算讓普魯士為自己出力，可是那種做法遭到拒絕。到了一八四九／五〇年，卻是普魯士讓民族革命運動為普魯士的德國政策效勞。隨著主客形勢的易位，雙方於是在哥塔締結了盟約。那整個行動之所以失敗的原因，則在於缺乏外交上的保障與作戰的意願。俾斯麥後來在一八六六年和一八七〇年補足了這兩樣東西。俾斯麥個人對德意志建國所做出的貢獻就在於此——而且基本上僅止於此。建國構想的本身在他之前早已存在，所需要的只是爭取到俾斯麥，讓他皈依過來罷了。

此事發生於俾斯麥派駐法蘭克福的時期，亦即一八五〇年代；促成俾斯麥改變信念的因素，則是他在重建後的德意志邦聯所親身領教的奧地利政策。一八五五年他在一份遞交柏林的報告中寫道：

當我四年前過來的時候，我絕非徹頭徹尾地與奧地利為敵；然而現在我除非否認自己的每一滴普魯士血液，否則便無法對時下奧地利當權者所認知的那種奧地利維持最起碼的好感。

我們不妨回憶一下：德意志邦聯在一八一五至一八四八年之間，始終是由奧地利與普魯士共同主導。奧地利固然是德意志邦聯內部最大的強權，並且固定擔任主席國，但普魯士畢竟是另外一個大國。梅特涅治理下的奧地利在一八一五年以後，決意與身為另一強權的普魯士攜手合作。但一八四八年後的情況已不復如此。甚至重建德意志邦聯的工作，也是奧地利不顧普魯士的反對而強制完成的。兩國是以競爭者、對手和敵人之身分步入新的德意志邦聯，同時奧地利起初是占優勢的一方。

德意志民族運動在一八四八年以前始終受到壓迫。一八四八年以後卻不再有辦法完全加以制服。因為德國人此時已經曇花一現有過實地建立德意志國的經驗，而且那個經歷令他們難以忘懷。德意志民族運動即便無權無勢，仍然繼續是一個不容忽視的政治因素，成為兩大強權都必須設法籠絡利用的對象。一八四八／一八四九年以後，於是出現了一個直到一八四八年為止都還不存在的東西：德國問題。

奧地利與普魯士即為德國問題當中的競爭對手。而這正是俾斯麥在法蘭克福擔任普魯士駐德意志邦聯代表時所發現的情況。

除了普魯士之外，就連奧地利也必須在一八四八年以後發展出自己的德國政策，而且是以自成一格的方式來進行。普魯士的德國政策自然而然一直偏向「小德意志」，有時甚至只著眼於德國北部。相反的是，奧地利如欲繼續維持自己的多民族國家特質，同時又主宰一個在某種程度內獲得統一的德意志國，那麼就必須以「超級大德國」為標的：一個「七千萬人的帝國」。那正是奧地利的「俾斯麥」——施瓦岑貝格侯爵——在一八五〇年實際推動的政策。施瓦岑貝格即便已於一八五二年猝逝，其思維方式卻並未隨之消逝，而且他敵視普魯士的態度更是繼續沿襲下去，從此普魯士被看成是爭奪德國時必須加以削弱、甚至儘可能加以摧毀的對手。俾斯麥是一個非常容易受到刺激的人，對此的感受也就特別強烈，縱使奧地利的德國政策在他的法蘭克福時期已不再那麼直接具有攻擊性。以下引文摘自俾斯麥一八五六年撰寫的備忘錄：

維也納的政策已讓德國對我們雙方而言過於狹窄；若始終無法針對各自在德國的勢力範圍做出誠實協議並付諸施行的話，我們兩國就是在耕種同一塊受到爭執的田地，那麼奧地利將是唯一可以讓我們持續有所失或持續有所得的國家。

他在同一篇《宏觀報告》的另一個段落，也已經談到了下列可能性：

我們將在不很長的時間內，必須為了自己的生存對奧地利作戰，而且那是我們無力避免的事情，因為德國的事態別無其他出路。

無怪乎在那個稱得上是「俾斯麥的信仰轉變期」，並由此衍生出許多德國歷史事件的階段，最先出現的就是俾斯麥對奧地利的敵意。有關普魯士與德意志民族革命運動結盟的想法則來得比較晚。而且那可謂是新形成的普奧敵對關係所導致的不可避免的結果。在一份完成於一八五八年的冗長備忘錄裡面（柏林政治圈當時譏之為「馮·俾斯麥先生的小書」），我們可以讀到：

普魯士的利益與除了奧地利之外的大多數邦聯成員國完全一致，卻無法與邦聯各國政府的利益取得交集，而最德國化的做法，莫過於發展出立意正確的普魯士分離主義。

如果那聽起來還有些拐彎抹角的話，俾斯麥在一年以後便開門見山地表示：「普魯士所能擁有的唯一既可靠又持久的盟友——若有心爭取的話——就是德意志民族。」又過了一年以後，他在一八六〇年已經忍無可忍地表示：「我們為何如此畏懼人民代議制——無論那是在德意志邦聯還是在關稅同盟議會？」（十年以前他還認為，「普魯士的榮譽」首先在於「普魯士遠離與民主的一切可恥同盟關係」。）時至一八六三年一月，普魯士派駐法蘭克福邦聯會議的代表公開宣讀了一份原則聲明，贊成透過直接秘密普選來組成一個代表民意的議會。那時俾斯麥已經在三個月之前出任普魯士首相兼外交部長。

「普魯士憲政衝突」促成俾斯麥被任命為首相，但我們無須在此細述那段戲劇性的歷史。我們只需記住的是，普魯士也曾經有過非常強大的自由主義民族運動。俾斯麥以「衝突部長」之姿所推行的政策，使得他自己起先無法被那個運動接受。[6]然而俾斯麥的腦海中始終縈繞著一個念頭，那就是他有朝一日可將普魯士境內與境外的自由派人士爭取為盟友、與他們和解——他必須那麼做，並且能夠成功做到，而實際做法就是滿足那些人的民族願望。俾斯麥擔任首相以後，便在他著名的第一篇演說中表示：「德國所仰望於普魯士的，不是自由主義，而是其實力」，以及：「**當前的重大問題不是靠演說和多數派決議所能決定的，而是靠鐵和血**。」那也就是後來果真發生的事情。

人們向來只注意到那篇講詞當中具有挑釁意味的「鐵和血」這個用語，卻忽略了俾斯麥已在此做出暗示，向自由派人士表達強烈的求和意願。鐵血宰相向國會議員們傳達的訊息是：政府需要那支違背其意願而被擴大的軍隊，以便有朝一日能夠用武力來實現他們也爭取的目標，亦即建立一個德意志民族國家——一個與普魯士結盟、受到普魯士領導的國家，即便它只是一個小德意志國，甚或僅僅是一個北德意志國。這打從一開始就是俾斯麥的主意。因此若有人宣稱，當俾斯麥在一八六二年出任普魯士首相和外交部長之際，一八六六年的戰爭及隨後的和約已經在他腦海中構思完畢，那並不算是特別誇張的講法。

6 普魯士國王威廉一世於一八六一年登基前後開始進行軍事改革，引起普魯士下議院不滿。一八六二年五月，自由主義派（「進步黨」）取得國會多數以後拒絕通過政府預算案，於是「軍事改革衝突」進而演成「憲政衝突」。此時已無人願意出面組閣，威廉一世只得任命俾斯麥為首相，對抗國會繼續進行軍事改革（「衝突部長」）。俾斯麥為了展現善意，在九月三十日向下議院預算委員會發表《鐵血演說》，不料導致群情激憤、危機愈演愈烈。俾斯麥此後連續四年不向國會提出預算案（「無預算政府」），執意完成軍事改革。一八六六年普魯士擊敗奧地利後舉國歡騰，下議院於是追認了之前四年內的各種違法支出，普魯士憲政危機於焉結束。

只不過這種講法多少還是有一點誇張。俾斯麥於一八九〇年被解職之後不久，曾在一次訪談中大致說出了有關自己的實話：

政治人物就好比是森林中的健行者，他固然清楚自己行進的路線，卻不曉得將在哪一個地點走出森林……。只要有任何解決方案能夠讓我們不必打仗就實現普魯士的擴大和德國的統一，我都會欣然接受。有許多不同的道路通往我的目標。我必須按照順序一步接一步走下去，最後才走上最危險的一條路。一成不變可不是我的作風。

但無論如何，目標已經確定下來：那就是要擴大普魯士，並且在與之並行不悖的最大範圍內實現德國統一。同時從一開始也相當清楚的是，這個目標只可能在違逆奧地利意願的情況下加以達成，而且通往目標的最危險途徑——戰爭之路——到頭來勢在必行。就此而言，一八六六年的戰爭不同於俾斯麥的另外兩場戰爭，其中包括之前在一八六四年爆發的戰爭。那場因為什列斯威—霍爾斯坦的緣故，由普奧兩國聯手對付丹麥的戰爭，只不過是為了用武力來解決普魯士與奧地利的德國之爭而走上的許多條彎路之一罷了。俾斯麥透過戰後起先由普奧共管，而後分別加以統轄的什列斯威—

霍爾斯坦，在德意志兩大強權之間製造出新的爭端。然而那其實只是一個即興之作：導致這場爭端的誘因事先無法預見，而且在什列斯威－霍爾斯坦問題突然迫在眉睫之前，[7]俾斯麥幾乎並未留意於此。

聽起來或許令人吃驚的是，同樣的講法也適用於俾斯麥最後和最大的一場戰爭，即一八七〇／七一年的德法之戰——那場戰爭促成德意志國的誕生，並且以遠甚於一八六六年德意志「兄弟戰爭」的方式，於俾斯麥去世後為他在德國帶來了榮譽和聲望。

不過讓我們再繼續探討一下那場兄弟戰爭，因為它以遠甚於一八七〇／七一年德法之戰的程度，導致德國局勢出現革命性的變化。其結果完全符合了——並且比之後的德法之戰更能夠符合——俾斯麥長久以來透過各種不同途徑所爭取的目標。這可以從四個方面來看：

首先，普魯士的面積巨幅擴大，不但併入了一整個王國（漢諾威王國），而且什列斯威－霍爾斯坦、黑森選侯國、拿騷公國都變成了普魯士的省分；法蘭克福那座古老的帝國自由市與之前德意志邦聯會議所在地，則成為普魯士的省級城市。普魯士同時完成了最後與最大一次的領土擴張，並在本國歷史上首度於德境擁有完全連成一氣的

7「突然迫在眉睫」指的是，丹麥在一八六四年突然宣布正式合併什列斯威。

疆域。[8]我們應該不至於錯怪了俾斯麥，如果我們宣稱：對身為普魯士政治家的俾斯麥而言，這就是那場戰爭的最重要結果。

其次出現了一個新的機構：北德意志邦聯。這個看似稀鬆平常的名稱，實際上在背後隱藏著第一個德意志聯邦國家，它可以——或許也必須——成為日後德意志國的濫觴，而且此事果然在四年以後成真。北德意志邦聯二十三個成員國所占的比重非常不平均：普魯士在一八六六年進行併吞之後，全國百姓多達二千四百萬人，其餘二十二個成員國的人口總數卻只有六百萬。可是不管怎麼樣，北德意志邦聯擁有一個透過全民普選產生的「國家議會」、一位「國家總理」，以及一支邦聯陸軍[9]——普魯士陸軍縱使遙居第一，卻仍只是其中的成分之一而已。從俾斯麥的角度來看，北德意志邦聯是他向德意志民族運動（及其議會民主願望）支付的頭期款。但仍無法確定的是，俾斯麥除了這筆頭期款之外，是否還會願意做出更多表示。

第三，南德的四個邦國（巴伐利亞、符騰堡、巴登、黑森—達姆斯塔特）有史以來第一次變得完全自立自主，僅僅透過軍事聯盟和關稅同盟與普魯士產生連結。他們後來與北德意志邦聯合併，其實是一八七〇／七一年的戰爭在德境內部造成的唯一改變，而且基本上並非什麼驚天動地的變化。即便如此，對德意志民族意識來說，那才是真正的建國行動。至少它使得北德意志邦聯可以更名為「德意志國」，北德意志邦聯的普魯士主席則改稱「德意志皇帝」。[10]

第四，奧地利在一千年的歷史上，首度與德境其餘部分完全不再具有同一國關係，並且因而必須大規模進行內部改造，在與匈牙利達成「折衷方案」後，將奧地利帝國改制為奧地利皇帝兼匈牙利國王的雙元帝國。[11] 俾斯麥與奧地利簽訂的和約則刻意不要求割地賠款，避免造成任何不必要的羞辱，於是保障了日後與奧地利結盟的可能性。

從俾斯麥的普魯士眼光來看，上述一切加在一起以後，其實正是德國的理想狀態。然而在德意志——甚至是小德意志——民族主義者的眼中，那卻只可能是一個過渡狀態。但決定實際政策的人並非德意志民族主義者，而是俾斯麥。我們在此必須提出的問題是：俾斯麥從一八六七年到一八七〇年之間的目標，是否果真在於完成民族統一之戰？俾斯麥於一八九〇年代撰寫回憶錄、為自己創造神話的時候，曾試圖讓人產生

8 一八六六年以前，漢諾威王國橫隔在普魯士東部與西部領土的中間。漢諾威王國於普奧戰爭時期支持奧地利，結果在奧地利戰敗後被併入普魯士。

9 由於地理因素的緣故，德境各邦只有普魯士擁有海軍。

10 德皇威廉一世的頭銜為德意志皇帝（Deutscher Kaiser），而非「德國皇帝」（Kaiser von Deutschland）。德境各邦的君主無法接受「德國皇帝」這個頭銜，因為它意味著臣屬關係（「德意志皇帝」則是被擁戴出來的共主）。

11 奧地利帝國（1804-1867）在一八六七年改制為奧匈帝國（1867-1918）。

那種印象。不過我們若閱讀俾斯麥在一八六六至一八七〇年之間真正表達過的意見，尤其如果把它們拿來跟他一八六六年時的言論做比較的話，就會產生很不一樣的觀感。其中的矛盾之處十分明顯：俾斯麥在一八六六年以前態度堅定不移，不惜鋌而走險來實現目標；在一八七〇年以前卻寧可靜觀其變，同時展現出斡旋或勸解的作風。他在那幾年內雖然繼續與德意志民族運動結盟，但是他對此的保留態度比一八六六年之前來得更加強烈。

俾斯麥的保留態度在一八六六年危機時最為強烈。一八六六年七月，當克尼格雷茨戰役已告結束，普奧雙方尚未在尼科爾斯堡進行停戰談判之際，俾斯麥向普魯士派駐巴黎的大使發出指示如下：

> 我們普魯士的需求，只侷限於透過某種形式來支配北德的力量……。我毫不考慮便說出了「北德意志邦聯」一詞，因為在我看來，如欲在必要範圍內鞏固邦聯的話，就不可能將南德、天主教、巴伐利亞的元素一併納入。後者仍將在很長的時間內，不會心甘情願地接受柏林統治。

與此同時，在一封發給普魯士「美因河軍團」指揮官的電報中，甚至出現了一個俾斯麥在一八五一年以前經常說出、但在一八六六年其實已不再使用的強硬字眼：「民族主義騙局」。

這個字眼此後不再出現。俾斯麥出任北德意志邦聯的總理以後，便千方百計不讓人對他的德意志民族意識產生懷疑；但是他也刻意不對此做出任何承諾。例如俾斯麥在一八六七年三月再度向駐法大使表示：

> 他們打算將美因河沿線建構成豎立在我們與南德中間的一道圍牆，[12]而我們已經接受此事，因為那符合我們的需求和我們的利益；可是他們是否未能在此認清，美因河並非一道真正的圍牆，反而……像是一座柵欄，可任由民族主義的潮流從中尋路穿越？

他在一八六八年五月表達得更加含蓄：

> 我們每個人都把民族統一放在心上，可是對深思熟慮的政治人物而言，首先考

12 此處的「他們」指的是法國人。

> 量的是必要性，然後才考慮喜歡與否——也就是先把房子蓋起來，然後才擴建房屋。德國若還能夠在十九世紀達成自己的民族目標，那在我眼中將是難能可貴的事情；假如它在十年甚或五年之內即可實現，那就是一個非比尋常的事件，是出乎意料之外的上帝恩典。

最後則是俾斯麥針對德意志民族主義提出的各種忠告當中，或許最經常被引用的一段，出處是他一八六九年二月二十六日發送給北德意志邦聯駐慕尼黑大使的公告：

> 透過武力來促進德國統一的做法，我也認為並非不可行。然而另外一個完全不同的問題卻是：應如何負起責任決定要用暴力導致一場災難，並且承擔後果來挑選行動的時間。若一意孤行、純粹遵循主觀因素來干預歷史發展的話，所造成的結果將永遠只是打落了尚未成熟的果實。德國的統一在此刻仍然是一個未成熟的果實，我相信這是有目共睹之事。

就我看來，上述那些引文反駁了長年以來在德國受到公認，並且由俾斯麥自己事後加油添醋的一種講法：俾斯麥在一八七〇年正如同一八六六年時那般，也刻意挑起戰爭，藉此完成德國的統一大業，以便將北德意志邦聯改造成德意志帝國。

其實俾斯麥並不急於「擴建自己的房屋」，而且一八七〇年在幾天之內便導致戰爭爆發的「七月危機」，甚至讓他本人也大吃一驚。他那一封著名的「埃姆斯電報」雖導致法國向普魯士宣戰，但實際上只是針對霍恩佐倫家族的旁支繼承西班牙王位一事（更何況當事人已宣布放棄西班牙王位繼承權），回覆法國所做出的過度反應。俾斯麥固然引發了紛爭，可是他那麼做的理由，果真是為了要向法國開戰？莫非那其實是一種測試，或者套用俾斯麥自己當時的講法，是一座「和平的湧泉」？因為在一八六六到一八七〇年之間，法國和普魯士彼此若曾有過嫌隙的話，懷恨的一方是法國而非普魯士。法國覺得自己由於一八六六年的戰事而受到委屈，甚至吃了悶虧。

俾斯麥在一八六六年的時候，完全與拿破崙三世的法國攜手合作。拿破崙三世當時所推行的政策，是與歐洲各地的民族運動結盟——起先是在義大利，然後在德國以及在未獲成功的波蘭。這一切當然都必須由法國來操盤，而且巴黎當然希望藉由此種政策，獲得土地作為酬庸。這種土地索償問題，就是法國與北德意志邦聯從一八六六到一八七〇年那四年內的真正爭執點。

義大利曾經因為統一時所獲得的協助（但義大利獲得的協助，遠遠超過了普魯士－德國的案例），很大方地把尼斯和薩伏依割讓給法國。俾斯麥也曾讓法國寄望於獲得某種形式的補償，例如他在一八六七年甚至一度暗示可將盧森堡作為微薄的報酬，但接著又退縮了回去。於是憤怒的情緒在法國散播開來，出現「為克尼格雷茨復仇」[13]這句口號及某種形式的主戰派。而後在俾斯麥的推動下，有一位普魯士王室的遠房親戚成為西班牙王位繼承人選。此舉固然可以火上加油，但就另一方面而言，說不定是為了轉移焦點並發揮舒緩作用。我們永遠無法曉得，俾斯麥在內心深處究竟希望收到何種效果。但有一點可以確定的是：一八七〇年導致戰爭爆發的法蘭西—德意志顏面之爭，與德意志民族問題並無關聯。

儘管如此，這場對法之戰還是變成了第一場真正的德意志民族戰爭，而且對德意志民族意識來說，北德意志邦聯在戰後的擴充才意味著真正的「建國」。一八七〇年於是將德意志民族運動與其來自拿破崙時代的源頭銜接起來：如今再度反抗法國，再度反抗一個名叫拿破崙的皇帝，更何況對許多德意志民族主義者而言——無論他們身在普魯士、在北德，還是在南德——一八七〇年的戰役，就是針對十九世紀最初十年內的拿破崙征服戰爭所進行的復仇雪恥行動。民族自尊心和昔日對法國人的仇恨隨之驀然重返，而且這回德國人是較強的一方！那是多麼地美好，而且應該如此繼續下去，現在必須永遠將德國建立和鞏固起來。當時的民心就是那個樣子，俾斯麥不得不加以遷就。

但說來奇怪的是，俾斯麥並沒有完全遷就。這同一個人曾經在一八六六年以前肆無忌憚地併吞北德邦國、罷黜其君主、嚴加管束北德意志邦聯較小的盟邦，此後卻突然表現得宛如梅特涅時代的政治家。他很有耐心地與巴伐利亞國王、符騰堡國王、巴登大公爵、黑森－達姆斯塔特公爵進行漫長的談判，並且向他們做出重大讓步。他們全部都在一定程度上保留了自主權，巴伐利亞甚至享有真正的國家地位：它在極大範圍內保留自己的稅賦體制、自己的郵政、自己的鐵路、自己的陸軍（惟有在戰爭時期才接受德皇指揮），而且更加駭人聽聞的是，巴伐利亞有權向國外派遣大使，維持自己的外交工作！英國歷史學家泰勒因此往往不把俾斯麥稱做「帝國的建立者」，反而稱之為「帝國的阻礙者」，認為他只在非不得已的時候才允許民族統一。事實上，俾斯麥的「德意志帝國」就性質而言，遠較「北德意志邦聯」更像是一個邦聯而非聯邦國家。

那是因為俾斯麥在「建國」時期雖仍願意與德意志民族運動結盟，並且滿足其情感上的需求，但他絕未追尋後者的目標——讓德國成為領導和主宰歐洲的強權。[14]等到他

13 克尼格雷茨（Königgrätz）亦稱薩多瓦（Sadowa），乃普奧戰爭決定性戰役發生的地點。那句法國口號的原文是「為薩多瓦復仇」（Revanche pour Sadova）。

14 德意志民族運動的目標可從阿恩特《何謂德國人的祖國？》那首詩作看出：「何謂德國人的祖國？是普魯士？……是奧地利？……噢，不、不、不！他的祖國必須更大！……凡是德語響起之處……那就是它！」

治理新成立的德意志國之際，這種情況還可以更清楚地辨識出來。俾斯麥所在意的事項，依舊是維持普魯士在德國的優勢地位；然而在德意志帝國時代，此事已經不像北德意志邦聯時期那般理所當然了。相反的是：既然所有的小德意志願望皆已得到滿足，下一個步驟自然就是實現大德意志的民族目標。

如果我們衡量德意志國歷史的發展結果：該國在最末期和最向外拓展的階段，是由一位奧地利人擔任國家總理，這最後一任總理很快就從俾斯麥的小德意志國，製造出一個大德意志國，那個大德意志國隨即採取迥異於俾斯麥的做法，推動了侵略擴張政策，而這一切所引發的亢奮情緒，是俾斯麥在小德意志國所從未面臨過的——甚至連一八七〇年的時候也不曾有過；那麼我們禁不住想表示：俾斯麥的最高勝利已經暗藏著失敗的根源，德意志國的覆亡已隨著建國而萌芽。

第2章

俾斯麥時代

Bismarckzeit

我認為調解和平的方式，並非我們在相互分歧的立場之間擔任裁判，於是以德意志帝國的力量作為後盾開口說道：「一定非要這麼做不可。」我對此的想法比較謙遜，比較像是一個誠實的經紀人，希望讓生意真正能夠成交。我對自己的恭維則是，縱使英國和俄國無法自行達成共識，我們應該也有辦法成為值得雙方信賴的對象，正如同我確信我們可以在奧地利和俄國之間那麼做一般。（俾斯麥，一八七八年在帝國國會的演說）

從一八七〇／七一年的戰爭到第一次世界大戰的四十三年內，德意志國的歷史在表面上看來是一個整體。無論德國的疆界還是德國的憲法，在此階段內都完全不曾出現過改變。其間既無戰爭亦無革命，於是那四十三年非但成為德意志國歷史上最長的一個時期，同時也是最穩定的時期。然而經過更仔細觀察後，那四十三年卻裂解成兩個涇渭分明的段落：到一八九〇年為止是「俾斯麥時代」，一八九〇年以後則是「威廉時代」或「德皇時代」。

概括言之，第一個階段——俾斯麥時代——在內政方面往往很不幸福，而且四分五裂；在外交方面則行事審慎，而且非常和平。威廉時代剛好完全相反，在內政方面彷彿是一個事後補足統一的年代；在外交方面卻走上冒險主義路線，最後演成一場災難。但我們必須承認的是，威廉時代的外交政策在國內獲得了極為熱烈的正面回響。

就俾斯麥時代的氛圍而言，德國一俟勝利與建國的激情消散以後，便處於不幸福的年代。威廉時代卻直到第一次世界大戰爆發之初，都是一個幸福的年代。這有一部分純粹出於經濟上的原因。自從建國初期在一八七三年出現蕭條以來，歐洲各地和德國都普遍面臨經濟停滯或經濟衰退，而且那種情況甚至還超出俾斯麥時代一直延續到一八九五年。可是從一八九五到一九一四年之間，各國幾乎一直處於經濟蓬勃發展的階段。

我們在今天也還可以親身體驗到，經濟事務幾乎比政治本身更能夠決定國內的政治氣氛——即便在非社會主義國家，政治並不直接干預經濟。而俾斯麥就是那麼時運不濟，以致他的整個時代幾乎都是經濟蕭條期；威廉二世卻福星高照，於是在第一次世界大戰爆發之前（就某些方面而言甚至直到開戰以後），他在位的年代都處於經濟繁榮期。這種情況也和其他的因素有所關聯。在俾斯麥的時代，人口仍然不斷西向外移，從舊普魯士的農業地帶遷徙到西部的工業區。此外在俾斯麥時代的二十年期間內，更有一百多萬德國人移民美國。俾斯麥不擔任首相以後，德國人向國外移民的現象開始減少，最後幾乎完全停止。如今德國人在國內也可以充分就業，而且他們的工作待遇比較好。

上述各種與經濟息息相關，而且必須在此一提的事項，在我看來已經不屬於本書的主題範圍。因為德意志國並非由於自己的經濟狀況和經濟環境，更不是由於國內政策而走上末路（如同歷史學家阿圖爾．羅森貝格所言，它在誕生的時候就已經病入膏肓）。德意志國失敗的理由來自外在的形勢和本身的外交政策。

但在此還是必須對俾斯麥時代的內政做出一些注解，而如同前文所述，它曾經帶來了許多痛苦。就內政方面來說，俾斯麥是把自己的帝國建立在保守派與自由派的妥協之上（自由派同時也是民族主義者）。當初俾斯麥的普魯士「危機內閣」固然起源於政府和自由派之間的嚴重衝突，但俾斯麥一開始就希望與對手產生共識，並且相信雙方可以誠實地達成和解。他這種做法的基礎有二，一是滿足自由派人士的民族願望，二是在和解以後讓他們參與國家內政。

俾斯麥本人是保守派的君主主義者，不過他的帝國所賴以立足的憲政妥協，是以一種「半議會君主制」為前提。他在建國時期所欲達成的政治妥協，則著眼於保守派和民族主義自由派的持續結盟。這位「鐵血宰相」在一八六七至一八七九年之間，大體上是以保守派的立場為出發點，與自由派一同推行自由主義政策。到了最後，俾斯麥竟然打算讓一位自由派人士（來自漢諾威的本尼格森）加入普魯士內閣，甚至還想任命該人擔任副總理。那項計畫雖然未能成功，俾斯麥還是誠意十足地度過了自己的自由派階段。但俾斯麥無法預見的發展是，與民族自由主義派的妥協已不足以在一八七一年以後維護國內的和平了。

大約就在建立德意志帝國的同時，俾斯麥驟然發現自己面對著兩個嶄新的政黨和政治勢力。可是俾斯麥除了對它們進行毀滅戰之外，想不出更佳的因應之道——結果他自己打了敗仗。那兩股政治勢力分別為「中央黨」和「社會民主黨」。二者大致與帝國同時成立，因此稱得上是真正屬於德意志國的政黨，俾斯麥卻反而稱之為「國家公敵」。

他將那兩個政黨視為國家公敵的理論，源自二者的國際關聯性。中央黨是德國天主教徒的政黨，而且不可否認的事實是，天主教會無論在當時或現在都是一個跨國機構。當時的中央黨剛好就在俾斯麥時代強烈傾向於羅馬——人們甚至斥之為「山那邊的人」，因為他們簡直是把目光越過阿爾卑斯山而仰望羅馬。

長時間下來以後，中央黨卻在別的方面出現了有趣之處。德國其餘各個政黨都是階級政黨，例如保守黨是貴族的政黨、自由黨是當時正在力爭上游的中產階級政黨，新添加進來的社會民主黨則起初是純粹的工人政黨。中央黨卻不依附於任何階級，它反而將所有的階級兼容並蓄——天主教徒裡面也有貴族，甚至是高級貴族；天主教在中產階級的勢力也很龐大，此外當然還有信仰天主教的工人。中央黨設法將那些階級都整合到一起，並且在自己內部化解他們之間的衝突。那是創新之舉。中央黨屬於德國和歐洲前所未見的嶄新政黨類型：一個全民政黨。此事之所以饒有深趣，是因為我們今天幾乎只受到那樣的全民政黨所統治。更何況中央黨毫無疑問就是今日各個基督教聯盟政黨在歷史上的前身。[1]

1「各個基督教聯盟政黨」指的是二戰以後德國的「基督教民主聯盟」與「基督教社會聯盟」，分別簡稱「基民黨」（CDU）和「基社黨」（CSU）。二者都是今日德國的保守派政黨，而且「基社黨」只出現於巴伐利亞。

正是中央黨的這種特質，以及該黨跨越階級界限的結構，才使得俾斯麥心中惴惴不安。他懂得如何與不同的階級周旋，而且他在主觀意識上強烈認同自己所屬的階級——普魯士的「容克貴族」[2]。對俾斯麥而言，與其他的階級和階級政黨做出妥協，其實是相當自然的事情。可是一個不代表任何階級的政黨，在他看來就是國中之國，亦即「國家公敵」。於是俾斯麥在一八七〇年代處理中央黨的方式，不同於之前在一八六〇年代對抗自由派時的做法，並非透過鬥爭來獲致和平，反而是設法加以毀滅與粉碎。

可是他從未在這方面獲得成功。中央黨自始就是一個強大的政黨，而且該黨在一八七〇年代所謂的「文化鬥爭」時期（此即俾斯麥對中央黨進行的毀滅性戰爭），變得更加聲勢浩大。

就社會民主黨而言則缺乏這種著眼點。社會民主主義者構成了一個階級政黨，而且俾斯麥完全可以理解，為何工人階級——「第四階級」——也打算在政治上組織起來、取得發言權，並且維護己身的利益。他曾經在一八六〇年代與拉薩爾（社會民主運動的創始者之一）友好交往，甚至與拉薩爾共同追尋某些政治目標，縱使後來並未產生任何結果。俾斯麥之所以憎惡社會民主黨，並不在於其階級性，而是出自兩個因素：首先是該黨的國際化態度，其次，而且是更重要的理由，則在於該黨當時仍堅持的革命立場。

社會民主黨在草創之初是一個革命政黨，其成員不僅「大聲喧鬧」不已，還經常公開宣稱：他們有意建立一個截然不同的社會和一個徹底改頭換面的國家。不過他們並沒有因此變成國家的敵人。他們只打算在德意志國的框架內進行革命。但俾斯麥自從一八四八年以來就深深痛恨革命，那種厭惡感終其一生都未曾消失。他所想要的是一個階級社會，他希望自己所屬的階級在那個社會當中享有領導地位——但可做出妥協與資產階級自由派攜手並進。或許俾斯麥也曾經願意在適當的情況下，與工人階級取得妥協以維護政權。然而他畏懼並憎惡革命。

於是俾斯麥從一八七八年開始，對社會民主黨展開一場無情的鬥爭。《反對社會民主主義者進行危害公安活動法》[3]列出了許多可怕的規定：諸如放逐那些人的領袖（並

2 容克（Junker）一詞來自中古德文，原意為「少爺」(Jungherr)，用於稱呼年輕的貴族子弟。到了十九世紀，德國自由派人士及社會民主黨相繼將「容克」使用為對普魯士大土地貴族的貶稱。那些貴族卻也把「容克」拿來稱呼自己，藉此強化階級認同。「容克貴族」多半出身自易北河以東的普魯士農業地帶，直到二十世紀上半葉為止都在德國政界和軍方享有特權。其心態通常比較保守、反民主、反對共和，間接促成了一九三三年希特勒的上台。但一九四四年密謀刺殺希特勒的集團主要也來自「容克貴族」。

3 這個著名的法案通常簡稱為「反社會主義者法」。

非將他們驅離德國，而是逐出居住地），以及查禁社會民主黨的組織、集會、刊物、報紙等等。社會民主黨人士在俾斯麥時代的後半期，頂多只能算是處於半合法的狀態。他們受到了真正的迫害，即便他們獲准在國會爭取席次、進行選戰，並且派遣代表參加帝國國會。俾斯麥雖未插手干預那些憲法賦予的權利，可是社會民主黨在其他任何方面都繼續遭到禁止。然而該黨以勢不可遏的方式，在那個受迫害的年代隨著一次又一次的選舉而變得日益強大。那是籠罩在俾斯麥時代最濃密的政治烏雲之一。俾斯麥始終奈何不了社會民主黨，卻從未停止對之進行打擊，到了最後甚至還變本加厲，意圖全面查禁社會民主黨並將其領導人物驅逐到國外。但他已經沒有機會將那些計畫付諸實現了。

不過俾斯麥也曾經嘗試運用建設性的手段來打擊社會民主黨。一八八〇年代——亦即社會民主黨遭受迫害的年代——正好是德國社會保險政策的濫觴：一八八三年推出了健康保險、一八八四年推出了事故保險、一八八九年推出了傷殘保險。那在當時是一種極其大膽和創新的政策。除了德國之外，世上沒有任何國度擁有類似的事物。俾斯麥因此被譽為現代德意志社會福利國之父，而且直到德意志國走上末路為止（其實至今依然），德國在社會政策這方面一直領先其他國家。俾斯麥卻將這種政策看成是對抗社會民主黨之戰的一個環節。他希望一旦國家改善了工人的社會處境以後，就能夠把他們從社會民主黨那邊爭取過來。可是他未能達到這個目的。工人們雖然收下了社會政策所帶來的各項福利，卻不讓自己被收買。他們繼續認同社會民主黨。

我們還可以在此補充另外一點：俾斯麥於任期的後半段，更從一八七九年開始藉由政治措施來直接迎合德國不同階級的經濟利益。俾斯麥在一八七九年創建了「生產階層的卡特爾」（即大農業與大工業的聯盟），並透過實施保護關稅來拉攏那兩個集團。我們可以表示，他簡直是以有一點類似馬克思主義的方式，不僅試圖在政治方面，同時也在社會政策方面（在「階級上」）將國家塑造成一個整體。

到了俾斯麥時代晚期，德意志帝國已在內政上呈現出一種雙重性質，而且這種性質直到今天仍在德意志聯邦共和國繼續發揮作用：除了各政黨之外，還出現許多個聯合會。「農民聯盟」固然在一八九三年成立於俾斯麥下台後（主要是作為易北河以東地區的農業組織，而且是大地主與小農民之間的同盟），可是此前已經出現了重工業界的「德國工業家中央協會」、輕工業界以出口為導向的「漢薩聯盟」（金融業與銀行業亦積極參與其中），以及各種工會。那些工會完全在社會民主黨之外獨立運作，設法於經濟領域內直接改善工人的處境——所憑藉的並非政治革命，而是透過共同奮鬥來爭取更好的工作條件和生活條件，尤其是爭取更高的工資。這一切也都屬於俾斯麥在內政上的作為。

但即便有了這些成就，整個俾斯麥時代的內政氛圍都處於鬱悶和焦躁之中。其原因不僅僅在於經濟蕭條，同時也是俾斯麥的政策——或許更是俾斯麥自己的作風——所造成的結果。俾斯麥從來就不是一個委曲求全、具有圓滑外交手腕的政治人物。他難得藉由和藹可親的態度來取勝，而當俾斯麥在一八七一年贏得畢生最大勝利之際，已可明顯看出他晚年被解職後在心中充滿的那種憤懣。（德皇被擁立三天以後，他從凡爾賽寫信向妻子表示：「我曾經有好幾次迫不及待想成為一顆炸彈，爆發開來將整個架構炸成瓦礫。」）這不禁令人懷疑，俾斯麥是否在當時即已出現一種感覺，認為他在一八六七年達到真正的目標以後就衝過了頭，結果被自己與民族主義締結的盟約帶領得偏離路線太遠，於是創造出一個難以運作的東西，而且長此以往或許根本無法把它保留下來。顯而易見的是，俾斯麥在建國之後對自己的工作成果深深抱持著悲觀主義，那種悲觀主義同時涉及了德意志國的內部政局與外在形勢。

在內政方面，與各黨派及帝國國會持續進行的鬥爭令他憤慨不已。一八六七年時，俾斯麥還躊躇滿志地告訴國會（當時仍只是北德意志邦聯的國會）：

讓我們把德國放到馬鞍上面！它一定有辦法學會怎麼騎馬。

到了一八八三年，他卻很悲傷地引用自己從前說過的那句話，並且把它斷然收回：（摘自寫給羅恩伯爵的信函）

> 這個民族根本就不會騎馬！……我這麼講的時候並未動怒，反倒完全心平氣和：我所看見的德國前途是一片黑暗。

信中相關段落指的是國內政局，而非國際形勢。就國際形勢而言，「結盟的惡夢」一直令俾斯麥憂心不已：（一八八二年在帝國國會的演說）

> 數以百萬計的刺刀主要就直直指向歐洲中央，而我們就站在歐洲的中央。我們由於自己所處的地理位置，以及因為歐洲整體歷史的緣故，遂優先成為其他強權結盟對抗的對象。

當時有人向他表示：「您是在做結盟的惡夢！」俾斯麥回答道：「對德國的內閣大臣而言，這種惡夢在很長時間內——甚至直到永遠——都是非常合情合理的事情。」

俾斯麥對敵國同盟所抱持的畏懼固然合情合理，但令人懷疑的是，那果真只是出於地理上和歷史上的因素？其實更重要的理由來自外交方面。我們首先必須明白，一八七〇／七一年俾斯麥建立德意志帝國一事究竟帶來了何種巨大變化，以致日後的英國首相狄斯雷利在當時就已經稱之為「德國革命」。德意志建國之前，德國人所居住的歐洲中央地帶一向是由許多小邦、中等規模的邦國，以及兩個大國所構成。它們彼此之間（以及與其他歐洲強國之間）只是很鬆散地結合在一起，其鄰國根本沒有害怕它們的必要。也沒有人能夠表示，「德意志邦聯」於一八一五至一八六六年的半個世紀內，曾經在任何時刻面臨過危險，必須對抗歐洲大國及外圍強權所組成的優勢同盟。

「德意志邦聯」現在卻突然被一個緊密結合、非常強大、非常軍國主義的國家所取代。原本讓中歐對外力產生緩衝作用的一大塊「海綿」或一大片五色繽紛的「塑料墊」，如今卻在某種程度內變成了一個水泥塊——一個令人望而生畏、有許多砲管向外伸出的水泥塊。一場戰爭促成了這種令德意志民族主義者精神振奮、卻令歐洲其餘各國焦慮不安的轉變。而新浮現的德意志強權在那場戰爭中，同時展現出巨大的力量和某種毫不通融的強硬態度。一八七〇／七一年「德法戰爭」的進行方式與結束過程，已不像一八六六年的「普奧之戰」那般通情達理了。

尤其自從併吞亞爾薩斯–洛林之後，俾斯麥可謂使得新成立的德意志國一開始就和法國成為「世仇」。俾斯麥本人很早即曾對此說出發人深省的看法，但知道這件事的人不多。一八七一年八月的時候，他已向當時法國派駐柏林的代辦表達了意見，而那位代辦立即向巴黎提交書面報告轉述如下：

> 就長久維護和平而言，我們已經犯下一個錯誤，那就是把亞爾薩斯—洛林從你們手中拿了過來。因為那兩個省分讓我們處境尷尬，它們彷彿像是有法國藏身在後面的波蘭。

可見俾斯麥十分清楚自己所做的事情。他為什麼還是那麼做了？歷史學家們至今仍不斷對此做出揣測。但俾斯麥的動機不太可能是出自德意志民族主義的願望——讓自古以來就屬於德境、在兩百年前才被法國併吞的亞爾薩斯「回歸祖國」。俾斯麥從來就不認為他的新德意志國與舊帝國有任何關聯，因為舊帝國的核心不在普魯士。更強有力的論點是在軍事方面。「斯特拉斯堡」和「麥次」兩大要塞對軍方人士而言，就是德意志國新近獲得的南德疆土之鎖鑰。[4]俾斯麥通常完全不向軍事觀點低頭。

4 斯特拉斯堡是亞爾薩斯的首府，麥次則是洛林的首府。

如果這回他是因為軍方而那麼做的話，或許是因為他相信法國的復仇之戰必不可免——他曾在一八七一年多次表示：「**他們永遠無法原諒我們的地方，就在於我們打了勝仗。**」正由於俾斯麥預料戰爭將會發生，才使得軍事觀點也對他產生了重要意義。我們不妨這麼表示：在一八七一年後的最初幾年內，令俾斯麥擔憂的事情並非國外的同盟，而是法國近在眼前的復仇行動。俾斯麥的德意志國所出現的第一次外交危機，便清楚地呈現此事。一八七五年時，法國已經非常快速地從敗仗和賠款中復元過來，開始大幅擴充軍備。德意志帝國隨即擺出具有威脅性的架勢，即便起初還只是採取了非正式的行動。一家柏林報紙當時在頭版刊出的標題為：「戰爭已迫在眉睫？」

俾斯麥始終否認，自己果真有意發動先發制人之戰，跟重新崛起的法國打第二場仗。那是完全可信的講法。俾斯麥的優先考量是要預防他所擔憂的法國復仇之戰，亦即加以嚇阻。然而此際出現了令人料想不到的情況。一八七〇年時完全未曾干預戰事的英國和俄國（那時俄國所採取的友好中立政策，甚至非常偏袒普魯士和即將成立的德意志國），現在卻共同向柏林施壓。英俄兩國宣稱，他們將不會袖手坐視法國更進一步遭到削弱。如此一來便彷彿首度預演了第一次世界大戰：德意志國如欲超出一八七一年所取得的成果，勢必將面對一個由法國、英國和俄國組成的同盟。而且從常理來判斷，不管德國再怎麼強大，也不會是那個同盟的對手。

俾斯麥感覺深受其辱，因為他擺出的威脅姿態旨在進行防禦，並不具攻擊性。他所做出的反應，就是對當時英俄兩國當權的政治人物產生了既強烈又具有個人色彩的恨意，對俄國首相戈爾恰科夫尤其如此。更重要的結果卻出現在其他方面：從一八七五年的「戰爭迫在眉睫危機」開始，俾斯麥的「同盟惡夢」才取代了「法國復仇惡夢」。而且惟有從這個時間點開始，我們才可以表示俾斯麥積極推動和平政策——依據該政策，德意志國的利益就在於阻止歐洲強權之間爆發戰爭。正是這個政策才使得俾斯麥的聲名至今維持不墜。但其中非常值得玩味的是，甚至連他自己也未能成功避免讓德國捲入危險的紛爭。

一八七七年時，俾斯麥在著名的《基辛根口述稿》列出其和平政策之各項準則。口述稿當中最關鍵的字句為：

> 我眼前浮現的目標景象並非在任何地點開疆闢土，而是一個整體的政治局勢：那個局勢使得除了法國之外的所有強權都需要我們，並可預防他們透過彼此之間的關係，組成同盟來對抗我們。

我們在此不妨先針對「除了法國之外」那幾個字眼做出注解：一八六〇年的時候，

俾斯麥在一封寫給他當時的政治導師——利奧波德・馮・格拉赫——的信函當中仍然表示，即便有許多疑慮存在，他自己還是必須保留與法國攜手合作的可能性，「因為沒有人會有辦法下棋，假如棋盤上的六十四個格子當中，有十六個格子一開始就被禁止使用的話」。如今他卻認為這種限制已經無可避免，只好加以接受。我們不難想像出來，這是多麼可怕的「讓子棋」。

除此之外，俾斯麥的政策還意味著嚴格採取許多退讓措施。其做法可歸納成以下五點：

（一）放棄在歐洲進行任何形式的領土擴張。

（二）與此有關的配套行動，就是在德國境內全面壓抑擴張的野心，特別是一切與「大德意志」有關的努力方向。

（三）不斷打消各地「尚未得到解救」、由於德意志建國而被排除在外的德國人——尤其是奧地利與波羅的海東部地區的德國人——要求併入德國的願望。

（四）絕不介入其餘歐洲列強的海外殖民政策。因為這種做法正可將列強的注意力向外轉移到「周邊地區」，預防各國組成同盟來對抗歐洲的中央地帶。

（五）於必要時積極阻止歐洲內部爆發戰爭，而且縱使在德意志國並未直接參戰或受到波及的情況下也不例外。德意志國必須成為「讓歐洲不倒翁保持平衡的鉛塊」。這是因為俾斯麥已經認知到：歐洲的戰爭不論在過去或現在都具有一種與生俱來的傾向，那就是很容易蔓延開來。

整體而論，那是一個非常值得尊敬的和平政策，而且在後俾斯麥時代的德意志國從未出現過相同的政策。此外我們無法表示，那種和平政策在俾斯麥時代的德國受到歡迎。德皇威廉時代動能十足的「世界政策」、威瑪共和時代的修正主義政策，以及希特勒時代的武力征服政策卻獲得完全不一樣的熱烈回響。但真正非比尋常的地方是，就連俾斯麥自己——無論他再怎麼立意良善和政治手腕高超——也未能成功避免讓他自己的德意志國捲入各種危機。俾斯麥時代的歷史正好讓人產生一種想法，認為他的帝國注定不會幸福，或許正出自一個不可救藥的建國行動。我們在俾斯麥的每一位繼任者身上，都找得到若干可以避免的錯誤。可是在一八七一年以後，沒有任何人會比俾斯麥更有辦法來維護和鞏固德意志國，並且促使其鄰國承認德意志國是歐洲國家體系的固定成員，甚至視之為不可或缺的一環。既然到頭來就連俾斯麥自己也無法成功達到這個目的，豈不正因為建國一事的本身就是一個錯誤？

俾斯麥不顧許多反對聲浪，立場堅定地貫徹了上述外交方針的前三項。就第四項外交方針而言（不進行殖民活動），俾斯麥自己卻在一八八四／八五年一度出軌。然而此事所造成的災難性後果，遠不如俾斯麥的第五項外交方針（透過危機管理來預防戰爭），在一八七八年「柏林會議」期間所獲得的最大勝利。如同後來可以明顯看出的，德意志國從此走上了第一次世界大戰之路。

讓我們先來探討一下俾斯麥偏離既定方針的殖民政策。它雖然在時間順序上發生得比較晚，卻很快就可以說明完畢：那一段奇特的插曲並沒有帶來顯而易見的長遠後果。

一八八四和一八八五年的時候，俾斯麥將已被德國私人企業建設成商業殖民地的四大片非洲土地，正式宣布為德意志帝國的保護領地。它們分別是：多哥、喀麥隆、德屬東非和德屬西南非。事情已經如此發生了，可是俾斯麥那麼做的理由卻始終讓歷史學家們莫衷一是。曾對此做出最詳盡研究的歷史學家，漢斯・烏爾里希・魏勒，將之總結成「社會帝國主義」一詞。就這一點而言，魏勒援引了俾斯麥自己的講法——俾斯麥曾在一八八五年發函給德國駐英大使（大使本人由於新近推出的殖民政策而導致德英摩擦，對該項政策並不熱衷），向他表示：殖民問題「由於內政方面的因素」，已然成為一個攸關生死的問題。

不過那其實只是用一個疑點取代了另外一個疑點——所謂「內政方面的因素」究竟為何？魏勒列出了一長串內政上的可能動機：一八八二年以後愈演愈烈的經濟蕭條；有鑒於輿論界出現的「殖民熱」以及非洲尚未遭到瓜分的土地不斷萎縮，於是採取某種「門戶關閉政策」以為因應；一八八四年的選戰；還有以引人注目的方式與殖民政策同時出現、並且同樣新穎的社會保險政策。總而言之，俾斯麥有必要在建國十多年以後，當勝利的感覺開始消退之際，創造出一個新的因素來凝聚國家內部。

但更加能夠讓我信服的，反倒是僅僅被魏勒稱作「附帶觀點」的另外一個理由。依據該觀點，突然轉向殖民政策以致造成與英國摩擦一事，實乃出於俾斯麥在一八八四／八五年之交的刻意策畫。而且此事完全源自內政方面的理由，甚至與個人因素有關——那就是擔心腓特烈三世即位之後，將會出現一個自由主義派的「格拉斯東內閣」[5]。依據後來的帝國總理比羅[6]自己的講法，他曾經向俾斯麥之子赫伯特坦承了下列事項：「當我們走上殖民政策的時候，皇太子尚未罹患重疾。我們必須針對其長年執政預做準備，因為在他統治下，英國的影響力勢必大行其道。為了預防此事發生，我們就必須推動殖民政策，以便隨時可能與英國發生衝突。」除此之外，俾斯麥自己也曾經有過一個更加露骨、但比較拐彎抹角的類似講法。

如果這種解釋正確無誤的話，那麼導致俾斯麥突然轉向殖民政策的「內政方面的

5 格拉斯東（William Ewart Gladstone, 1809-1898）為英國自由黨黨魁，也是與俾斯麥同時代的英國首相（1868-74, 1880-85, 1886, 1892-94）。

6 比羅（Bernhard Fürst von Bülow, 1849-1929）為職業外交官出身，在一九〇〇至一九〇九年之間擔任帝國總理。

因素」便昭然若揭：俾斯麥這麼做的目的，不外乎先下手為強，藉此保住自己的職位。但我們為此而責怪他之前，必須先考慮到一點，那就是俾斯麥認為可以控制住因為殖民政策而與英國產生的紛爭（後來的發展確實也證明此事），而且他還相信自己無法被取代（在某種程度內也同樣正確）。

我們可別忘記了，俾斯麥從來就不是獨裁者，也不是合乎憲法的統治者——他一直是隨時可被免職的普魯士首相和德意志帝國總理。至於帝國初期出現了幾乎長達二十年的「俾斯麥時代」一事，那其實是憲政上的異常狀況，並且只能用德皇威廉一世出人意外的長壽來解釋。俾斯麥個人的職位，始終都有賴於他是否有辦法讓皇帝繼續站在他的那一邊（無論是出於自願還是迫不得已），而威廉二世登基以後所出現的結果，就對此做出了再清楚也不過的說明。

威廉一世在一八八四年的時候已經年事甚高，隨時都可能壽終正寢。即將繼承皇位的腓特烈太子卻是個自由派，娶了英國公主而難免受到其妻影響，況且他還一直相當公開地表示，自己準備在內政方面廣泛實施自由主義政策，在外交方面則推動親英政策。為了阻撓此事發生，為了讓德皇無法輕易任命一個立場截然不同的人物來取代他——俾斯麥——的帝國總理職位，他需要國內出現反英情緒。而我認為，俾斯麥正是透過殖民政策刻意激化那種情緒。

可用於佐證這個論點的事實是，俾斯麥在八〇年代後期又把殖民政策宛如燙手山芋般地拋開了。因為老皇帝始料未及地活到將近九十二歲，而皇太子卻早已病入膏肓。德國出現一個「格拉斯東內閣」的危機隨之解除，而俾斯麥的職位已得到確保，於是他對德國殖民地的興趣來得快去得也快。俾斯麥最著名的反殖民政策言論便來自一八八八年。[7]當時有一位熱衷於殖民主義的訪客在他面前攤開一大張非洲地圖，然後指著地圖說明當地的資源有多麼豐富。俾斯麥開口表示：「您的非洲地圖非常漂亮，然而我的非洲地圖位於歐洲。俄國在這裡，法國在這裡，而我們夾在中間。這是我的非洲地圖。」

「社會帝國主義」的世界強權願望固然在德國一直繼續存在了下去，可是它要等到俾斯麥下台之後才登峰造極。俾斯麥本人儘管曾經在一八八四／八五年有過出軌行為，但我們仍可表示，俾斯麥基本上對殖民主義抱持著收斂的態度。他一再強調：競逐殖民地和爭奪世界霸權都不是德國該做的事情，因為我們根本就負擔不起——德國必須知足，才會有辦法保留及鞏固自己在歐洲內部的地位。

7　一八八八年是德國歷史上的「三帝之年」。德皇威廉一世（1797-1888）於三月駕崩。腓特烈三世（1831-1888）因為罹患咽喉癌，登基時已經無法言語，即位九十九天後去世。最後由其子威廉二世（英國維多利亞女王的外孫）在六月繼位，成為末代德皇。

即便如此，俾斯麥的德國還是在一八七七年的《基辛根口述稿》之後不久，在歐洲內部陷入了麻煩。問題衍生自歐洲東南邊緣地帶持續進行的一個發展，而且它在整個十九世紀不斷導致歐洲爆發危機。那就是鄂圖曼帝國的緩慢解體，以及該國信仰基督教義並多半為斯拉夫人的各個民族，在巴爾幹半島所進行的分離運動。

俄國人支持了巴爾幹半島的反土耳其民族解放運動。其著眼點有二：一是源於意識型態的因素，即剛剛開始在俄國興起的泛斯拉夫運動；二是出自強權政治的考量，亦即必須向地中海推進。俄國一貫的目標，就是希望透過某種方式取得土耳其各海峽的控制權，以便讓俄羅斯的艦隊湧入地中海，並且將當時主宰了地中海的英國艦隊阻擋在黑海外面。

意識型態與權力政治揉合在一起以後，便促成了一八七七／七八年的「俄土戰爭」。在此次戰爭中，俄國將土耳其逐出該國位於歐洲的大部分領土，最後更挺進至君士坦丁堡[8]的大門外。這導致歐洲爆發危機：為了繼承土耳其在巴爾幹的土地而一直與俄國處於競爭關係的奧地利，以及不希望俄國進入地中海的英國，共同威脅要撤銷「俄土戰爭」的結果。

俾斯麥和德意志帝國為此陷入窘境。這位帝國總理之前已在《基辛根口述稿》中表示，德意志帝國必須成為「讓歐洲不倒翁保持平衡的鉛塊」。也就是說，德國應當發揮自己相當可觀的影響力，避免遭到與德國風馬牛不相干的歐洲危機波及，以致有可能被捲入一場新的戰爭。俾斯麥因此覺得，為了維護德國的利益與歐洲的和平（他將二者視為一體），自己現在有義務進場干預，藉此避免爆發一場已經迫在眉睫，在一方是俄國、在另一方是英國與奧地利的大戰。

俾斯麥針對當時局勢創造出他那個著名的用語——「**誠實的經紀人**」。從該用語的完整講法即可看出俾斯麥技巧十足的自我節制，以及俾斯麥因為不得不在歐洲扮演和事佬與和平維護者的角色而出現的輕微反感。他在一八七八年向帝國國會發表演說時表示：

> 我認為調解和平的方式，並非我們在相互分歧的立場之間擔任裁判，於是以德意志帝國的力量作為後盾開口說道：「一定非要這麼做不可。」我對此的想法比較謙遜，比較像是一個誠實的經紀人，希望讓生意真正能夠成交。我對自己的恭維則是，縱使英國和俄國無法自行達成共識，我們應該也有辦法成為值得雙方信賴的對象，正如同我確信我們可以在奧地利和俄國之間那麼做一般。

8 君士坦丁堡在一九三〇年才正式更名為伊斯坦堡。

那是處理一個十分危險的任務時，所採取的非常謹慎方式。人們可以感覺到，俾斯麥是在有些違背自己意願的情況下，因為地緣政治和德意志帝國實力上升的緣故，於是被迫扮演了調停者的角色——而且這個角色後來確實產生災難性的後果。一八七八年的「柏林會議」起先消除了眼前的戰爭威脅，並建立起一套通用規範，讓與會的每一方都有點不滿意，但又有點覺得滿足。「柏林會議」雖然在此後二、三十年內為歐洲帶來有益的發展，卻對德俄兩國之間的關係造成了可怕的影響。我們必須在此簡單回顧一下。

自從瓜分波蘭以來，尤其是在進行「解放戰爭」反抗拿破崙之後，普魯士與俄國的關係就類似今日東德與蘇聯之間的情況。普魯士是一個與俄國緊密結盟、或多或少必須依賴俄國善意的國家，並且從俄方獲得深厚的友誼。普魯士雖然比俄國小了許多、地位不像俄國那般重要，對俄國而言卻非常有用。一百年來，兩國之間便維持這種非常緊密的政治友誼。接著在一八六六年和一八七〇年的時候，俄國讓俾斯麥的普魯士無後顧之憂，得以先後傾全力與奧地利和法國作戰，促成德國在普魯士領導下獲得統一。

俄國人於是對兩件事情深信不疑。首先他們認為，俄國與普魯士的固有邦誼和唇齒相依關係將繼續維持下去，而且就事論事來看，如今在普魯士領導下的德意志帝國自然只可能對俄國有利。其次他們相信，俄國憑藉自己在一八六六年和一八七〇年時的表現，有資格要求德方感恩圖報來表達直接的謝意。

俾斯麥卻非但不向俄國人投桃報李，反而還做出了他自己在一八六六年和一八七〇年時，於俄國協助下所極力避免的事情——不讓雙邊爭端成為一場歐洲國際會議的主題。結果在「柏林會議」中，俄國的進帳大幅縮水。

俾斯麥事後聲稱，他在柏林會議期間幾乎額外扮演了俄國代表的角色。他必須做出這種表示的理由，不外乎儘可能設法化解柏林會議給俄國帶來的極度失望。但無法改變的結果為：他舉行柏林會議一事，以及會中所做出的規範，都對俄國產生掣肘作用。俾斯麥使得大獲全勝的俄國喪失了一部分勝利果實，甚至還讓奧地利獲得不應受的報償，有權占領波士尼亞與黑塞哥維納——可是奧地利全未涉入「俄土戰爭」，並一直是俄國在巴爾幹半島的競爭對手。不難理解的是，俄方對此極感失望、至表憤怒，同時俄國新聞界與外交界在一八七八年和七九年出現了強烈的反德國、反俾斯麥態度，德俄兩國皇室之間的關係也明顯惡化。俾斯麥憤而做出的回應，就是在一八七九年簽訂了德意志帝國與奧匈帝國之間的盟約。

這意味著乾坤大挪移！我們簡直可以表示，一八六七年時的政策已完全遭到顛覆。

當初俾斯麥在俄國的掩護下，將奧地利逐出德國。如今奧地利卻與俾斯麥的德國結盟，旨在對抗俄國。

俾斯麥或許並未將德國與奧地利的同盟視為長久之計，然而日後的發展卻恰好如此，因為德奧同盟的自然結果就是，它遲早必將促成俄法同盟。自從喬治・肯楠在一九七九年發表詳盡的研究報告以來，[9]我們對此已經有了完整認識：俄法同盟並非一八九〇年代的即興之作。德奧同盟正是俄法同盟的根源，而且我們可以表示：一八七九年的德奧同盟才使得俄法同盟成為勢所難免的發展。但那兩個盟約免不了都還有一點歪歪斜斜。因為俄國和德國之間並沒有直接衝突，而法國和奧地利之間亦無直接紛爭。可是德奧兩國如今已然成為盟友。從此開始，無論在俄國還是在法國都出現了一個不斷強化的趨勢——要用自己的持久同盟與德奧同盟相抗衡。

俾斯麥在自己還能夠執政的時候，以極大的技巧延遲此事發生。然而那種技巧到了最後已經變成特技表演。一八八一年他不顧聖彼得堡與柏林的嚴重齟齬，以及聖彼得堡與維也納的持續敵意，在三國之間建立起一種同盟關係，即「三帝同盟」。俾斯麥為此做出極大努力，並且使用略顯矯揉造作的理論，將昔日君主團結一致對抗西方自由民主的做法又重新搬了出來——我簡直想表示：又從古董箱裡面搬了出來。但「三帝同盟」僅僅維持了六年的光景。它太過於人工化，以致與事態的自然發展完全背道而馳。

一八八〇年代的俾斯麥結盟政策往往顯得有一點裝模作樣，甚至略帶輕佻圓滑。例如俾斯麥又在一八八二年促成一個同樣不自然的盟約，即德、奧、義「三國同盟」。就上述兩個同盟案例而言，他都透過德國的斡旋，將兩個天生的敵人撮合成不自然的盟友。奧地利與義大利因為「特倫托」和「德里亞斯特」兩地之爭（二者都屬於奧地利，但被義大利視為不可分割的本國領土），於是也成為天然的敵人。其情況正如同奧地利和俄國為了爭奪土耳其在巴爾幹半島的遺產，自然而然成為敵人一般。

「三帝同盟」在一八八六年裂解之後，俾斯麥做出了其實有一點說不過去的事情。他瞞著盟友奧地利，與俄國簽訂了一個直接牴觸德奧同盟的秘密條約：所謂的《再保條約》。德國於《再保條約》中承認俄國在保加利亞享有主導權，甚至允諾在俄國征服君士坦丁堡之際保持友好中立。這麼一來，俾斯麥非但違反了一八七九年與奧地利簽訂的同盟條約，甚至背離了柏林會議「誠實的經紀人」之角色。曾經有人為了替俾斯麥辯解而表示：一八八〇年代他所締結的各種同盟，在用意上與一般的盟約不同，並

9 喬治・肯楠（George F. Kennan, 1904-2005）是美國歷史學家和外交官，他在一九七九年發表了《俾斯麥的歐洲秩序如何崩壞：一八七五年到一八九〇年間的法俄關係》（*The Decline of Bismarck's European Order: Franco-Russian Relations, 1875-1890*）。

未著眼於一場將來的戰爭——俾斯麥在那些年頭反而希望透過有如特技表演、甚至自相矛盾的結盟政策來避免戰爭爆發。

我們大致可以同意這種對俾斯麥的看法。當德國與奧地利的參謀本部在一八八〇年代末期，開始積極研擬對俄國進行先發制人之戰的計畫時，俾斯麥曾經致書軍事內閣的負責人表示：「我們的政策在於儘可能完全預防戰爭，若實在行不通的話，便設法讓戰爭延後爆發。本人將無法配合採取其他的政策。」

我們還可以引用不少內容相似、同樣來自一八八〇年代的俾斯麥言論（它們都是特地為了內部公務往來而撰寫，因此完全可信），藉以證明俾斯麥確實在德意志國的利益與歐洲的和平利益之間畫上了等號。其歷代繼任者當中沒有任何人具備同樣堅決的態度。就俾斯麥的堅定立場而言，縱使那源自濃厚的悲觀主義，仍然是難能可貴。（一八八六年他曾發函向戰爭部長表示：「**倘若天意要我們在下一場戰爭中落敗的話，我認為毫無疑問的結果是，我們打了勝仗的對手將使盡一切手段，讓我們永遠——或者至少在下一個世代的時間內——無法重新站立起來。……一旦列強發現一個統一的德國可以多麼強大……我們不幸作戰失利以後，甚至無法期待還會有辦法讓現在的國家維持統一。**」）俾斯麥在建國以後的政策，就是德意志國由始至終唯一推行過的無限制和平政策。

可是俾斯麥即便發揮了最大的政治技巧和最大的誠意，依然未能在他的時代完全實現自己所欲達成的目標。他在建國時期導致德意志國與法國那個強權持續成為死敵——所謂的「世仇」；他在柏林會議期間與會後所推動的政策，則促成法國與俄國走上結盟之路。同時俾斯麥與奧地利建立了親密關係，但不難預見的是，無論俾斯麥再怎麼設法防阻，那種親密關係本身便暗藏著衝突的因子。因為奧地利與俾斯麥的德國相反，並不是一個心滿意足的國家。奧地利和俄國一樣，也打算繼承土耳其在歐洲的土地，而這注定了奧俄兩國日後必將為此爆發衝突。

俾斯麥時代的德國在違反俾斯麥衷心願望的情況下，已經從一八七八／七九年開始捲入奧俄兩國之間的衝突，再也無法脫身而出。眾所皆知的是，這場衝突後來在一九一四年成為第一次世界大戰的直接導火線。不過在第一次世界大戰的背景當中還出現過另外一場衝突——德意志帝國與英國之間的糾紛。但那場衝突並非因為俾斯麥而起，雖然他曾經在一八八四／八五年之交推動過反英政策。那是俾斯麥時代結束之後，德皇威廉時代的「世界政策」所釀成的結果。

第3章

德皇時代

Kaiserzeit

一八四八年以前的德國人，在本質上是一個謙卑樸實的民族，其最高目標就是團結在同一個屋簷下，而且他們已經如願以償。可是自從俾斯麥下野以來，他們產生了一種大國心態。許許多多德皇威廉時代的德國人，來自各個不同階層的德國人，突然在眼前浮現一個偉大的國家遠景，一個全國性的目標：我們要成為世界強權、我們要向全世界擴張、德國必須在全世界享有優先地位！

一八九〇年三月俾斯麥的下台產生了兩個直接後果：在內政方面是《反社會主義者法》的有效期限不予延長，在外交方面則是與俄國的《再保條約》不再續約。二者都帶來深遠的影響。但這並不意謂德國與俄國之間立刻出現嚴重糾紛，同時也不表示社會民主黨馬上發生任何改變。然而日久天長以後，後者形成了更大的變化（這是我們首先在此討論的對象）。社會民主黨逐漸變得不再是革命黨，而成為一個改革派的政黨。

我們先將主題轉到德意志帝國的內部政策，藉此呈現出大環境在俾斯麥下台以後很快便形成的劇烈轉變——而且這種大環境的轉變直到一九一四年戰爭爆發為止是日益明顯。如同前文所述，俾斯麥的德意志國在內政方面並不是一個幸福的國家：幾乎對所有的德國政治勢力來說，那都是一個壓抑和不滿的時代，更何況經濟一直處於蕭條狀態，而且在俾斯麥下台後仍然延續了好幾年的工夫。接著從一八九五年開始出現大規模的經濟翻轉和經濟起飛。那年開始的一波經濟榮景，幾乎未曾間斷地維持到第一次世界大戰，只有在一九〇一年和一九〇八年出現過兩次小規模的停滯。但是從全局觀之，德皇時代都處於經濟繁榮、民生樂利的時期，而且工人階級亦受惠於此。其中的原因至今仍令人困惑不已。但是這也難怪，因為即便在我們所處的時代也很難對經濟的長期發展做出預測。

然而我們可以發現，有一種令人茅塞頓開的理論正好在此得到了證實。那是熊彼得和康德拉捷夫兩位經濟學家的理論：經濟的蓬勃發展與重大的科技創新息息相關。如果缺乏了技術上與科學上的創新，經濟就會開始停滯，有時甚至陷入衰退。整個俾斯麥時代剛好面臨這種情況。之前出現過工業革命的時代、蒸汽機與鐵路的時代、煉鋼與冶鐵的時代。傳統的手工作坊已在十九世紀中葉改頭換面成為機械化的工廠，而後在一八七〇和一八八〇年代卻久久未曾出現創新。既有的一切當然繼續發展：繼續興建鐵路、已設立的工廠繼續雇用工人、工業緩慢地繼續擴大規模，然而那個經濟階段大體上是一個缺乏動能的時代。這種情況就從一八七三年延續到一八九五年。到了一八九〇年代，一下子又同時出現許多重大創新——尤其是電氣化的全面普及，此外還有正在起步中的機動車輛與無線電通訊。各種科技創新於是為舊工業帶來了新的衝勁。

這個經濟進程先是在社會方面發揮作用，然後在下一個步驟也影響了政治。就社會方面而言，階級鬥爭的態勢已逐漸弛緩下來。固然當時還沒有提出日後的一項重大發現：工人不僅僅是成本因素而已，他們同時也是消費群眾——因此資方在表面上與工會進行抗爭之後，都會為了本身利益而一再同意支付更高的工資。可是當時隨著勞動力日益短缺，工會開始起了一定的作用，雇主逐漸主動或被動地放棄了古老的「工資鐵律」（即儘可能支付最低的工資）。這意味著某種程度的社會和平，同時這種社會和平也在政治上產生效果，而且主要是影響了德國社會民主主義的發展。

德國社會民主黨在成立之初是一個革命政黨，意圖全面改造社會。受到「第一國際」的影響以後，這種傾向更是與日俱增。社會民主黨變成了世界革命的政黨——但只有理論上如此，因為革命多少還只是未來的事情。不過直到一八九〇年代末期為止，革命始終都是社會民主黨人的願景。接著在社會民主黨內部發展出一個被稱作「修正主義」的路線。那些修正主義者表示：我們不需要革命；我們必須逐步成長融入現有的社會與國家，以便有朝一日能夠加以接管。

這個發展起初未能在黨內獲得正式認可；於歷屆黨大會不斷進行的「修正主義辯論」中，修正主義派總是屈居下風。他們卻在檯面下日益成長茁壯，等到社會民主黨在一九一四年支持開戰的時候，修正主義派已經蔚為主流。這種情形在一九一八年變得更加明顯，因為社會民主黨願意在國家戰敗之後「跳入火坑」（那是該黨主席艾伯特的用語），出面收拾殘局。那些雖然都是日後的發展，然而從一九一四年和一九一八年的事件即可看出，之前德皇威廉時代的國內政治氣氛早已不聲不響地和緩下來。當時德意志帝國不再有任何事物會教人聯想起昔日的普魯士憲政衝突、「文化鬥爭」、對社會主義者的迫害等等。帝國國會及國會的各個政黨已在內政上對內閣產生了日益重要的意義，因為政府不斷推出的各種新法案都必須由國會負責處理。（德皇時代開始大規模編纂法典，尤其一九〇〇年的《民法典》更是一部名副其實的世紀之作，除了〈親屬法〉必須加以修改之外，它在今日的德意志聯邦共和國繼續完全生效。）這個階段在另一方面也有所進展，但我無意稱之為「民主化」，因為那是過於誇張的講法——不過我們可稱之為「群眾的政治化」，而且它在默默之中為日後的民主化做好了準備。

我之所以提起這一點，主要是想藉此反駁德國史學界一個至今仍然強勢的派別。該學派主張的論點為：德意志帝國在威廉時代所推動的對外擴張政策，實乃出自內政上的因素。依據其理論，當時希望向外轉移人們對國內緊張局勢的注意力——或許甚至必須那麼做。但對我而言，那種看法未必合情合理。從一八九〇到一九一四的二十四年之間，德國在社會上與政治上的內部緊張實則未增反降。在對德國和其他國家的情況進行比較之後，即可反駁上述論點。其他大多數國家的內部緊張局勢，都要比同時期的德國來得嚴重許多。法國有「德雷福斯事件」；英國的愛爾蘭問題在當時已呈內戰一觸即發之勢；俄國有一九〇五年的革命；奧地利面臨各式各樣的民族問題。德意志帝國在那個時代並沒有足以相提並論之處。

剛好相反的是，德皇威廉時代在內政上是一個健康的年代，甚至是一個幸福的年代——它是德意志國在自己短暫的生命期限當中最幸福的年代。在那個時代將德意志帝國推向嶄新外交路線的因素（而且如同事後所顯示的，那是一個非常危險的路線），並非國內的不幸福與內政上的危機，反而是當時德國人對自身力量與內部和諧所產生的過度信心。每個階級的生活在不斷獲得改善以後，德國人的性格隨之出現了某種變化，可惜我們無法稱之為好的轉變。一八四八年以前的德國人（甚至俾斯麥時代的德國人），在本質上是一個謙卑樸實的民族，其最高目標就是團結在同一個屋簷下，而且他們已經如願以償。

可是自從俾斯麥下野以來，他們產生了一種大國心態。許許多多德皇威廉時代的德國人，來自各個不同階層的德國人，突然在眼前浮現一個偉大的國家遠景，一個全國性的目標：我們要成為世界強權、我們要向全世界擴張、德國必須在全世界享有優先地位！與此同時，他們的愛國主義也演變出一種有異於前的特質。當時振奮激勵德國人的東西——他們的「民族主義」——與其說是一種休戚與共的感覺，倒不如說是一種自我意識，讓他們覺得自己與眾不同，是未來的霸主。

科技進步與工業發展為生活外觀所帶來的大幅改善，也和這種轉變密不可分。人們從此可以打電話、可以開電燈，若有誰非常先進的話，還可以自行拼裝無線電設備——他們正努力邁向一個超乎預期的新世界，而且是以德國人的身分如此進行。德國人那時在許多領域內成為領先全歐洲的力量。當英國還只是緩慢進步、法國進步得更加緩慢，而俄國仍處於工業化初期階段的時候，德國卻在技術與工業等方面飛速現代化，因而對此非常引以為傲。可惜那一切往往轉變成自吹自擂、過度自負、自戀自大的態度，以致今天若有誰讀到當時的各種言論，只會覺得渾身不對勁。

德意志帝國當然就跟那個時代所有的歐洲國家一樣，還是一個階級社會與階級國家。更何況自從俾斯麥在一八七九年向上層階級做出妥協，實施保護關稅並創立「生產階層的卡特爾」之後，大農業與大工業之間取得了某種協調——大地主在其中的發言權更略微超出了自身真正的實力。就此而言，我們也可以表示德國在這方面處於落後的狀態。

然而到了德皇威廉時代，大地主和大工業家之間的聯盟已經改變了內在性質；如今農業在那個卡特爾裡面的地位日益低落，工業所占的實際比重則越來越高。俾斯麥時代的德國已在很大程度內從農業國轉型為工業國，不過德國工業一直要等到德皇威廉時代才突飛猛進，達到除了遙遠的美國之外幾乎無人能及的地步。工業的高度發展並且提供現成工具，助長了帝國主義強權政治的擴張政策。但儘管德國的外交政策與德國工商業在全球進行的擴張，彼此之間具有不容否認的牽連性，我認為德國外交政策出現轉變的真正原因並不在於此。更重要的因素（而且日增的國力也對外交政策產生影響），就在於人們重新評估了——今天我們則必須表示：錯估了——歐洲列強正在形成的發展趨勢。

我曾經在前一章提到過，一八八八年時俾斯麥仍然表示：「我的非洲地圖位於歐洲。俄國在這裡，法國在這裡，而我們夾在中間。這是我的非洲地圖。」他想藉此表達的意思就是：德國在歐洲已經過於忙碌和過於受限，所以必須放棄在全球其他地區進行冒險行動，而且縱使放棄了也無妨。然而這種看法即便在俾斯麥時代也已非主流意見，如今更出現了徹底的改變。

在十九世紀末葉以及二十世紀初期，歐洲正處於殖民帝國主義的時代。所有較強大的國家都試圖跨出歐洲並且向歐洲以外的地區擴張，藉由推動「世界政策」來變成「世界強權」。其間起步最早、斬獲最多的國家是英國；那時大英帝國至少在表面上看來是一個強大無比的世界霸權。但法國也在亞洲統治一個龐大的殖民帝國，在非洲更是如此。俄國則大肆向東方擴張，連一些較小的國家——諸如荷蘭、比利時（後來義大利也小規模地進行殖民擴張），再加上首開先河的西班牙與葡萄牙——也都擁有自己的殖民帝國。在整個歐洲出現了一個當時看似無庸置疑的想法：純歐洲的權力均勢體系即將被一個世界性的霸權體系所取代；在此體系當中，歐洲列強將一如既往於全球享有優勢地位、建立大型的殖民帝國，並進而將歐洲權力均勢體系擴大成一個以歐洲為核心的世界權力均勢體系。

對具有這種想法的人們來說（如今在德國也有許多重要人物如此認為），德意志帝國與其工業實力相較之下，在「世界政策」這方面未免遙遙落後。固然俾斯麥曾經一度建立了少數幾個非洲殖民地（但很快就不再予以重視），不過德國還稱不上是一個全球性的帝國。德國仍然只是一個歐洲大國，並非世界強權。現在德國卻想成為世界強權。聽聽馬克斯．韋伯在一八九五年給德皇威廉時代的座右銘：

> 我們必須明白，德國的統一是這個民族在年邁以後所搞出的青少年惡作劇；假如德國的統一意謂德意志世界強權政治的終點而非起點，那麼如此昂貴的惡作劇最好不要也罷。

德意志國開始推動「世界政策」以後，必然會招惹到居於主導地位的世界強權——英國。德國人並不打算摧毀大英帝國，他們無論是在當時或後來都沒有過這種非分之想。然而他們的願景是：受到英國掌控的歐洲權力均勢體系必須被一個世界權力均勢體系所取代，而德國將在此體系內，成為與各個老牌殖民強權平起平坐的世界列強之一；與此同時，英國則應該降格成為世界列強之一。日後的帝國總理比羅把它總結成一句話：「**我們無意將任何人推入陰影，但是我們也要在陽光下取得一席之地。**」

但說來奇怪的是，德皇威廉時代的德國人並不曾取得太多新的海外領地。一八九〇年代，他們在非常遙遠的外地，從中國那邊租借了膠州灣（附帶說明一下，租約原定於一九八七年到期，即本書初版的同一年）——那是一個過於防患未然的舉動，因為有關中國即將遭到歐洲列強瓜分的講法雖然在當時甚囂塵上，卻人盡皆知從未成為事實。此外，德國人也在南太平洋取得了一些島嶼，可是它們同樣非常遙遠，在情況危急的時候同樣難以固守。德意志殖民帝國除此之外並無重大斬獲，直到後來也一樣。那個殖民帝國始終只停留在空中樓閣的階段。

然而德國人秉持自己有條有理的作風，宣稱德國取得世界強權地位的初步工作，就是要建立一支德意志艦隊來展現德國的「海上雄風」。那表面上看來非常合乎邏輯。如果有誰打算成為世界強權，如果有誰希望跟上殖民競爭的腳步並取得領先地位的話，首先就必須擁有為此所需的工具——一支強大的艦隊——才有辦法在海外取得土地，然後加以捍衛。只不過至少同樣合乎邏輯的是，這種艦隊政策勢將導致德國與英國形成新的對立關係，因為德國建立了具有競爭力的大海軍以後，英國會覺得直接受到挑釁。此事更因為德國早已在歐陸面對法俄同盟，於是產生了加倍的嚴重性。更何況法俄同盟意味著，歐洲所爆發的任何戰爭都會讓德國腹背受敵。在此情況下，最妥當的做法莫過於設法把英國拉攏過來，那看樣子並非完全不可能的事情。

我已經在前面簡短提到過，從俾斯麥時代過渡到德皇威廉時代，在外交政策方面銜接得非常順暢。艦隊政策則遲至一八九八年才獲得通過並開始實施。德國曾在此前八年內多次做出嘗試，希望藉由與英國結盟，或者至少也要跟英國「協約」（即便當時尚無此用語）——亦即與英國達成協議——來擴大並鞏固自己與奧匈帝國和義大利的「三國同盟」。這種機會在俾斯麥時代的末期看似成功在望。當時英國和俄國持續處於對立狀態，兩國不斷有爆發衝突的可能。我們還記得，一八七八年舉行「柏林會議」時，俾斯麥的首要目標就已經是設法避免英俄開戰。那種敵對關係在一八八七年再度愈演愈烈，並促成了一個所謂的「地中海聯盟」：奧地利、義大利和英國達成共識，如果俄國人再度向君士坦丁堡進軍的話，他們將出面反制。

當時最妥當的做法，莫過於德國也加入那個聯盟。如此一來即可形成一種持續的同盟組合，在一方是德國、奧地利、義大利和英國，在另一方則是俄國和法國。德國在此情況下雖然仍有兩線作戰的可能，卻可得到英國在背後撐腰。德國應該打得贏那場仗，至少獲勝的機會能夠比日後高出許多。

俾斯麥卻阻止此事發生。他始終避免讓德國在英國和俄國之間做出最後選擇，或許他甚至已經暗中出現了一種想法：在最壞情況下不惜捨棄奧地利，重新恢復德俄兩國固有的友好關係。他雖然支持地中海聯盟，自己卻並未參與其中，反而還以友好姿態走向當時已略受孤立的俄國，簽訂了那個問題重重的《再保條約》。等到條約期滿需要續約的時候，俾斯麥剛好下台，於是《再保條約》立即遭到廢止。結果就連最後一道薄弱的障礙亦遭撤除，使得一八七八／七九年即已開始醞釀的俄法同盟從此暢通無阻。俄法兩國隨即在一八九四年正式締結盟約。此時德國更應該採取的做法，就是走向老舊而依然存在的地中海聯盟，藉此拉近自己與英國之間的距離。

俾斯麥的繼任者卡普里維做過嘗試。今天人們幾乎已經忘記，卡普里維才剛上任就簽訂了德英「交換條約」——簽約後英國取得尚西巴，德國則取得黑爾戈蘭，[1] 該條約成為兩國進一步交好的開端。在卡普里維任內，甚至在他卸任後的一段期間內，德英雙方修好的努力都持續進行下去。直到一八九七年以前，亦即在所謂「新路線」的年代，德國及其盟邦其實與英國維持了相當不錯的關係。那時英德兩國根本還談不上彼此存有敵意。即便當一八九七年決定實施艦隊政策，而且提爾皮茨——德國公海艦隊的創立者——在德國大肆推動大海軍宣傳之際，那種必然以反英為主軸的宣傳活動仍未直接導致德英疏遠。

英國政府內部反而有若干人士做出嘗試，依舊和顏悅色地勸說德國切勿推動艦隊政策及世界政策，並且願意在歐洲大陸與德國結盟以提供保障。從一八九八到一九〇一年之間，反覆出現英國與德國結盟的試探性動作（但它們都稱不上是真正的談判），最後一切歸於失敗。而前功盡棄的主要理由在於德國人相信：英國無論如何都是我們的囊中物——既然我國目前泰半仍處於紙上談兵階段的艦隊已可讓英國「來歸」，那麼等到我們的海上武力變得更強大以後，英國當然只會更願意締結盟約。

那種論點很奇怪地讓人聯想起許久以後康拉德・艾德諾[2]的德國政策。當蘇聯在一九五二年眼見西德即將加入西方同盟，於是提議用德國中立來交換德國統一的時候，艾德諾對此所持的論點為：既然俄國人現在就已經做出這樣的建議，那麼等到西德變得強盛以後，情況還會更加有利。顯然在此涉及了德國外交政策思想重覆出現的一種傾向，那就是在自己剛開始變得強大——或者看似即將強大之際——對時局過於樂觀，以致認為凡事都將如此直線發展下去。但主事者從未考慮到形勢或許將急轉直下（即便那起初只是潛藏的事實）：對方委曲求全的善意可能會轉變成敵意。

英國外交政策的翻轉出現得相當晚。就親近法國而言，那是在一九〇四年；就親近俄國而言，則遲至一九〇七年。英法殖民衝突曾在十九世紀晚期再度激化而充滿危

1 該條約簽訂於一八九〇年七月一日。尚西巴是德屬東非（坦干伊卡）東方的群島，後來在一九六四年與坦干伊卡合併成坦尚尼亞。黑爾戈蘭則是深入北海的兩個島嶼，控制了德國的出海通道。

2 康拉德・艾德諾（Konrad Adenauer, 1876-1967）為威瑪共和時代「中央黨」的政治人物，曾任科隆市長（1917-33）及普魯士參議院主席（1920-33）。艾德諾於一九四五年在英軍占領區創立「基督教民主聯盟」（CDU），並成為西德首任總理（1949-63）。

險，但英國已在一九〇四年大致解決了與法國的紛爭。英法兩國就殖民問題取得的最大諒解是：法國放棄埃及，英國則放手讓法國在當時尚未遭到殖民的摩洛哥自由行事。德國人卻在此時進場攪局，試圖給英法兩國新近喜孜孜簽署的友好協約潑冷水——德國首度積極干預殖民問題，致力於在摩洛哥對抗法國。結果在一八九〇至一九一四年之間的長期和平年代，出現了第一個真正的危機：一九〇五年的「第一次摩洛哥危機」，開端是德國把德皇送到丹吉爾，讓他在當地宣布抗拒法國以保證摩洛哥的獨立。

這個危機十分清楚地顯示出德國外交政策的協調不良。俄國曾在一九〇五年捲入一場與日本的戰爭並慘遭敗績；接著俄國爆發了第一場革命，幾乎暫時喪失歐洲強權的地位。德軍參謀本部在當時德國政壇要人阿爾弗雷德·馮·施利芬的領導下，隨即出現一個對法國先發制人的構想。俄法同盟如今看似陷入癱瘓，俄國已失去了行動能力，而法國正改弦更張設法透過殖民協議來拉攏英國。在施利芬眼中，現在大可利用摩洛哥為藉口來跟法國「算帳」。他認為時機已然來臨，能夠在俄國無力真正介入、而英國幾乎不可能在歐陸扮演任何角色的情況下，透過一場單線戰爭來削弱法國，使得法國在未來很長一段時間內不復為大國結盟的對象。

這項來自參謀本部的計劃，得到當時外交部最具影響力的人物——「高級參贊」霍爾斯坦——的贊同，而霍爾斯坦則說服了擔任帝國總理和普魯士外交部長的比羅[3]支持該計劃。但是比羅不想要戰爭，他只希望獲得一個純粹的外交勝利，以便明白告訴法國人：無論是與俄國的同盟還是與英國的協約，在緊要關頭都對法國全無裨益。而且那場外交勝利或可促使法國成為德國未來結盟的潛在對象。

德皇則根本就不想要危機，更遑論是一場戰爭。威廉二世儘管常常說出一些令人不快的誇大言論，但他基本上具有一種敏感、緊張與愛好和平的特質。他非常心不甘情不願地讓自己被送往丹吉爾，可是在隨後衍生的危機當中還是怯於採取更進一步的行動。

縱使如此，比羅總理還是獲得了有助於提高個人聲望的成功。法國外交部長為此被迫下台，比羅則彷彿一八七〇／七一年打了勝仗後的俾斯麥那般，被晉封為侯爵。一切看似被控制得服服貼貼，更何況還有一場歐洲列強會議增添了新的光彩，讓德國又一次如同在「柏林會議」期間那般，透過共識來化解一場國際危機——只不過此次危機是由德國自己造成的。

然而這一回的如意算盤打錯了。在西班牙阿爾赫西拉斯舉辦的「摩洛哥會議」[4]演

3 比羅除了先後擔任帝國外交部長（1897-1900）和帝國總理（1900-1909）之外，並兼任普魯士首相（1900-1909）和普魯士外交部長（1897-1909）。

4 第一次摩洛哥危機的爆發地點——丹吉爾位於摩洛哥最北端。化解第一次摩洛哥危機的國際會議則是於西班牙南端的阿爾赫西拉斯舉辦，與丹吉爾隔海相望。

變成一次羞辱，以及向德國外交政策提出的警告。因為會議期間除了奧匈帝國之外，沒有任何強權採取反法的立場，結果法國被允許在摩洛哥享有極為廣泛的主導權——我們甚至可稱之為殖民統治權。只有在若干小細節上面做出的妥協產生了舒緩作用，讓德國人保住了一點面子。

一九〇五年的危機，是德皇時代三大戰前危機當中的第一個。它很清楚地顯示出德國已經做過了頭。德國實際上正在促成英、法、俄三國結盟，而那正好與德國努力的方向完全背道而馳。德國非但無法更進一步落實籌畫中的世界政策，反而驀然發現自己在歐洲的地位並不穩固——任何一個不小心的步驟都隨時可能讓俾斯麥的同盟惡夢成真。

三年以後又發生了一個性質截然不同的危機，後來證明它就是第一次世界大戰的前奏。俄國在一九〇八年十月做出一個政治意味十足的舉動，設法在奧地利的配合下，爭取獲得自由通過土耳其海峽的權利。依據聖彼得堡與維也納之間的秘密約定，如果俄國要求有權自由通過土耳其海峽的話，奧匈帝國將不會提出異議。俄國則將在成功達到那個目標之後，允許奧地利正式併吞一八七八年已被奧國占領的波士尼亞與黑塞哥維納。不過如同一八七八年《柏林條約》所規定的，俄國自由通過土耳其海峽的權利非但需要得到奧地利認可，也需要英國和法國加以同意。結果俄國未能爭取到英法兩國的同意。可是正當俄國還在對此進行談判的時候，奧地利卻併吞了波士尼亞與黑塞哥維納。奧地利和當時已受俄國保護的塞爾維亞之間，因而出現了嚴重的緊張關係。塞爾維亞以戰爭為威脅，要求奧地利取消併吞波士尼亞與黑塞哥維納的行動。一九〇八年秋季隨即演成一場大規模的巴爾幹危機：其直接危險是爆發一場奧地利與塞爾維亞的戰爭，間接危險則類似後來在一九一四年那般，俄國將出面干預並支持塞爾維亞。

德意志帝國於是以奧地利忠實盟友之姿，以及歐洲該地區仲裁者的身分插手其間。德國提出的要求為，俄國必須鳴金召回塞爾維亞，同時承認奧地利併吞波士尼亞與黑塞哥維納一事，否則德國將全力為奧地利撐腰，並任由事端擴大。按照當時德國新聞界的用語，德國是以「刀光閃閃的防護」站在奧地利的一方對抗俄國，使得俄國蒙受屈辱。聖彼得堡則基於一個簡單的考量而不得不退讓：俄國剛在短短幾年前經歷了對日作戰失利和一九〇五革命，迄今尚未恢復元氣，即便有法俄同盟可彌補不足和提供奧援，仍然無力進行一場對抗德奧兩國的戰爭。結果俄國做出讓步，而德國這回獲得了一個真正的外交勝利。只不過事後證明，它就跟一九〇五年德國從法國那邊取得的半個勝利一樣，既無用又危險。因為俄國現在覺得必須儘快恢復強大的國力，確保類似「波士尼亞」的情況絕不會再度發生到自己頭上。隨著一九〇八／〇九年的「波士尼亞危機」，德國已經一腳踏入一九一四年歐陸大戰的前緣地帶。

然後在一九一一年爆發了「第二次摩洛哥危機」。我無意在此詳述相關細節。反正法國或許稍稍逾越了《阿爾赫西拉斯條約》所定出的界線（那屬於詮釋上的問題），繼續向摩洛哥南部擴張，以致違反了相關規定。德國於是擺出耀武揚威的姿態，派遣一艘砲艦來到摩洛哥南部的阿加迪爾，重新引起與法國的衝突。但危機最後還是再度和平化解，甚至又為德國帶來一個小小的成功：法國人同意將一小塊剛果土地讓給德國作為補償，藉此換取德國放棄對南摩洛哥的一切要求。這是德國自從俾斯麥時代以來首次在非洲進行的殖民擴張行動。然而「第二次摩洛哥危機」所造成的可怕後果，更甚於之前的「第一次摩洛哥危機」和「波士尼亞危機」：現在英國首度公開以法國準盟友之姿露面。

英國此前在一九〇四年與法國以及一九〇七年與俄國的協約中，曾刻意規避了真正的盟約。但英國已經與法國、而後與俄國（在波斯）化解了海外的爭端，因此可在必要時放手加入法俄同盟。英國與法國之間更多次舉行秘密軍事協商，但兩國尚未建立起真正的同盟關係。英國仍然完全無須履行義務，於歐陸爆發戰爭之後站在法俄同盟的一方。

但即便如此，這時還是首度有一位英國的內閣成員——財政大臣及後來一戰時期的總理勞合．喬治——迫不及待地發表演說，以聳人聽聞和被德國視為挑釁的方式宣稱：英國將不會在法國遭受威脅時袖手旁觀。此外英法兩國的參謀本部在同一年（一九一一年）重新展開協商，獲致了比一九〇四／〇五年時更加具體的結果。雙方進而預先約定，英國將在法德開戰以後，派遣遠征軍前往增援法軍的最左翼。戰雲已經如此密布，以致我們可以表示，戰前的氛圍已在一九一一年達到了山雨欲來風滿樓的地步。

然而恰好就在此刻，德英之間又一次大舉出現妥協的嘗試。我們無法表示，有任何參與角力的強權已在一九一一年真正決定要打一場大戰；英國更絕非如此。不過各國現在都積極針對這麼一場戰爭做好準備，而且當然主要是在軍事方面下功夫。法國開始逐步將兵役期限延長至三年；德國在一九一三年巨幅擴大陸軍，社會民主黨竟然也對此表示同意（擴軍經費是以財產稅來支付，使得社民黨比較容易投下贊成票）。俄國則是在波士尼亞危機之後開始大肆擴充軍備，尤其是在波蘭擴建本國的戰略鐵路、強化各地的要塞，以及發展出更加強大的砲兵部隊。但那些都是需要長時間努力的工作，一般認為俄國大約要等到一九一六／一七年才有辦法完成戰備。

正當所有的人都開始認為，兩大同盟體系在歐陸的戰爭已經一觸即發的時候，德國與英國卻在此時進行了最後一次大規模的和解嘗試。德國的出發點是儘可能不讓英國涉入這場戰爭；英國所著眼的目標，則是要降低英德之間正在醞釀的衝突。德方的嘗試旨在設法與英國達成重大的殖民協議，其做法類似英法兩國在一九〇四年、以及英俄之間在一九〇七年所採取過的措施。德方願意與英方進行協商，來界定並限制德國的殖民目標。英方的終極嘗試就是一九一二年初的「霍爾丹任務」，[5]英國希望藉此實現的首要目標乃停止艦隊競賽。那在當時是一個極不尋常的想法。今天我們都十分熟悉「軍備控制」這個構想：亦即設法透過相互之間的協議，來緩和在特定軍備競賽領域內出現的衝突場面，而在當時那已經是英國人的目標了。

德國人與霍爾丹進行談判時的目標則是爭取英國做出承諾，在歐陸爆發大戰時保持中立。但雙方努力的目標皆以失敗收場。英國人不願承諾保持中立，因為他們當時就已經擔憂，德國將打贏一場純歐陸的戰爭，以致未來在競逐世界強權地位時實力過於強大。而德國海軍大臣提爾皮茨反對帝國總理貝特曼－霍爾維格的立場，拒絕簽署軍備控制協定來限縮德國海軍的自由發展。海軍大臣固然位居帝國總理之下，可是德皇由於「軍備控制」那個新式的構想而感覺受到侮辱，決定不贊同貝特曼－霍爾維格而支持提爾皮茨。於是帝國總理被將了一軍。

「霍爾丹任務」隨即失敗，這就意味著德英之間的緊張關係更形尖銳。即便如此，德英兩國仍在一九一三年和一九一四年繼續進行談判，只不過沒有那麼大肆張揚罷了。其間涉及一項雙重殖民協議。德國在倫敦首次將非洲殖民計畫的地圖攤到檯面上。德方希望有機會獲得以安哥拉和莫三比克為主的葡萄牙殖民地——因為當時人們預料葡萄牙政府破產在即，該國勢將被迫出售自己的殖民地。此外若有可能的話，德國還希望從比利時那邊買下比屬剛果的一部分，藉此將德屬西南非、安哥拉、剛果和德屬東非之間的陸上殖民地連成一氣。此後德國將心滿意足，而英國則可從葡萄牙甚或比利時的殖民地當中獲得若干補償。

相當有趣的是，那些談判的基調頗為友好，而且到了最後，雙方已在一定程度內達成初步協議——時間是在一九一四年六月，即第一次世界大戰爆發前夕。一項有關未來應如何分配非洲中部殖民地的協定，那時已在倫敦草簽完畢，但此舉當然被嚴加保密。於是就在當初導致德英形成對立關係的範疇內（殖民政策和「世界政策」），局面明顯弛緩下來。

英國與德國更在此涵蓋甚廣的範疇內進行了另外一項談判，那看起來同樣成功在望。德意志帝國爭取世界強權地位的努力，在一九〇〇年以後的那些年頭內出現了兩個方向：首要的路線是在非洲大舉開疆闢土，另一個在做法上極不明確的路線則是向

5 霍爾丹（Richard B. Haldane, 1856-1928）是一九〇五至一九一二年之間的英國陸軍大臣，曾留學德國，在英國國內被視為親德派。

東南方擴張。為達此目的，德奧同盟起先應該與新締結的德國—土其耳同盟共同構成一個大型的單一經濟體，並且設法迫使巴爾幹各國完全或部分加入該體系。其具體象徵就是一個聲勢浩大的行動，一條連接柏林與巴格達的鐵路——著名的「巴格達鐵路」。德意志帝國希望於一定程度內，在攸關俄國和英國利益的地區之間建立起自己的廣闊勢力範圍。

但其中仍然不清不楚的是，究竟應以何種形式在當地建構出一個經濟上與政治上的整體。因為奧地利仍然自視為強權並以大國之姿現身，而鄂圖曼帝國即便地位不斷下降，也還是一股獨立的勢力。德意志帝國當時積極爭取與鄂圖曼帝國建立非常緊密的關係——該國由於一九〇八年的「青年土耳其革命」，看似出現了蓬勃的朝氣。德國派駐君士坦丁堡的軍事代表團，更按照德國標準來訓練土耳其的軍隊。與此同時，德國向土耳其表達出政治結盟的意願。

德國向該地區擴張勢力的企圖無法掩人耳目，更何況當時英國自己也對鄂圖曼帝國南部地區（今日的伊拉克）深感興趣——石油已在那個時候開始扮演若干角色。因此德國與英國也必須想方設法，儘可能友好劃分兩國在當地的勢力範圍。而即便在這一點上面，雙方也並非完全沒有取得成果。

這讓當時的德意志帝國總理貝特曼—霍爾維格再度燃起希望，認為英國可在歐陸爆發戰爭時保持中立。英國雖然從未答應保持中立，但也從來不曾正式宣布，自己無論如何都會在戰爭爆發後進行干預。如今兩國已在殖民政策與擴張政策等範疇內稍稍拉近了彼此的距離，至少昔日的對立態勢看樣子已經和緩下來。英國和法國之間的協約也是這麼開始的，後來英國與俄國之間的協約亦不例外。英國與德國雖然在海軍艦隊方面一直懷有敵意，但以後難道沒有改善關係的可能性？說不定雙方甚至也可以達成某種協約，萬一歐洲出現戰火的話，英國最起碼會在初期階段扮演中立仲裁者的角色。

一九一四年爆發夏日危機時，貝特曼─霍爾維格的政策就立基於此推論之上。然而德國軍方的計劃卻把這個如意算盤狠狠地一筆勾銷了。

第4章

第一次世界大戰

Erster Weltkrieg

所有的歐陸強權都曾經在第一次世界大戰爆發之初，為了速戰速決而發動過大規模攻勢，可是那些攻擊行動均以失敗收場並形成此後整個大戰期間的基本態勢：當時的戰爭技術水準使得防守優於攻擊，於是進攻的一方頂多只能贏取若干土地，卻無法迫使任何敵對的強國退出戰圈，甚至奈何不了諸如塞爾維亞和比利時之類的小國。這給了第一次世界大戰沉悶的消耗戰性質——徒然反覆出現在戰略上收效甚微的大肆殺戮。

關於第一次世界大戰爆發的由來，人們即使在二十年以前都還無法暢所欲言，因為當時一切仍然圍繞著所謂的「**戰爭罪責問題**」打轉。在一九二〇年代的時候，德國的現代史學撰述則幾乎全都忙於提出證據，設法表明德國對戰爭的爆發並無罪責可言；甚至到了一九六〇年代初期，漢堡大學歷史系教授弗里茨·費雪仍須做出非常勇敢的表現，才得以撼動那種論點。今天歸功於「費雪論戰」的緣故，我們已經可以比較自由自在地談論這方面的問題。

「戰爭罪責」這個概念完全不適用於一九一四年時的情況。在那個年代，戰爭是合法的政治手段；每一個強權都隨時把戰爭的可能性列入考慮，而每一國的參謀本部都不斷在理論上針對敵營的各種同盟組合來演練戰爭。等到出現了有利的開戰時機以後，乘隙發動戰爭的做法並不會被看成是不道德或犯罪的行為。但就德國對戰爭爆發所應分擔的責任而言，情況則大異其趣。以貝特曼－霍爾維格總理為首的德國政治領導當局，針對一九一四年開戰的可能性做出了與參謀本部截然不同的設想與規畫——尤有甚者，後來的發展還顯示出，參謀本部的計畫在軍事上根本就是個錯誤。這兩點值得仔細過目一下。

早在從一九一一年開始的幾年內，整個歐洲就已經瀰漫著一股戰前的氣氛。人們預料即將爆發軍事衝突，各方勢力因而非常認真地將之納入規畫。各國念茲在茲的工作，就是要為戰局擬訂出最有利的初始條件和最理想的前景。

貝特曼—霍爾維格做出的規畫，依據今日我們對他戰前思路演變所產生的各種認知，可綜述如下：戰爭或許即將到來，而且德意志帝國力足以在三個條件下展開戰事，甚至把那場仗打贏——奧匈帝國必須協同作戰、社會民主黨人士必須合力作戰，而且英國必須保持中立。

按照上述三個條件來看，一九一四年奧地利皇儲在薩拉耶佛遇刺後突然形成的局面，便顯得相當有利。那場仗主要將不是德國的戰爭，而是奧匈帝國的戰爭，即奧地利對抗塞爾維亞之戰。如果俄羅斯帝國聲援塞爾維亞而加入戰局的話，那麼第一個條件便無庸顧慮，可以確定奧地利將協同作戰——更何況那主要將是奧地利而非德國的戰爭。其次也幾乎可以確定的是，德國社會民主黨將會贊成對沙皇俄國作戰。就第三個條件而言，情況最為有利，因為英國很可能不會介入這麼一場只在東歐進行的戰爭，或者至少不會立即介入。這個估算十分合情合理：英國在本國歷史上一直避免捲入純東歐的糾紛，更何況英國的利益也不致在此次事件中受到特別傷害。奧國和俄國之間的權力平衡如果傾向於奧地利那一邊的話，將是英國完全可以接受的事情，甚至求之不得。

但這一切的先決條件為，那場戰爭必須依據本身在政治上與外交上形成的經過，也在軍事方面維持原本應該有的性質。[1]它是一場東歐的戰爭，參戰的一方為德國和奧匈帝國，另一方是俄國和塞爾維亞。戰事的發展——至少在初始階段——看起來必須是這副模樣：由於「薩拉耶佛暗殺事件」而受到挑釁的奧地利向塞爾維亞展開攻擊；俄國馳援自己的小老弟塞爾維亞，於是進攻奧地利；德國則以盟友的身分過來幫助奧地利，於是進攻俄國。固然接下來必須納入考量的是，西邊的法國會前往增援自己的俄國盟友，於是進攻德國。可是這麼一來，德國在西歐將是受到攻擊的一方；如果德國在西邊純粹採取守勢的話，就未必需要擔心英國插手干預。

貝特曼—霍爾維格正是基於這種構想，在一九一四年七月六日向奧地利開出了那張著名的「空白支票」：萬一奧地利對塞爾維亞的行動導致奧國與俄國之間爆發戰爭，那麼奧地利可以確信，「陛下將信守盟約的義務與個人深厚的友誼，忠實地站在奧匈帝國這一邊。」

說來奇怪的是，「站在奧匈帝國這一邊」在軍事上的具體含義為何，則語焉不詳。從字面上來看，那其實必須意謂：萬一俄國進攻奧地利的話，德國將對俄國展開攻勢。可是假若有人明白地告訴奧地利，德國起初只會對俄國完全採取守勢，反而將奧地利與俄國的衝突使用為進攻法國和比利時的理由，那麼維也納在戰爭與和平之間拿捏分寸時，恐怕會做出跟後來很不一樣的決定。

然而事情就那麼發展了下去。按照德國參謀本部擬訂的作戰計畫，不論引發戰爭的政治危機是以何地為中心，開戰以後都必須對法國展開一場閃擊戰。而且攻打法國的先行動作就是揮軍穿越中立的比利時，因為德國參謀本部認為（純就軍事觀點而言或許正確無誤），若在戒備森嚴的德法邊境進行戰爭，將無法贏得閃電勝利。該作戰計畫（即惡名昭著的「施利芬計畫」）著眼於：假道比利時、繞過集結於法國東部邊疆的法軍、攻擊其側翼和後方，並以一個巨大的旋轉運動逼迫法軍往瑞士邊界的方向撤退，然後在那裡加以殲滅。

這個計畫打從一開始就注定也會把英國推向敵方。因為英國基於兩個理由，必須在此情況下插手干預。第一個理由是，英國不可能眼睜睜地看著法國完全遭到削弱。假如德國的勢力範圍涵蓋了戰敗的法國，一直延伸到英吉利海峽和大西洋沿岸，英國勢必將與一個歐陸超級強權相互對峙——這違反了英國的安全考量。除此之外，比利時乃直接與英國隔海相望的國家，有誰掌控了比利時海岸就會對英國構成威脅，更何況如果那是在威廉二世統治之下、已經擁有強大艦隊的德國！人們向來把安特衛普稱

1 此句的意思是，德軍在第一次世界大戰初期的作戰行動，完全偏離了政治上和外交上導致開戰的因素。那場戰爭起源自東歐的糾紛，德軍卻向西歐出擊，不但使得西歐成為主戰場，更促成英國對德作戰。

作是「一把對準了英國心臟的手槍」：因此英國人純粹由於地理戰略上的考量，即已無法坐視比利時遭到占領。第二個理由則出自國際法的觀點，因為歐洲列強（包括德國在內）數十年來都一直保證比利時的中立國地位。最在乎比利時中立地位的國家，則莫過於英國；它絕不可能袖手旁觀，任憑自己的比利時緩衝區遭到摧毀。

所以當貝特曼研擬開戰計畫的時候，早已事先被德軍參謀本部的計畫所架空。其中永遠難解的謎團在於，為何直到一九一四年八月一日戰爭爆發當天為止，德意志帝國的領導高層從來都沒有討論過這個問題？因為毫無疑問的是，貝特曼正如同前任總理比羅一般，對「施利芬計畫」早有所知。但他以令人不解的方式，似乎未曾認真看待那個計畫，並未將其盤根錯節的政治關聯性列入考慮。顯然他的出發點是，軍事計畫可在最後一瞬間加以修改。那麼八月一日到底發生了什麼事情？

戰爭爆發前的一個星期內充滿了忙亂的外交活動，而英國在其中扮演斡旋者的角色。當時來自倫敦的提議有二。第一項提議是，未直接涉入奧俄衝突的四個強國（英國、德國、法國、義大利），應派遣代表舉行會議，然後聯名向奧地利和俄國做出建議。德國人對此表示拒絕，因為他們不願把奧地利交付給一個歐洲最高仲裁機構。第二項提議則是，德國應該發揮影響力來促成奧地利直接與俄國進行談判，並儘可能透過限制奧地利的作戰目標——例如「在貝爾格勒停止推進」——以避免俄國出兵干預。德意志帝國政府起先未加評論，便將這項建議轉交給維也納，後來則稍稍提醒奧地利，不妨更加嚴肅看待此一建議。[2]結果德國也讓這個機會一去不返，而未曾認真介入。於是奧地利在七月二十八日向塞爾維亞宣戰。

俄國對此做出的初步反應是進行局部動員，然後才改成總動員。德國也宣布戰爭的威脅已迫在眉睫，並且下令動員。「施利芬計畫」於是啟動，德軍隨即向西線──而非東線──大規模集結。八月一日的時候，德國駐英大使從仍在慌亂進行談判中的倫敦傳回一份急電，而急電的內容被錯誤解讀成：若德國在西線採取守勢，只在東線進行攻勢的話，英國將保證法國維持中立。德皇隨即趕忙在柏林皇宮內召開緊急會議，於貝特曼－霍爾維格在場的情況下指示參謀總長（他是那位在一八六六年和一八七〇年聲譽卓著的毛奇元帥之姪[3]）：「那麼我們就讓整個陸軍向東線集結！」

此議遭到小毛奇極力抗拒：他完全無法變更已在西線展開的集結行動；假如他那

2 德皇威廉二世曾在一九一四年七月二十七日向奧匈帝國提議，僅僅出兵攻占塞爾維亞首都貝爾格勒（但不攻占塞爾維亞全境），以迫使塞爾維亞接受奧匈帝國提出的條件。

3 毛奇和他的侄子同名同姓（Helmut von Moltke），分別稱做「老毛奇」和「小毛奇」。「老毛奇」是末代普魯士參謀總長和首任德國參謀總長（1857-1888），在普奧戰爭（1866）和德法戰爭（1870）的勝利中功不可沒。「小毛奇」則為一戰爆發之初的德國參謀總長（1906-1914）。小毛奇才具不足，一九一四年九月馬恩河會戰失利之後即遭撤換。

麼做了的話，德方就不會在東線擁有戰鬥力十足的勁旅，結果因為只有一批裝備不足、缺乏補給的烏合之眾，以致那場戰爭從一開始就注定了失敗的命運。德皇毫不留情地回答道：「您的伯父會給我一個截然不同的答案。」這是小毛奇自己轉述的講法，他對德皇的干預深感震驚、覺得受到委屈，並且憤憤不平。

但他其實並沒有憤憤不平的資格。參謀本部必須針對各種可能的政治局勢備妥不同的作戰計畫，而且即便參謀本部偏好其中的某項方案，也必須有能力因應實際政局，以另外一個計畫加以取代。可是小毛奇未曾準備其他的方案。按照例行公事持續擬訂了許多年的東線出擊計畫，已被小毛奇在一九一三年下令取消。這是真正的怠忽職守，甚至稱得上是德國參謀本部的犯罪行為。參謀本部只著眼於單獨一種作戰的可能性，並且預先拋棄了其他的替代方案。

如上所述，柏林錯誤解讀了德國駐英大使從倫敦傳回的電報。英國人從未表示，他們會讓法國保持中立。英方僅僅做出暗示，他們自己起初將保持中立——如果德國在西邊採取守勢，純粹進行一場東線戰爭的話。隨後的發展更是非常諷刺地顯示出，那種作戰方式即便純就軍事觀點而言，也是對德國比較有利的做法。至少從政治的角度來看，執行「施利芬計畫」勢將意味著，英國也會加入敵方對德作戰。德國的政治作戰計畫因而一開始就被「施利芬計畫」破壞殆盡，貝特曼—霍爾維格為此陷入絕望。

他在德軍開入比利時、德國對法國宣戰之後，還勉為其難地設法說服英國，不必為了「一紙空文」（他指的是英國對比利時中立所做出的保證），加入一場必定會把整個歐洲打得亂七八糟的戰爭。然而為時已經太晚。

另一個發人深省的地方是：當德皇用「您的伯父會給我一個截然不同的答案」那句話來責備小毛奇之際，話中真實的程度或許還超出了德皇自己的認知。當老毛奇還掌管參謀本部的時候，德國針對一場兩線戰爭所擬訂的軍事計畫，總是著眼於同時在西線和東線採取戰略守勢；老毛奇的繼任者瓦德西所做出的規畫，則是德國與奧地利共同在東線展開攻勢，但在西線仍然純粹採取守勢。一直要等到施利芬接替瓦德西以後，才從一八九五年開始出現一個好大喜功的想法，形同將一場雙線戰爭切割成兩場先後發生的單線戰爭——趁著俄國慢吞吞地完成動員以前，先把法國打得退出戰局，然後集中全力轉向東線。施利芬去世後，小毛奇隨即一概放棄其他替代性的作戰方案。我們從德國軍事計畫的這種演變方向，可以十分清楚地看出俾斯麥時代與德皇威廉時代之間的心理差異：在俾斯麥時代是悲觀的審慎態度，在威廉時代則是樂觀看待己方的實力。

那種樂觀看待己方實力的態度並非全無道理可言，但會產生誤導作用以致使人狂妄自大。著眼於兩線作戰的「施利芬計畫」正是一個狂妄自大的計畫，而且最後失敗了。

話要說回來：所有的歐陸強權都曾經在第一次世界大戰爆發之初，為了速戰速決而發動過大規模攻勢，可是那些攻擊行動均以失敗收場。例如奧地利對塞爾維亞的進攻，俄國對奧地利（在加里西亞）和德國（在東普魯士）的攻勢，法國在洛林和阿登地區對德國展開的攻擊行動也不例外，同樣失敗的當然還有德國對比利時和法國的攻勢。出乎各國參謀本部意料之外的結果是，各地戰場都在戰爭爆發的最初幾個月內，形成了此後整個第一次世界大戰期間的基本態勢：當時的戰爭技術水準使得防守優於攻擊，於是進攻的一方頂多只能贏取若干土地，卻無法迫使任何敵對的強國退出戰圈，甚至還奈何不了諸如塞爾維亞和比利時之類的小國。這給了第一次世界大戰沉悶的消耗戰性質——徒然反覆出現在戰略上收效甚微的大肆殺戮。

在這麼一場消耗戰當中，英國的海上封鎖遂成為決定性武器。但是海上封鎖並沒有立即產生決定性的作用，因為德國已經預先針對作戰物資做好了準備。德國在戰爭的第一年內尚未面臨嚴重的物資供應問題，仍可動員和部署全部的力量。雖然德國的海外運補已經完全被英國切斷，但起初還不痛不癢。另一方面無可否認的是，戰時經濟——尤其是戰時糧食供應——所出現的問題，隨著戰事的發展而變得一年比一年嚴重。在一場消耗戰當中，時間因素無疑對德意志國非常不利。縱使加上了奧匈帝國，德國在經濟上依然弱於敵方的同盟，而且正因為英國的封鎖行動阻絕了一切的海外運補，才使得德國屈居下風。德國在挨餓，英國和法國至少還吃得飽。不過英國和法國由於一再發動徒勞無功、傷亡慘重的新攻勢，比德國耗費了更多兵力。[4]德國只是由於敵方這種執迷不悟的戰略失策，才得以在時局不利之下支撐較長的時間，並且能夠寄望於讓對手師老兵疲，最後還是同意簽訂「妥協的和約」，亦即一個維持現狀的和約。或許沒有任何國家有辦法在第一次世界大戰獲得全面勝利，德國當然更缺乏這種機會。

德國卻還是在那場戰爭的後續過程中，擬訂出兩個新的求勝方案：其中第一項方案導致德國最終的戰敗，但第二項方案則獲得成功，並一度看似果真讓德國有了戰勝的機會。第一項方案是對英國進行的反封鎖——無限制潛艇戰。第二項方案則是與列寧結盟，在俄國搞革命。

讓我們先來談一談無限制潛艇戰。

德國的水面艦隊雖然是第一次世界大戰的主要根源之一，它本身在戰時幾乎不曾扮演過任何角色。德國的水面艦隊只是停留在港內，偶爾才航向北海去激怒英國人。其中的一次騷擾行動，在斯卡格拉克海峽引發了第一次世界大戰期間唯一的一場大規模海上戰役，而且德國人竟然獲得戰術上的勝利。他們所擊沉的英艦數目雖然超過己

4　一戰時期雙方的戰損率約為一比一點七，德方的傷亡較少。

方的損失，[5]德國艦隊卻必須在獲勝之後快速退回母港。那場海戰並沒有在戰略上造成任何改變。德國的水面艦隊始終無法打破英國的海上封鎖。

德國海軍當局於是在戰時形成一種構想，要繼續全面開發當時仍嶄然一新、幾乎還是實驗性武器的潛水艇，用它來阻斷英國的海外運補。他們的如意算盤是，若藉由毫無顧忌的操作方式來彌補潛艇的薄弱性能，即可擊沉足夠噸位的船隻而導致英國的物資供應陷入嚴重困境——以此方法便足以迫使英國退出戰局，讓德國打贏那場戰爭。他們在一九一六和一九一七年還認為可以用這種「無限制」潛艇戰創造出奇蹟，可是這種作戰方式非但以失敗收場，更進而促成一個新的敵人參戰。從長遠角度觀之，那個新敵人（美國）必然會使得英法兩國實力大增，以致德國將失去任何獲勝的前景，甚至連簽訂「妥協的和約」之機會亦不復可得。

美國在戰爭的最初兩年內保持中立。當時美國總統伍德羅·威爾遜的態度與二戰時期的羅斯福總統不同，並未計畫加入協約國的一方來進行干預。他只希望在適當的時機以和平調解人之姿現身，以裁判的身分宣揚自己的理念，說明如何在未來預防戰爭發生。他早在一九一六年底即已一度展開過那樣的行動。可是在另一方面，威爾遜和美國都不打算眼睜睜看著本國的船隻無預警遭到擊沉，而船上的乘員淪為波臣。然而那恰好是「無限制」潛艇戰的作風——「無限制」一詞便得名於此。這種潛艇戰唯一能夠獲得成功的機會，就是無預警地將每一艘進入封鎖區的船隻擊沉，連中立國的船隻也不例外。那是一種極其橫行無忌的作戰方式。然而不管操作時再怎麼無所顧忌，第一次世界大戰時代的潛艇仍然難有成功的希望。它們只是一種威力非常薄弱的武器，還處於低度發展的階段——與其稱之為潛水艇，倒不如稱之為「能夠潛水的小艇」還比較恰當。它們必須不斷重新浮上水面，以便將電池充電，而且它們在海面上就連最小型的軍艦也打不過。我們無須詳述技術方面的細節即可斷定，那些潛艇早在美國實際進行干預之前，就已經被英國的護航艦隊體系所擊敗。

等到無限制潛艇戰把美國推向了敵方陣營之後，德國的整體局勢已經惡化到毫無指望的地步。然而仍須列入考慮的因素是，正如同英國的封鎖戰要過了很久以後才能夠產生效果一般，美國在宣戰以後也還需要很長一段時間才有能力真正參戰。美國在一九一七年加入戰局時仍未擁有像樣的陸軍，而且缺乏足夠的船艦來把大批部隊和裝備運往歐洲。即便到了一九一八年，也只有為數不多的美國陸軍單位在西線參加作戰行動。美國真正大舉介入歐洲戰事的時間被設定在一九一九年，然而那時已經無此必

5 那場在一九一六年五月三十一日爆發的戰役亦稱「日德蘭海戰」。英方陣亡六千餘人、德方陣亡二千五百餘人，英方損失的軍艦噸位則為德方的一點九倍。即便如此，戰略上的勝利仍然屬於英方。

要了。

其間德國卻還研擬出第二項求勝方案——在俄國搞革命。俄國在第一次世界大戰中的表現，從一開始就遠遠低於德國政界和軍方領導人的預期。為了解釋這種情形，我們必須明白各個參戰國的整體工業發展狀況。英國是一個既老牌又強大的工業國；德國新近躍升為最強大的工業國；法國也是一個實力雄厚的工業國。俄國卻幾乎還是一個開發中國家，約莫在世紀更迭之際才剛開始走上工業化。俄國雖然擁有一支非常龐大、非常勇敢的陸軍，也只不過是一支落後的軍隊，幾乎沒有真正現代化的作戰武器。俄國人因而在一九一四和一九一五年屢遭重挫，其戰鬥能力到一九一七年時已經喪失殆盡。更何況即便想完全動員俄國有限的工業資源也極為困難，因為該國的疆域非常遼闊，而且交通建設十分落後。俄國的城市居民早在一九一六年即已生活於飢餓中，德國人卻要晚一年以後才開始挨餓。俄國在一九一七年爆發的「二月革命」，因而大致說來是一場城市居民的飢餓革命和農民士兵的起義行動，反對繼續進行那場犧牲慘重卻只是敗仗連連的戰爭。

二月革命爆發後，起先接掌政權的自由民主派政府犯下了愛國主義錯誤，決定在俄羅斯國窮民困之際繼續作戰下去。德國人於是更進一步推動俄國革命，實際採取的做法是讓列寧順利返回俄國。列寧就是德國在第一次世界大戰期間的神奇武器。這位布爾什維克黨人的領袖當時正流亡瑞士，他的黨在大戰爆發時還只是一個小型的邊緣團體，然而他一貫具有無比堅定的決心，務必要利用戰爭和俄國戰敗的機會，在俄國全面完成一場社會主義革命。俄羅斯群眾與軍方對和平的極度需求，必須被使用為這場革命的工具。

列寧的計畫正好符合德方的願望，終於把俄國打得退出戰爭。一九一七年的十月革命是列寧的勝利；對德意志帝國的領導階層而言，列寧的勝利也意味著德國的勝利——至少在東戰場如此。但列寧眼中的「十月革命」不只是侷限於俄國而已，它同時也應該成為一場世界革命，列寧希望從俄國將社會主義革命的火種撒播到德國和奧地利，甚至也傳遞到西方列強那邊。德國政府卻對此不以為意，反而相信有辦法讓列寧這個部分的計畫落空。德方的出發點僅僅是：俄國將因為內部的動亂和鬥爭而立刻退出第一次世界大戰。此事果真發生了。

一九一七年底的時候，西線的戰事持續陷入僵局，令雙方都動彈不得；然而再過兩年左右，西方列強將因為美國全力投入戰局而享有巨大優勢。但此際俄國已經退出戰爭而不再是對手，於是德國本身雖然已近強弩之末，卻得以進行單線戰爭，並爭取到短暫的時間在西戰場重享優勢。說不定在一九一八年仍有可能實現一九一四年時的計畫，於西線閃電獲勝。

與此同時，戰爭也促成德國在內政方面出現了重大改變。最初的變化發生於一九一四年，這是我們必須回顧的對象。當時社會民主黨不僅支持開戰、不僅同意發行戰時公債、不僅退出一切反戰活動（那完全符合貝特曼—霍爾維格所希望和所預計的結果），甚至開始在政治上成為德國戰爭機器的一環。我們難以充分想像一九一四年的劇變所產生的重大意義，因為它已經為一九一八至一九三三年之間的整部德國歷史鋪好了路。

直到一九一四年為止，社會民主黨都在帝國受到阻擋，無法涉足真正的政治。他們是內部的敵人（所謂的「國家公敵」），從來不被承認是真正的共同參與者，即便他們已在一九一二年成為帝國國會的最大黨。我已經設法在上一章說明，當社會民主派人士與德國官方相抗衡的時候，社會民主黨內部如何早在一九一四年以前即已出現重大轉變，從一個革命黨演變成一個改革派的政黨，準備成長融入德國的政治體系。但是那一切，直到一九一四年為止，在表面上都還看不出來，社會民主黨的戰爭愛國主義因而令德國中產階級大感意外。不過到了一九一四年，那種轉變已經有目共睹，帝國當局也對此做出了善意的回應。

德國打的那場仗是靠戰爭債券來籌集軍費——公債總共發行了九次，每一次都必須由帝國國會加以核准。這意味著每當需要勸募戰時公債的時候，帝國總理都必須與國會各政黨的成員齊聚一堂、進行協商、爭取同意。此時總理當然也必須與他們討論一般戰時政策及戰爭前景，而社會民主黨如今和其他所有的政黨一樣，成為諮詢的對象。社會民主黨參與其事之後，導致黨內逐漸出現分裂。

社會民主黨左翼人士在一九一四年的時候，就已經很勉強地接受了黨的愛國主義戰爭政策。左翼的實力於隨後幾年內持續強化，最後因為反對戰爭、不願再批准發行新的戰爭公債，而在一九一七年另起爐灶成立了「獨立社會民主黨」（USPD）。但「獨立社會民主黨」始終是一個相對較小的政黨；如今所稱的「多數社會民主黨」（MSPD）則一如既往是帝國國會裡面遙遙領先的最大黨，並且日益捲入德國的戰爭和德國的戰爭努力。「多數社會民主黨」同時也成為另外一股力量，可用於抵消受到右派鼓吹、被貝特曼－霍爾維格基於「對等政策」而採納了一半的誇張戰爭目標。

在戰爭的最初兩年內，貝特曼－霍爾維格藉由所謂的「城堡和平」政策，促成輿論界停止對戰爭目標進行討論。然而從一九一六年開始，對戰爭目標的歧見愈演愈烈，導致帝國國會內部形成了兩個黨派團體。一是右派團體，所追尋的是某些十分激進的戰爭目標——諸如征服與併吞、建立一個龐大的殖民帝國、索取巨額戰爭賠款等等。另一則是中間偏左的團體，他們公開表示，上上之策就是全身而退擺脫這場戰爭，因此必須利用一切機會來簽訂一個妥協的和約，亦即一個「沒有併吞與賠款」的和約。

後一個團體的成員已不再侷限於社會民主黨。一九一七年時，社會民主黨、左派自由黨和中央黨共同組成了新的國會多數。他們與此際已經合併為「德意志祖國黨」的右派人士（即右派自由黨、保守派以及議會外的右派反對勢力）針鋒相對，不斷在新聞界和輿論界進行所謂的「戰爭目標辯論」。但戰爭目標辯論其實只不過是空口說白話而已，因為德國必須先要打贏那場仗，取得了完全的勝利以後，才有可能實現右派可怕的戰爭目標。可是右派始終苦於缺乏那樣的機會，至少直到一九一八年為止都是如此。[6]就實現帝國國會新多數派的戰爭目標而言（亦即以一九一四年時的疆界為基礎來簽訂一個妥協的和約），那必須獲得敵方同意以後才有辦法做到，然而這樣的機會也不存在。

儘管如此——或許正因為如此——針對戰爭目標進行的辯論極度加深了德國內部的矛盾。那場辯論進行得非常激昂亢奮，彷彿光是透過好大喜功的戰爭目標即可贏得勝利，或者透過談判的意願即可爭取到「妥協的和約」一般。相關問題導致德國內部出現嚴重的分裂，不過那要等到戰爭結束以後才真正產生影響。實際的情況是，帝國國會的多數派完全無法規避戰爭的負擔，以及越來越不留情地繼續進行下去的戰事。

一九一六和一九一七年之交，德國的國內形勢出現了兩大變化。第二任最高陸軍指揮部[7]於一九一六年八月下台——該指揮部在一九一四年十一月即已向帝國總理表示，再也無法用純粹的軍事手段來打贏這場戰爭。直到一九一六年為止，第二任最高陸軍指揮部是以類似會計部門的方式來打仗：節約使用人力儲備與物力資源，以便儘可能長期支撐下去；同時只採取有限度的軍事行動來拖延戰局，藉此等待有利時機出現，能夠全身而退結束戰爭。該最高指揮部在一九一六年遭到撤換，由興登堡和魯登道夫的第三任陸軍最高指揮部取而代之。此二人在政治立場上完全屬於德國的右派，目標在於爭取徹底的勝利以及戰勝後所能獲得的一切利益，而且他們隨時不惜為了戰勝而孤注一擲。例如無限制潛艇戰就是第三任陸軍最高指揮部的傑作，而且第三任陸軍最高指揮部也積極介入了俄國的革命進程。

第二個重大的國內形勢變化發生於一九一七年七月：貝特曼—霍爾維格被迫辭職。令人吃驚的是，立場偏右的最高陸軍指揮部與立場偏左的帝國國會多數派共同促成了他的下台。二者各自出於完全相反的動機，卻都希望擺脫貝特曼—霍爾維格——

6　一九一八年三月三日，德意志帝國與俄國的布爾什維克政權簽訂了條件極為嚴苛的《布列斯特—里托夫斯克和約》，於是德國在自己也戰敗之前的八個多月時間內，一度實現了強迫敵方割地賠款的要求（見第五章）。

7　第一次世界大戰時期的德國「最高陸軍指揮部」（OHL）實際上等同於參謀本部，前後共有三任，第一任的負責人是小毛奇（至一九一四年九月為止），第二任的負責人是法肯漢，第三任的負責人則是興登堡與魯登道夫。

最高陸軍指揮部嫌他不夠耀武揚威，而國會多數派認為他不夠愛好和平。但雙方都還沒有找好總理繼任者，於是先讓一個過渡人選暫代了幾個月，而後由年邁的巴伐利亞中央黨政治人物赫特林伯爵，在一九一七年十二月成為第一位多少得到國會認可的帝國總理。赫特林以新的國會多數派作為靠山，並指定一位國會多數派的議員出任副總理——自由黨的領袖馮·派爾，一個今日已被遺忘的人物。

德皇此時已經完全陷入被動，在整場戰爭中不復扮演昔日的角色。威廉二世從此只是游移不決，時而任由最高陸軍指揮部擺布，時而向帝國國會的多數派低頭。他不再以最高軍事統帥的地位，也不再以真正做出最後決定的關鍵性政治人物之身分，來為大局定下基調。

德國的憲政在一九一七年時處於一種詭異的混亂狀態。憲法在表面上未曾遭到修改，但實際上已不復發揮功能。外交方面主要是由最高陸軍指揮部來掌舵，內政方面則主要是由新組成的國會多數派來治理。這兩個新的權力中心雖然彼此涇渭分明、時而相互對立，但在某些事情上也攜手合作。例如新上任的最高陸軍指揮部在一九一六年底得以如願動員全國的一切力量（日後那被稱作「總體戰」），其做法是規定年齡在十七至六十歲之間的德國男性都必須服工作役、女性在必要時也有工作義務，全國的工業產能則完全轉用於軍工生產。帝國國會的多數派配合了那項措施，但是從內政改革的角度對之做出增補。國會表決通過了所謂的《輔助勤務法》，首度規範日後工會與資方談判工資的權利，以及工會在企業內部的共同決定權。那些開創性十足的事項對當時的德國而言深具革命性，最高陸軍指揮部雖然心不甘情不願，但還是為了實現自己的軍事計畫而接受了那些條文。

一九一七年底的時候，德國的情況看起來如下：在內政方面，德意志帝國是設置於一個新的基礎上面，真正的掌權者已非德皇或帝國總理，反而在一方面是最高陸軍指揮部，在另一方面則為帝國國會的多數派。二者雖於一定程度內攜手合作，卻從未真正取得和諧。就外在形勢而言，西線的戰局仍陷入膠著、潛艇戰已告落敗、美國已經加入敵方陣營；可是換個角度觀之，俄國正準備退出敵營。這便是一九一七和一九一八年之交的局面，而德意志帝國於疲態畢露、幾乎耗盡內力之際，卻一度在短時間內看似重新有了戰勝的機會。

第5章

一九一八年
1918

我們必須想像一下德國人對此的觀感如何：直到（一九一八年）八月為止，都還覺得自己勝券在握。他們要等到十月初提出停戰請求之後才獲悉，帝國政府——但那未必等於最高陸軍指揮部——認為戰事已經毫無指望，並且放棄了戰鬥。接著政府在十一月九日改組，完全由社會民主黨出面領導；與此同時又爆發了革命，各邦國的君主們紛紛下台一鞠躬，德皇據說亦已退位，但不管怎麼樣他已經逃跑了。

一九一八年是德意志國歷史上的斷裂點。直到一九一八年為止，德意志國無論在成文的憲法上還是在國民的意識當中，都還一直是當初剛被建立時的那個國家——一個由普魯士享有巨大優勢、具備半議會制憲法的聯邦君主國。一九一八年改變了那一切，而且德意志國在一九一八年以後便不曾重新恢復平靜。這一年內發生的各種事件極為矛盾、極為密集、極為倉促，它們直到今天都未能在德國人的意識中得到適當處理。因此我想在這裡設法儘可能對此做出澄清。

一九一八年初，德意志帝國的戰局從表面上看來，比起自從「施利芬計畫」在一九一四年九月失敗以後的任何時刻都要有利得多。那年一開始的大事，就是德國與當下的布爾什維克俄國簽訂了《布列斯特—里托夫斯克和約》。此後只要德國願意的話，便可以脫離東邊的戰線而向西戰場集中全力，至少可以暫時再度在西線享有軍事上的優勢。更何況德國幾乎已經在東線完全實現了當初的作戰目標。

貝特曼—霍爾維格曾在一九一四年的《九月備忘錄》裡面，概括列出了東線的作戰目標：將俄國逼離德國的邊界，並且解放俄羅斯屬地內的民族。那正是《布列斯特—里托夫斯克和約》的內容，而該和約是一個條件極其苛刻、由德國強迫俄國簽訂的戰敗和約。昔日隸屬於俄國的廣大地帶——波羅的海三小國、波蘭、烏克蘭——現在獲得了國家獨立，但它們或多或少都依附於德國，並且繼續遭到德國占領。俄國於是被逼離了德國的邊界，同時德國讓俄國付出代價以後，為自己在東歐贏得了可直接或間接加以支配的巨大帝國。除此之外，一時之間顯得更加重要的事項就是，東戰場的德國部隊可以悉數抽調出去，僅需在那些新成立的國家留下少數占領軍即可。

我想在此提前指出一個後來才產生重大意義的事實。俄羅斯內戰爆發之初的混亂局面，以及協約國出兵對布爾什維克政府進行的干預行動，使得德意志帝國的當權者突然看見一個機會：可以超出《布列斯特—里托夫斯克和約》的範疇，讓整個俄國都成為德國的附庸。德軍隨即開始大規模越過《布列斯特—里托夫斯克和約》所畫定的邊界。到了一九一八年夏季的時候，德國人向前推進的最大極限已從北方的納爾瓦，經由聶伯河延伸至頓河畔的羅斯托夫。這意味著：他們幾乎和希特勒在第二次世界大戰期間挺進得一樣遠、他們將大面積的俄羅斯土地納入掌握，而且他們開始考慮是否能夠在布爾什維克政權的廢墟上，也把俄羅斯本土改造成德意志帝國的一部分。就某種意義而言，希特勒日後所追求的東方帝國，早已一度處於德國人伸手可及的範圍內，此事早就深植在許多德國人的心中——希特勒亦然。

從一九一八年開始流傳下來一種定見，認為俄國是可以擊敗的，認為俄國儘管土地遼闊、人口眾多，卻還是一個衰弱的國家，可任人壓制、征服和支配。這個在一九一四年時仍然遠在天邊的全新觀點，開始在德國的政策中扮演一定的角色。但如前所述，那種定見要等到日後才變得重要起來，因為在一九一八年的時候，德意志東方帝國只不過是曇花一現而已。東方帝國隨著同一年內陸續發生的各種事件而銷聲匿跡，僅僅留下了一個願景。

然而德國人在一九一八年初還料想不到大難即將臨頭——或者更精確的講法是：對此仍一無所知。但不管怎麼樣，戰局看似充滿了希望，因為現在可以撤回大部分東線最精銳的德軍部隊，把他們調派到西戰場。布爾什維克革命在一九一七年十一月獲勝不久以後，魯登道夫——他是興登堡之下最高陸軍指揮部的真正首腦——已經做出了這個決定。他希望這麼一來，就能夠繼一九一四年之後首度在西線享有軍事優勢，以便於一九一八年初展開決定戰爭結果的攻勢。

當人們再度對最後一刻的勝利寄予厚望之際，已有許多事實可用於反駁他們的看法，而且當時的消息靈通人士在一九一八年初也已經曉得：德國早就是一個疲憊不堪的國度，不但國內的城市居民營養不良，到了一九一八年就連軍隊也不例外。各個同盟國的情況甚至更加糟糕。奧地利其實從一九一七年以來就已經無以為繼，並在同一年內做出拙劣的嘗試，意圖退出戰爭。奧地利只不過是因為德國可望在一九一八年獲勝的前景，才決定繼續留在同盟國。土耳其人和保加利亞人的處境也頗為類似。既然德國人現在可望獲得最後的勝利，他們便無意作壁上觀。不過他們全部都隨時準備抽身跳脫——如果德國人無法在一九一八年春天和夏天贏得決定性的軍事勝利，那麼就必須眼睜睜看著自己的盟友分崩離析。

從另外一個角度觀之，一九一八年的德國西線攻勢也決定了一切。當美國在一九一七年初剛剛加入戰局時，還完全沒有做好參戰的準備；美國必須先徵召兵員、進行訓練，然後將部隊運往法國。在一九一七年的時候，美國除了一些小型先遣隊之外仍然無兵可派。可是到了一九一八年，運兵的機制已開始運轉。第一批美軍單位於一九一八年春天抵達法國，在夏季和秋季只能相當有限度地參加作戰行動。不過美軍的實力日益強大，到了一九一九年將擁有絕對優勢的兵力。如果德國無法在此之前贏得西線的軍事勝利，那麼整場戰爭必敗無疑。

德國人可謂是面對了一條狹窄的走廊。他們必須以最快的速度穿越通過，才有辦法獲得對己方有利的結局；如果錯失這個機會的話，敗仗就真的近在眼前了。那正是一九一八年初所演成的極度戲劇化局面。

魯登道夫一切希望的寄託，就是要趁著美國人還無法大舉干預之際，在一九一八年春季突破敵陣，而且是突破英軍的陣地。一九一八年的西線攻勢方案，在很多方面都令人聯想起後來在一九四〇年大獲成功的「曼斯坦計畫」：全部兵力都應該集中在英軍和法軍陣地的接縫處，然後在英軍戰線的南端進行突破，並且將突破點北側受到孤立的英國部隊逼入海中。這麼做了以後，就可以全力對付法國。

凡事都取決於第一波大規模攻勢是否能夠取得突破、是否能夠一直挺進到海岸，以及是否能夠將英軍與法軍阻隔開來。此一企圖促成了所謂的「皇帝會戰」，向一處曾經多次激戰的地區發動了大型攻勢。經過非常良好的部署準備之後，有三個德國軍團向該地集結，然後在一九一八年三月二十一日向兩個英國軍團展開襲擊。這次攻擊行動的成功程度，超過了聯軍此前在西線的任何一次大規模攻勢。至少德軍使得遭到攻擊的兩個英國軍團之一（南端的軍團）承受嚴重打擊，不但奪取了大片土地、迫使英軍向後撤退，而且連續好幾天讓聯軍方面陷入危機。

可是那個危機得到了克服。這一回也在非常短暫的時間內，重新顯露出第一次大戰一再呈現的情況：這場戰爭的技術條件嚴重限縮了戰略計畫的可行性。即使是再成功的攻勢（而且德國的攻勢起初比聯軍的任何出擊行動都要來得成功），也不可能帶來完全的突破。因為守方可以用較快的速度來填補縫隙、投入預備隊、重新阻斷攻勢，而攻方無法用同等速度來提供補給、向前推進、運送新的部隊前往增援。

我們必須一直擺在眼前的事實是：第一次世界大戰即便到了這個階段（而且是在西線），所進行的仍然是步兵戰鬥。沒有任何大部隊向前挺進的速度，能夠快過單兵步行的速度。然而防禦者在自己的背後卻有鐵路，可以將預備隊從其他的戰線調動過來。

這回發生的情況也正是如此。德方在三月二十一日發動攻勢後，最初幾天之內捷報頻傳、俘敵甚眾、占地極廣，接著進展漸趨緩慢，而後動彈不得。結果德軍的攻勢在三月底就已經在戰略上失敗了，也就是說，攻擊行動在實現戰略目標之前即已陷入停頓。仔細觀察的話，便可看出德國已經在西線錯失了表面上或實際上有過的戰勝機會。

但是魯登道夫仍然不死心。沒有多久以後，他在四月發動了力道已經稍微減弱的第二波攻勢，目標是英軍陣地的北端。但接著又停頓下來。他隨即向另外一個地點展開了第三波攻勢（這回是針對法軍陣地），而且德軍在此次行動中，於五月底六月初再度推進到一九一四年時的命運之河——馬恩河。如今人們多少已可感覺到，那彷彿是在絕望之下胡亂出招。儘管這一回的攻擊行動在戰術上可謂非常成功，但同樣也面臨了「第一次馬恩河會戰」時的命運：起初大獲成功之後，攻勢就被對方新增援過來的預備隊阻斷，以致未能真正有所突破。最後七月中旬他又在蘭斯進行了第四波攻擊行動，但結果類似聯軍前一年發動的攻勢，一開始就立刻被擊退了。德國在一九一八年獲勝的機會隨之一去不返。

我之所以特別強調這一點，是因為我認為它顯然就是問題的真正關鍵，可闡明一九一八年高度戲劇化的後續發展。德國領導高層、德國軍方以及若干消息靈通的德國民間人士，自從一九一八年七月中旬以來便一清二楚，這場仗再也不可能打贏，而且最後的獲勝機會已被錯過。現在美國人已經趕了過來，開始讓人感覺到他們的存在；而且沒有人事先料想得到的發展是，法國人和英國人如今也再度奮起，在撐過了真正的生死存亡關頭之後轉而進行大規模攻勢。七月十八日德軍發動最後一波攻勢，在主要由加拿大和澳大利亞部隊增防的英軍陣地遭到挫敗之後不久，他們就在一九一八年八月八日從法軍陣地展開反擊。我們必須記住那年八月八日的重大意義：魯登道夫稱之為「德國陸軍黑色的一天」。

因為聯軍首度順利完成了他們之前從未成功過的行動（而那正是德軍在一九一八年春季做出的事情）：進行第一波猛烈攻勢時就大獲全勝。此次攻勢固然同樣無法在戰略上產生決定性的效果，未能突破敵陣，可是對德國人而言卻是一個全新的創傷經驗。英軍、加拿大軍和澳大利亞軍在坦克車配合下（這是坦克首度在一戰中扮演較重要的角色），衝入了德軍的陣地、迫使第一線的部隊潰退，並且做出前所未見的事情：俘虜了大批德軍。然後他們還在繼續擴大戰果。

魯登道夫在回憶錄中記載道，曾經有人向他做出報告：如潮水般後撤的第一線單位，向開往前線增援的德軍部隊喊出了「工賊」這個字眼。[1]無論此事是否確實發生過，抑或只是傳聞而已，這個故事給魯登道夫留下極為深刻的印象。魯登道夫在回憶錄中表示，他從此十分清楚地知道，作戰的工具——德國軍隊——已經不再可靠，「**這場戰**

爭該結束了」。

德國陸軍在三月到八月之間到底出了什麼狀況？他們在三月的時候雖已疲憊不堪、營養不良、最後的力量正逐漸消失，卻再度充滿勝利的意志，並且在展開攻勢之初獲得了極大戰果。進入八月以後，他們顯然再也不打算使出全力，即便只是純粹採取守勢的時候也不例外。同時我們也必須注意另外一個現象，因為隨後在一九一八年八月到十一月之間進行漫長的撤退戰之際還會更加明顯。此即德軍就士氣而言，已在當時裂解成兩個迥然不同的部分。其中的一部分仍舊如同往常那般頑強地作戰，甚至還因為戰敗的威脅而變得益發狂熱。固然繼續有人進行了英勇的防禦戰鬥，不過正如同我所言，那只侷限於部隊中的一部分人而已。

更大的另外一部分則顯示出，德軍的士氣已經深受打擊。那些士兵基本上早已心灰意冷，因為他們再也看不見獲勝的機會，眼前只有勢所難免的失敗，而他們根本無意在敗仗的落幕階段投入自己的生命。從軍事的角度觀之，軍中一部分人員已經狂熱

1「工賊」就是「破壞罷工者」的意思。一九一八年八月八日清晨，聯軍出動三十一個師的部隊和五百多輛坦克，在亞眠突破德軍陣地，開始不斷向前挺進。德軍從此已在士氣上打了敗仗（即本章稍後出現的「寧靜革命」和「內心革命」），第一線士兵既然再也看不見戰勝的可能性，心中多半已處於類似「罷工」或「怠工」的狀態，前來增援（「上工」）的部隊因而顯得像是「工賊」。

到拼死一搏的防衛決心，自然可獲得較高評價；但我們也必須公平看待另外一部分的士兵們。

後者並非懦夫或逃兵，反而是軍中共同進行思考的那一部分人員。畢竟第一次世界大戰時期由群眾組成的軍隊，是一支懂得思考的隊伍。舊式的職業軍隊乃純粹的作戰機器，被訓練得盲目服從指揮和命令：「我們聽任馬匹來思考，因為牠們的頭比較大。」然而這種常備軍的誓死服從，再也無法適用於大戰末期「最後梯次」的部隊成員，因為他們是懂得思考的公民軍隊。如欲使之充分發揮戰力，除了軍紀之外還需要今日我們所稱的「動機」——必須要讓他們感覺到，自己是為了值得一戰的東西而戰。當我這麼講的時候，心中所想到的並非理想化的戰爭目標，而純粹只是戰勝的可能性。

持平而論，戰勝的可能性在一九一八年七月——甚或早在同年四月——即已不復存在。德國人已經射出了自己的最後一箭，卻未能命中標靶；從此進行的戰鬥，只不過是為了力挽狂瀾，拖延打敗仗的時間而已。一想到自己必須犧牲性命卻無法換得任何東西，這種念頭一定會讓人出現心力俱疲的現象。

魯登道夫在這方面也完全正確地看出來，軍隊本身繼續作戰的能力正在不斷衰退——但民間和大後方尚未達到這個地步，因為人們依然頗為盲目地相信戰勝的可能性，更何況他們還被報喜不報憂的陸軍戰情快報給誤導。軍方其實早在一九一八年春季和夏季就已經吃了真正的敗仗，但是這場敗仗幾乎無法在作戰地圖上辨識出來，因為那是輸在士氣上。一九一四年時對勝利充滿信心的德國陸軍從此不復存在。即便有若干單位仍然全心全力繼續戰鬥，但德軍的整體士氣縱使尚未完全渙散，也已經深受打擊。魯登道夫可謂完全正確，因為他在一九一八年八月即已從中得出結論，認為這場戰爭該結束了。

可是應該如何結束戰爭呢？西方列強此時深信自己早已度過難關，無須苦苦等待美國人即可放心大膽地立刻展開反擊。而且現在他們從中獲得了頗不尋常的經驗：他們的反擊非常成功。自從八月以來，德軍便不斷從一個陣地撤退到另外一個陣地，他們雖仍繼續戰鬥，但是戰志已不像從前那般堅定。到了九月底的時候，他們已經撤退到所謂的「興登堡防線」，亦即最後一道經過完全整修、遙遙位於昔日前線後側的防守陣地；而聯軍稍事整補之後，便集中全力繼續對此展開攻擊行動。如今「興登堡防線」眼看即將被聯軍突破，西戰場已有全面崩潰之虞。

眼見情況如此，魯登道夫決定認輸。他和興登堡在九月二十八日達成共識，必須提出停戰要求，而且應該以美國總統威爾遜的「十四點原則」為基礎來求和。假如興登堡和魯登道夫曾經仔細讀過那十四點的話，那麼二人就應該十分清楚，它們是以德國的全面戰敗作為出發點，因為「十四點原則」不但要求德國把亞爾薩斯—洛林交還給法國，同時還要讓波蘭復國（其疆域將包括普魯士轄下的波蘭地區以及一個出海通道，亦即日後的波蘭「走廊」）。我不相信魯登道夫仔細研究過「十四點原則」，他只不過是想藉此來表態，使得美國人難以拒絕德方的停戰要求與和談建議。

第二天（九月二十九日，星期日）又發生了一些狀況，以致對事態的後續發展產生非常重大的影響。魯登道夫約請帝國的文人領導階層在星期日前往戰地大本營會商，政府內部最重要的兩號人物——帝國總理赫特林伯爵與外交部長馮・辛慈——分別以不同的方式前往。辛慈年紀較輕、體格健壯，於是乘坐了夜車，然後在星期日早晨與魯登道夫晤面；赫特林年事已高，因而在白天搭乘火車出發，在傍晚時分抵達位於比利時斯帕的大本營。可是辛慈已在那個空檔向魯登道夫灌輸了一個新的想法。

辛慈構思出來的結論是：應該透過內政來為停戰要求提供助力，以便爭取威爾遜總統的善意。德國需要一個議會民主政府，藉此讓美國人覺得有一個新而民主的德國正在求和——而且所遵循的原則就是威爾遜本人提出的和平方案！因此現在必須讓帝國國會的多數派出面組閣，此外還必須修改憲法，將政體變更為議會君主制，使得國會可經由不信任投票迫使部長和總理下台。德國必須讓人產生一種印象：德國人並非因為軍事崩潰已近在眼前，而是由於民主革新的緣故才會在此刻追求和平。

魯登道夫欣然接受這項建議，但是心中卻出現不一樣的想法。我相當確定，他完全領悟了辛慈以心理和外交因素作為考量的建議。不過魯登道夫除此之外馬上看出的機會是：他透過那種方式便無須親自豎起白旗，反而可以將白旗塞入國會多數派的手中，亦即塞給自己在內政上的敵人。

九月二十九日當天於德皇也親自駕臨之際（但是德皇表現得非常被動），在前線大本營內做出決議，立即由國會多數派任命部長來組成議會制的政府。那個內閣應該在最高陸軍指揮部不正式參與的情況下，儘速提交停戰要求與和談建議——因為按照魯登道夫的估計，西線的潰敗已近在眼前。為了便於提出停戰要求，該內閣應獲准修改憲法，將德意志帝國議會化。

十月二日當天，置身柏林的帝國國會議員領袖們從魯登道夫的使者那邊獲悉此事以後，頓時不知所措。有關西線戰爭現在已經落敗、甚至已有全面軍事崩潰之虞的報導令他們深受打擊。就連帝國國會的多數派也為之驚懼不已——更何況這個駭人聽聞的訊息還附帶了一項要求：如今他們必須接管搖搖欲墜的國家、正式宣告破產，並且為自己不該負責的事情負起責任來。

在那個晦暗的時刻，偏偏是社會民主黨「跳入火坑」！這個令人矚目的發展早已在戰前準備就緒，而且在隨後幾個星期和幾個月內，更將產生決定性的作用。社會民主黨人，至少是其勢力較大的「多數社會民主黨」分支，比其他各政黨更願意承擔責任。

例如該黨的主席——弗里特里希·艾伯特[2]——便曾經表示，既然人家現在把責任託付給我們，那麼我們就必須「跳入火坑」，從德意志帝國拯救還能夠救得了的東西。更何況官方除了勉強社會民主黨出面提交停戰要求之外，同時也終於認可了他們數十年來努力奮鬥的目標：建立代議制的政府（亦即帝國國會可透過不信任投票迫使總理和部長下台），並且廢除普魯士早已不合時宜的三級選舉制。那些都是社會民主黨人士所提出的各種要求當中，截至當時為止依舊懸而未決的最後幾個重要項目。如今他們終於可以實現那些要求，於是由艾伯特領軍的社會民主黨幾經討論和猶豫之後，同意接受這筆交易。

我們不妨想像一下，德皇時代在內政方面追加進來的這個成就是多麼令人難以置信。那些俾斯麥時代的「國家公敵」、在威廉二世時代仍不斷遭到排擠和鄙夷的「沒有祖國的工匠」，現在願意以執政黨的身分來接管國家（而且是接管帝國，因為當時根本還沒有把推翻君主政體列入考慮），並且在實施若干改革之後繼續治國，甚至不惜一肩扛起國家戰敗的責任。這是一個劃時代的事件。

此時在馬克斯·馮·巴登親王的主導下（他是一位自由派的貴族，以及巴登大公國統治家族的成員），由社會民主黨、左派自由黨和中央黨的部長們組成了新政府。該政府於十月三日，在不言及軍事形勢和最高陸軍指揮部所扮演的角色，以自己的名義向威爾遜總統提出了停戰要求與和談建議。說服拿不定主意的巴登親王那麼做的人，就是德皇本人。

現在有許多事情湊到了一起。首先出現的發展是，西部的戰線並未全面崩潰，情況有異於魯登道夫在九月二十八日和二十九日所做出的預測。德軍在十一月十一日停戰協定開始生效之前都還持續作戰下去——可是他們不斷撤退和喪失土地，而且在這場戰爭的最後幾個星期內，總共有二十五萬名德國士兵遭到俘虜。但無論如何，直到戰爭的最後一日為止，在比利時和法國的土地上都還維持著一條連成一氣的德軍防線，儘管陣地不斷向後退縮，戰鬥卻從未停歇。

另一方面，大後方卻在此際——而且就從此際開始——形成了國內戰線的崩潰。德國的群眾，尤其是食不果腹、早已心生不滿的工人階層（亦即左派政黨的選民），如今卻在「邁向勝利」的半路上突然獲悉（因為之前的戰情報導從未真正承認吃過敗仗），德國已經打輸了那場戰爭，至少也已經認輸了。無怪乎帶領著他們落到這步田地的國家領導層級，已經完全失去那些人的信任。德國的大城市於是瀰漫著一股革命的氛圍。

2 德國社會民主黨在一九一七年分裂成「多數社會民主黨」和「獨立社會民主黨」。艾伯特（Friedrich Ebert, 1871-1925）是前者的領袖，在革命爆發後出任威瑪共和國首任總統。「獨立社會民主黨」則逐步演變成德國共產黨。

那只是正在醞釀之中而已，還沒有爆發開來；然而從一九一八年十月開始，德國的內部政局已經出現強烈變化。

那年十月還發生了其他的事情。威爾遜並未立即回應德國的停戰要求。他僅僅發出一份照會，而且他在那份文件中不無道理地抱持懷疑立場，表示無須認真看待德意志帝國的驟然民主化（因為德皇和各邦國的諸侯們還悉數在位）；接著他又連續透過三份照會，催促德國內部做出更多改變。威爾遜主要是從意識型態的角度來看待戰爭。他要求德國進行真正的民主化，並且明確地表達出來，他在這方面的主要用意就是要讓德皇從此銷聲匿跡。

威爾遜提出要求以後，才促成德國在十月當中開始出現所謂的「**德皇辯論**」：既然現在已無退路可走，是不是也應該履行這項要求，德皇是否必須退位？帝國新政府的圈子內部隨即形成了一個派系，主張不妨犧牲德皇個人，但不放棄君主政體。跟他們打對台的另外一股勢力，則主要來自最高陸軍指揮部和海軍總部，而那正是我現在刻意要加以說明的對象。

魯登道夫在十月經歷了一個奇特的轉變。之前他已經在九月二十九日張皇失措地發動了自己的政變（如此稱之並不為過），因為他擔心西部的戰線即將立刻崩潰。結果此事並未發生，而且西線仍然繼續戰鬥下去，於是魯登道夫又改變了主意。現在他打算再度決一死戰。我們必須承認，若純粹就軍事觀點而言，他在西線說不定還會有辦法靠冬天來救急。協約國儘管持續不斷採取攻勢、向前推進，卻從未真正取得突破。此際十月已然來臨，眼看就是十一月。入冬以後或許可望暫時停止軍事行動，德方或許可以在安特衛普—馬斯河一線重新鞏固西戰場，預備來年春季和夏季再度出擊——然而屆時已部署完畢的美國龐大軍力必將使得攻勢全無勝算，而且一定會導致德國遭到入侵。

然而這時又發生了其他的事件，以致西線的繼續抵抗變得多餘：德國的盟邦已經土崩瓦解。他們其實早在一九一八年初即已日暮途窮，只能將最後的機會寄託在德軍的大規模攻勢，坐待德國打出最後一張軍事王牌。等到那張王牌未能奏效以後，奧地利、保加利亞和土耳其的內部隨即四分五裂。奧匈帝國的各個民族開始起事，以致奧地利軍隊以遠甚於德軍的方式，再也無法被使用為戰爭工具。首先是奧地利與保加利亞在巴爾幹半島的防線全面潰敗，接著輪到奧地利在義大利的陣地。縱使德國有辦法在西戰場撐過冬天，南方已有形成新戰線之虞，而且德國人對此完全無力因應。

德國的內政於是圍繞著那些複雜的觸發條件打轉。如前所述，到了十月底的時候，兩個舊派系重新在德國對立起來：昔日的好戰派現在變成了死戰到底派；昔日的和解派則幾乎成為無條件結束戰爭派。最後二者之間的對抗在十一月初導致德國爆發革命，但即便在十月底仍然無人能夠真正預見此事。

德國革命的導火線，是海軍總部做出了決定，準備再度冒險與英國進行一場大型海戰——順便值得一提的是，那項決定並未向帝國政府報備。有一部分的德國艦隊反對該計畫而叛變，以致那項決定不得不被放棄。許多譁變的水兵當場遭到逮捕，恐將被送上軍事法庭判處死刑，而他們的袍澤不願坐視不顧。德國艦隊從西部的海軍基地撤回基爾港以後，當地在十一月四日爆發了大規模的水兵暴亂。叛軍接管軍艦、升起紅旗、組成水兵委員會，進而控制了基爾市。

這次的水兵起事雖然在時間上恰好與「德皇辯論」重合，不過它並沒有明確的政治目標。可是那些水兵一旦奪取了艦隊和基爾市以後，發覺既已動手就不能半途而廢，免得到頭來還是被當成叛亂犯處死。於是他們從基爾蜂湧而出，結果從十一月四日開始的短短一個星期之內，革命就如同森林大火般地在北德蔓延開來，而後經由德國西部擴散到德意志帝國大部分的地區。除此之外，許多德境邦國的首府也出現了自發性的起事行動——例如十一月七日在慕尼黑。

那整個過程都缺乏領導，但人勢洶洶而難以遏阻：戍守國內的部隊組成了士兵委員會，工廠裡面則組成工人委員會。那些「工人士兵委員會」形同接管了各大城市的行政工作，「十月政府」腳底下的土地開始搖晃。對該政府而言，這場革命來得非常不是時候。

馬克斯．馮．巴登親王曾經在回憶錄中，描述了他在一九一八年十一月七日與艾伯特晤面時的情形：

一大清早我看見艾伯特獨自待在花園裡。首先我向他說明了自己已經計畫好的行程：「您曉得我的意圖何在。假如我能夠成功說服皇上的話，那麼您是否將站到我這一邊來對抗社會革命呢？」艾伯特毫不遲疑地做出了明確的答覆：「如果皇上不退位的話，那麼社會革命將勢所難免。然而我不想要革命，是啊，我就像痛恨罪惡般地痛恨它。」

艾伯特藉此表達出自己的真心話。他和社會民主黨已經在十月的時候，共同實現了他們希望在內政上達到的一切目標。現在他們計畫儘快結束戰爭，然後與中產階級的進步黨以及中央黨結盟，以類似「戰爭破產管理人」的身分繼續治理德意志帝國，共同維護國家在十月改革之後所形成的議會君主政體。因此革命是他們此刻最不需要的東西。

然而革命似乎再也無法遏阻。到了十一月九日，星期六，首都柏林市也遭到波及。

當時正在進行總罷工，工人群眾走上街頭，穿越市中心來到帝國國會前面示威——實際上他們除了要求結束戰爭之外，別無其他目的。然而社會民主黨的第二號人物——賽德曼——卻認為必須向他們做出讓步，於是從國會大廈向樓下聚集等候的人群宣布成立德意志共和國。此舉令艾伯特對賽德曼憎惡不已，二人隨即在國會餐廳內大聲爭吵起來。艾伯特表示，德意志國未來的走向，不論是君主政體也好，還是共和政體抑或其他的形式也罷，都必須由制憲會議加以決定。

艾伯特當時還希望維護君主政體，因此他在十一月九日下午，仍然設法撤銷賽德曼宣布成立的共和國（那是德國歷史上非常有趣的一段插曲）。此時馬克斯·馮·巴登親王已逕自宣布德皇退位，並且以違憲方式將總理職務轉讓給艾伯特。艾伯特於是接見巴登親王，並請求他擔任攝政王，以便保留維繫德國君主政體的可能性。可是巴登親王已經心灰意冷。他早就受夠了一切的一切，只希望從此回歸私人生活，因而一口加以回絕。如此一來，就連艾伯特也不得不接受已然是既成事實的德意志共和國。

德意志共和國不僅由於賽德曼在帝國國會陽台發表的演說而變成了事實，而且那幾天裡面又發生了另外的事件。德皇雖然實際上還沒有退位（我很快就會針對他做出說明），但他最起碼已經在十一月九日至十日的夜間出奔荷蘭走上流亡之路。幾乎其他所有的德國君主，諸如巴伐利亞國王、薩克森國王、符騰堡國王和德意志邦國的大公爵與公爵們，果真都在十一月的那些日子當中紛紛退位，只不過有些人稍微早一點，有些人稍微晚一點罷了。這整個過程的進行非常奇特，因為那些君主們悉數未曾受到人身威脅。「工人士兵委員會」只需派出代表團當面要求他們退位，他們便不加抵抗地乖乖就範。

那些德意志君主們都曾經是名正言順、地位尊崇和不受質疑的統治者，結果卻如此無聲無息地消失了。在十一月的混亂時刻幾乎無人注意到這種發展，而且說來奇怪的是，後來的德國歷史撰述也難得留意於此，至今仍未做出充分解釋。有些君主的退位方式簡直稱得上是心平氣和。以薩克森為例，國王向要求他退位的代表團開口表示：「好吧，那麼你們就獨力收拾自己的爛攤子吧。」

「爛攤子」一詞，是對這整個過程的最貼切描述。德意志的君主們已不打算繼續統治下去，而是爭先恐後退隱到多半舒適安逸的私人生活。他們沒有任何人遭到拘捕，更遑論是如同法國和英國的國王那般，在法國大革命與英國革命時期遭到處決。德國的革命——如果我們可以這麼稱呼的話——充滿了善意。然而在幾天之內卻宛如一場大地震，令人完全束手無策。

現在我想再花點時間，對德皇做出一些說明。德皇在十月二十九日駕臨位於斯帕的前線大本營以後，先是完全贊同實施議會改革，並且願意以議會制君主的身分繼續統治下去。一位前往斯帕晉見、旨在勸德皇退位的普魯士部長，因而遭到他厲聲斥責。等到革命爆發後，德皇震驚之餘起初還一心期待，能夠在停戰之後立即抽調野戰部隊回國鎮壓革命，可是十一月九日的經歷卻令他大失所望。

正如同之前詳述過的，自從德方的大規模攻勢失敗以來，德國軍隊的士氣早已今非昔比。而等到德國提出停戰要求，在國內造成嚴重衝擊之後，德軍的士氣甚至更加低落。十一月九日當天，最高陸軍指揮部邀請了三十九位多半為師長級的前線指揮官前往大本營面報，說明陸軍部隊是否願意在停戰以後，為了維護帝制而向革命運動展開戰鬥。指揮官們一致做出的判斷是：不願意。部隊已經準備就緒，可在必要的時候伴隨陛下行軍退回德國，但是不論對內也好對外也罷，他們再也無意繼續作戰。

興登堡隨即與剛在十月底接替魯登道夫出任副參謀總長的格勒納將軍做出決定，要勸告德皇退位——否則至少也應該流亡國外。德皇在十一月九日當天便對他們的催促做出讓步，而且很奇怪地同樣未曾反抗。威廉二世於是流亡荷蘭，不但埋葬了他個人的皇位，後續的發展還顯示，他同時也斷絕日後重建君主政體的機會。十一月稍後他才正式宣布退位，但那已經不再具有任何意義了。

那年十一月九日做出的兩項決定因而終結了德國的帝制：一是德皇出奔荷蘭，二是馬克斯・馮・巴登親王（他同樣出身自統治者家族）拒絕為了維護德國的君主政體而擔任帝國攝政王——而君主政體未必只意味著霍恩佐倫家族的皇位。艾伯特既然身為新任的國家總理，而且已經是新政權的真正領導人，只得獨自出面與革命運動周旋，同時還必須完成停戰協定。

協約國內部也在整個十月針對停戰協定進行了激烈的辯論。歐洲美軍總司令潘興將軍反對停戰協定。他的出發點是：反正德國人已經打輸了，現在何必還要答應停戰，讓他們有機會退到萊茵河後面挖掘新的戰壕繼續作戰下去？潘興就彷彿後來第二次世界大戰時期的美國總統羅斯福那般，也主張無條件投降。

法軍和英軍的總司令卻寧願停戰。其部隊和德軍一樣已經嚴重流血，因此他們無意在一九一九年重新大舉發動攻勢，不像美軍希望藉此來通過第一次真正的戰鬥考驗。最後他們達成共識，同意接受停戰，但先決條件是必須讓德國不可能再度採取敵對行動。

接著他們通知德方，可派遣代表前往聯軍總部聽取停戰條件。此事發生的日期是一九一八年十一月六日。德方選派了一位中央黨籍的國會議員以及馬克斯·馮·巴登內閣的部長——埃爾茨貝格爾——擔任停戰代表團團長。其中非常值得注意之處為：被派遣前往簽署軍事停戰協定的人士並非將領，而是一位平民政府的成員。

結果證明那些停戰條件極為嚴苛。它們事實上已經注定了德意志帝國的徹底戰敗，並使得任何後續的抵抗行動全無可能。西方列強要求，德軍必須於最短期限內撤離仍遭占領的土地，而且撤出德國的萊茵河左岸地區以及萊茵河右岸的三個橋頭堡。協約國的軍隊將緊隨著撤退德軍的腳步，一併占領萊茵河左岸地區與右岸的三個橋頭堡。此外他們還要求德國交出艦隊，並且留下或繳納巨額的物資。協約國主要的停戰條件看起來大致如此。那些條件以毫不含糊的方式明白告訴德國人，他們已經打輸了整場戰爭。我們甚至可以表示，透過那些條件才使得敗仗真正塵埃落定，因為它們導致日後不可能在萊茵河後側出現任何抵抗行動。

埃爾茨貝格爾在十一月六日，也就是革命進行得如火如荼之際，出發前往貢比涅拜會福煦元帥，接獲了停戰條件。他商談一些細節之後，便把停戰條件呈遞給帝國政府，接著由政府轉交最高陸軍指揮部。最高陸軍指揮部隨即做出聲明（此事切不可忘），縱使再無轉寰餘地也必須接受那些條件，因為德方已經不可能繼續戰鬥下去了。埃爾茨貝格爾隨即正式簽字。於是停戰協定在十一月十一日開始生效。

現在我們必須想像一下德國人對此的觀感如何。他們直到那年八月為止，都還覺得自己勝券在握。他們要等到十月初提出停戰請求之後才獲悉，帝國政府——但那未必等於最高陸軍指揮部（也請記住這一點）——認為戰事已經毫無指望，並且放棄了戰鬥。接著政府在十一月九日改組，完全由社會民主黨出面領導；與此同時又爆發了革命，各邦國的君主們紛紛下台一鞠躬，德皇據說亦已退位，但不管怎麼樣他已經逃跑了。

這一切又意味著什麼呢？對不明就裡的大多數德國人而言，事情的來龍去脈可依時間先後順序綜述如下：就在我們即將打勝仗的時候，卻有那麼一幫自作聰明的傢伙進入政府高層——他們始終一心一意只想締結「妥協的和約」，接著主動認輸，隨即鬧出革命，而後又簽訂了讓我們喪失戰鬥能力的停戰協定。

在此背景下，後來於是發展出「**背後捅一刀神話**」。魯登道夫乃公開說出此一神話的第一人，但值得注意的是，艾伯特事先卻已經為此鋪好了路。因為對艾伯特而言，當前的第一要務是在國內拯救還救得了的東西——萬一勢不可免的話，便以共和國的形式延續十月時的君主政體，並且必須鎮壓革命。艾伯特先是假裝與革命運動言和，於是他在十一月十日出席「柏林工人士兵委員會」舉辦的大會，以六人組成的「人民代表委員會」[3]領袖身分，第二度被推舉為政府領導人。事實上他正在籌畫與殘餘的最高陸軍指揮部（亦即軍方新上任的真正最高指揮官格勒納將軍）建立起同盟關係。

就在同一天晚上，二人進行了一場後來非常出名的電話會談。艾伯特固然並非名

3「人民代表委員會」是十一月成立的革命政府之正式名稱。德國在十一月革命後出現的各種「委員會」，相當於俄國十月革命後的「蘇維埃」。

正言順的國家總理，但他一則經由馬克斯・馮・巴登親王的職務轉讓，再則透過「柏林工人士兵委員會」革命派的推舉，可謂獲得了雙重正統性。艾伯特試圖恢復在十月初與最高陸軍指揮部締結的盟約，希望利用停戰的機會將野戰部隊抽調回來壓制革命，並以這種方式確保最高陸軍指揮部對新政權和新憲法的支持。格勒納將軍在第一次電話會談中立即大表贊同，後來更進一步確認了這個口頭約定。二人之間的協定涉及了一場反革命行動，亦即要動用武力來鎮壓左派革命——左派革命的領導中心是「人民代表委員會」，而說來諷刺的是，「人民代表委員會」的最高領袖正是艾伯特本人。

格勒納將軍後來曾經對那次的口頭約定做出描述——一九二五年審理所謂「背後捅一刀訟訴案」之際，[4]他出庭宣誓之後吐露了事情的原委。當時格勒納表示：

> 最初步的工作——那是我的想法和首要目標——就是要在柏林奪走「工人士兵委員會」的權力。為了達成此目標，我計畫調遣十個師的部隊開入柏林。有一名軍官被派赴柏林商討相關細節，談判的對象也包括了普魯士的戰爭部長，因為他當然不可能置身事外。那時面臨了一系列的困難。我只能在此指出：無論是獨立的政府成員（即所謂的「人民代表」），還是另一派人士——我記得那是「士兵委員會」，但現在無法即席說出細節——都要求部隊進城時不得攜帶實彈。我們自然馬

上對此表示異議，而艾伯特先生當然立刻同意部隊可以攜帶實彈開入柏林。

我們必須利用此次進軍所帶來的機會，重新在柏林建立一個穩固的政府……，並且為進城之後的每一天分別妥善擬訂計畫。那個計畫裡面逐日列出了應該完成的事項，諸如解除柏林市的武裝、從柏林清除斯巴達克斯黨人[5]等等。凡事都詳加規畫，逐日列出了每一個師的工作。這一切都經由我派往柏林的那位軍官，與艾伯特先生進行過討論。我為此對艾伯特先生由衷感謝，而且我也因為他所展現的絕對愛國心與無私奉獻精神，願意在他受到攻訐的時候，隨時隨地出面為他辯護。那整個行動計畫完全是在與艾伯特先生達成協議，並且經過他認可之後所訂定下來的。

4 背後捅一刀訟訴案形同否定了「背後捅一刀神話」——依據該迷思，德國之所以在一戰中失利，是因為社會民主黨、左派自由黨和猶太人「在未曾打敗仗的德軍背後捅了一刀」的緣故。一九二四年國會大選時，一個名叫科斯曼（Paul Cossmann）的保守派記者就此大做文章，導致一位社民黨籍報社主筆公開批評他篡改歷史。科斯曼於是提出毀謗訴訟。慕尼黑法庭傳訊許多一戰時期的軍界要人出庭作證後，判定科斯曼所言不實，但科斯曼還是打贏了毀謗官司！（科斯曼最後卻死於納粹集中營，因為這位右派健將是猶太人。）

5 斯巴達克斯黨人脫胎自「獨立社會民主黨」，是德國共產黨的前身。

那就是「艾伯特—格勒納協定」；它在十一月獲得確認並研擬出全部的細節，而軍隊就在同一時間非常快速地撤回德國境內，不過他們還是需要花上幾個星期的工夫。十二月初，當艾伯特在柏林市致詞歡迎返國士兵的時候，他實際上已經預先道出了「背後捅一刀神話」：

> 沒有任何敵人曾經擊敗你們。一直要等到敵方在人員和物資上的優勢日益具有壓倒性以後，我們才放棄了戰鬥……。你們可以抬頭挺胸地回來。

「艾伯特—格勒納協定」起初一敗塗地。「全國委員會大會」即將於十二月十六日在柏林市召開，而返回柏林的十個師部隊應該先發制人，在大會開幕之前發動反政變。實際發展出來的結果卻是（格勒納也曾在一九二五年向法庭宣誓對此做出證詞），那些士兵根本再也無法被聚集在一起。那已經不再是大戰四年期間內的舊德國陸軍！士兵們立即爭先恐後搶著回家；其人數在部隊返回柏林當天的晚上即已開始銳減，那些單位更於隨後數日內幾乎完全解體。等到「全國委員會大會」在十二月十六日順利召開之際，開入柏林的十個師總共只剩下了八百人可供差遣。這是軍方自從八月以來，在士氣方面快速發生「寧靜革命」之後的結果——它固然與國內後來發生的革命截然有別，不過二者之間當然還是產生了互動關係。無論如何，前線部隊再也無法被使用為國內權力鬥爭的工具了。

最高陸軍指揮部此時已經轉赴卡塞爾，並且決定不再阻止軍隊復員，改弦更張另外組織了「義勇軍」：那是由部隊中的特定分子所組成的志願軍單位，其成員未曾涉入軍方的「內心革命」、直到最後都還狂熱地繼續戰鬥下去、對國內的發展抱持敵意、效忠德皇、忠於魯登道夫，而且不惜動用武力將十一月發生的事情扭轉回來。艾伯特政府——尤其是新上任的「國防軍部長」諾斯克——如今也開始與義勇軍結盟。

一九一八年底，柏林市皇家馬廄附近爆發了第一場大規模的街頭戰鬥，其間革命派的「人民海軍師」擊敗了舊陸軍的殘部。新的一年則以柏林市所謂的「斯巴達克斯週」作為開端，結果剛組成的第一批「義勇軍」單位血腥鎮壓了新一波的革命嘗試。[6]

我們隨之邁出了一九一八年。不過我想立即補充說明的是，十二月和一月發生於柏林的各種事件，後來又在一九一九年上半年於許多德國大城市重新上演。一場內戰便這麼躡手躡腳地展開，而「義勇軍」在艾伯特—諾斯克政府的撐腰下（艾伯特當上總

6「斯巴達克斯同盟」在一九一九年一月六日與極左派人士合組革命委員會，宣布接管政權。過了一個星期後，這場「斯巴達克斯起義」（一月暴動）就在一月十二日遭到敉平。

統以後則換成了賽德曼—諾斯克政府），在許多德國大城市血腥壓制了「工人士兵委員會」殘留下來的政權。以社會民主黨為首的國會多數派與舊軍方的反革命派結盟之後，果真抹除了一九一八年的革命。最後那場革命只有一項成果保留了下來：帝制已告結束。

不過我還想再補充一點。我們已經看見，那個令人困惑的一年內所發生的各種事件，如何對德意志中產階級的心境造成了特別的折磨。那些德意志中產階級的成員當中，也包括了一位失敗的藝術家，一位奧地利人。他曾經志願加入德國陸軍，有過不錯的表現。他曾為毒氣所傷，在一座位於波美拉尼亞的軍醫院裡面經歷了戰爭的結束。他就在此際決定從政，以便扭轉他自己眼中在一九一八年時發生的各種可怕事故——大後方顯然已陷入精神崩潰、顯然已經到手的勝利白白遭到放棄。那個名叫阿道夫·希特勒的男子當時還沒沒無聞，不過他在隨後十年之內，將逐漸躍升為德國政壇的關鍵人物。

第6章

威瑪與凡爾賽

Weimar und Versailles

《凡爾賽和約》處理德國的態度，不像是對待一個雖然打了敗仗、但仍舊屬於國際共同體的戰爭對手，反倒像是處置一名收到了刑事判決書的被告。德國國內對此產生的共識為：和約的內容無法被接受，必須加以修正。修改時的優先順序卻自始就莫衷一是——應該首先設法迴避有關限制軍備的規定，重新成為軍事強權呢？還是應該首先嘗試擺脫賠款來重建德國的經濟，透過這種方式再度成為強國？

一九一九年一月選出的國民議會在威瑪舉行了會議，而非在動亂不安的柏林。他們之所以前往威瑪，是因為該地相當寧靜，並且在軍事上易於防守——或許有一部分也是由於這座小城在文化史上的聲譽，而那是新德國有意連結的對象。但威瑪國民議會所面臨最重要與最困難的課題，並不是如何制定《威瑪憲法》。真正的難題在於，應該同意或者反對簽署《凡爾賽和約》，因為德國在一九一九年四月，以最後通牒的形式收到了現成的和約。[1]

《凡爾賽和約》草案的內容在一九一九年五月被公開以後，德國人不啻狠狠挨了一棍，平民百姓的感受跟國民議會和政府完全一樣：在東部、西部與北部割讓的領土多得駭人聽聞；德國幾乎完全被解除武裝；必須支付巨額賠款；不再擁有殖民地。而且整份和約處理德國的態度，不像是對待一個雖然打了敗仗、但仍舊屬於國際共同體的戰爭對手，反倒像是處置一名收到了刑事判決書的被告。平民百姓、國民議會與政府當局的第一反應都是：不要簽字。

假如不簽字的話，事態又將如何發展下去呢？就此而言，不但是在當時，即便今日回顧起來也毫無疑問的是：西方盟國必將恢復敵對行動、揮軍入侵德境，並且在不遭遇抵抗——最起碼不遭遇有效抵抗——的情況下，按照盟軍那時的計劃占領威悉河以西的德國。[2]結果德國在最後通牒的壓力下，歷經可怕的內鬥與一次政府改組之後，在和約上面簽了字。

德國政府和國民議會的多數成員都憂心忡忡，害怕國家將隨著聯軍的占領而陷入分裂。他們認為，若不簽字的話，聯軍將會在西部與既有的南德邦國、以及與普魯士北方境內新成立的國家級政權單獨簽訂條約，導致德意志國裂解成兩個部分：西邊的部分將被西方列強占領，東邊和東北邊的部分則是舊普魯士與薩克森。今天已經有了第二次世界大戰的結果擺在眼前之後，我們禁不住想問：上述情況果真有那麼可怕嗎？

假若當時就如此發展下去的話，將會形成類似第二次世界大戰結束後演變出來的局面：出現一個遲早必將依附於西方陣營的西德國，以及一個當時仍然完全保有普魯士東部省分的東德國[3]——但其命運難以逆料。因為無論在從前或現在都很難預測，萬一盟軍入侵到威悉河一線之後將造成何種情況。

1 戰勝國拒絕德國參加巴黎和會，因此德國代表團在四月二十九日抵達凡爾賽以後，只能等待領取現成的條文。協約國先是在五月七日將草約交付德方，而後在六月十六日提出最後通牒，限德國於五日內接受《凡爾賽和約》。

2 威悉河位於萊茵河與易北河之間，是德國西北部的主要河流。

3 二戰結束後，普魯士東部的三個省分悉數被割讓給波蘭（波美拉尼亞、西里西亞、東普魯士）。

誰又能夠確定，南德各邦的政府以及德境西北部新成立的政權將會簽署條約？屆時柏林如果仍然有德意志國政府存在的話，聯軍是否也必須占領德國東邊的部分？這種解決方式豈不比第二次大戰結束後的情況要來得有利多了——一個沒有俄國人的「一九四五年」、東部的省分不至於遭到截肢、[4]德國全境完全由西方列強占領？由於協約國遲早必須想辦法找來另外一個德國政府，因而就連這種被占領的狀態也不可能一直延續下去。

以上都是完全沒有答案的問題。反正縱使德國人在一九一九年不曾簽署和約，照樣有機會如同簽訂和約之後那般，繼續保存德意志國。德國固然在《凡爾賽和約》上面簽了字，可是從中期和長期的眼光來看，此事甚至為德國的強權政治帶來了更佳機會，即便德國人當時對此還不明白。因為《凡爾賽和約》只是巴黎和會直接與德國有關的一部分而已；如果心平氣和觀之，在巴黎建立的整個和平體系絕非不利於德國的強權地位。

德國固然因為解除武裝和戰敗賠款，被套上了兩個沉重的枷鎖，有朝一日必須設法掙脫。可是在另一方面卻逐漸顯露出，儘管德意志國在西部、東部和北部的面積縮小，但其主體並未受損，該國在歐洲所處的地位非但不比一九一四年之前來得衰弱，反而變得更加強勢。

套用當時習慣的講法，德意志國在一九一四年以前是被「團團包圍起來」。它位於英國、法國、奧匈帝國和俄羅斯帝國四大強權之間。其中的三個強權——英國、法國和俄國——曾經在第一次世界大戰時期結盟對抗德國。四大強權之一如今已完全解體：奧匈帝國早就不復存在。取而代之的是一些弱小的後繼國家，它們光是因為自己的面積便永遠無法成為強權，甚至遲早將淪為鄰近大國的勢力範圍。而那個大國就是德國。

俄國現在變成了蘇聯，處於歐洲的體系之外，而且它和德國都遭到唾棄（此強硬用語並不算誇張）。這個俄國寧可與同樣遭到唾棄的德國交好，也不打算跟西方列強結盟。

如果套用西洋棋術語的話，德意志國當今的「布局」優於第一次世界大戰之前，因為德國的周圍已經出現了許多有利變化。德國這種強化後的布局早已隨著戰爭的結果，但也隨著和約的規範而定型下來，除非是進行一場新的戰爭，否則就無法加以逆轉。德國由於限制軍備和戰敗賠款而受到的削弱，反而僅僅具有暫時的性質。等到戰爭結束了十年或二十年以後，將不會再有人企圖藉由發動一場新的戰爭，來阻止德國重新

4 作者在一九八七年撰寫本書時，德國西部仍有美、英、法三國的軍隊駐防，德國中部（東德）則大量駐紮了蘇聯部隊。德國東部三個原屬普魯士的省分，已在二戰結束後遭到「截肢」（被史達林割讓給波蘭）。

武裝或者強迫德國繼續賠款。從長遠的角度來看，德國的地位實際上由於第一次世界大戰所造成的結果而獲得強化，並未遭到削弱。

西方列強卻自始就立場紛歧，他們大費周章以後才對和平條約的最後內容達成協議。其中最強大的一員隨即退出：美國不曾簽署《凡爾賽和約》、遠離了歐洲的事務，並且拒絕繼續為之前向法國做出的承諾提供擔保。這就意味著，《凡爾賽和約》僅僅受到兩個強權支撐，即英國與法國。然而從第一次世界大戰的經驗即可看出，那兩國必須共同做出最大的努力才有辦法與德國相抗衡。他們不可能一直把德國壓倒在地上。

更何況他們彼此之間很快就產生利益衝突。英國在簽訂《凡爾賽和約》之後感覺心滿意足。因為德國早已遵照停戰協定所列出的條件，向英國交出了艦隊；《凡爾賽和約》禁止德國重新擁有大型艦隊；德國的殖民地已遭到沒收並接受英國管轄，有些甚至還直接撥交給英國。英國已經實現了自己的戰爭目標。

可是對法國而言非常重要的是，它未能達成自己的作戰目標。法國以該國當時的四千萬人口，歷經慘重的流血犧牲之後才剛剛撐過了戰爭，卻赫然發現自己繼續面對著一個擁有七千萬人口、既沒有被分割也沒有被裂解的德國。從長遠來看，一旦德國恢復了元氣、從《凡爾賽和約》的桎梏解脫出來之後，將會重新享有優勢。

法國因此和一九一九年後的德國一樣，也主張修正主義。既然《凡爾賽和約》無法讓法國感到滿足，於是法國為了本身的生存利益必須讓德國付出代價，並將和約修改得對自己有利。德國則打從一開始就同樣立下決心，務必要修改《凡爾賽和約》，尤其是要擺脫阻礙國家復興的兩大枷鎖：解除武裝和戰敗賠款。

德國國內對此產生的共識為：和約的內容無法被接受，必須加以修正。修改時的優先順序卻自始就莫衷一是——應該首先設法迴避有關限制軍備的規定，重新成為軍事強權呢？還是應該首先嘗試擺脫賠款來重建德國的經濟，透過這種方式再度成為強國？

前者是國防軍的策略，特別受到當時的領導人馮·塞克特將軍[5]支持，首先獲得採用。塞克特致力於秘密重整軍備，而且顯然這個目標基本上只可能與俄國聯手達成。早在一九二〇年代初期，國防軍與紅軍之間就已經偷偷建立起軍事合作關係。蘇聯向國防軍提供俄國的場地，讓他們在那裡演練操作遭到《凡爾賽和約》禁止的武器，諸如坦克、飛機和化學戰劑等等。國防軍用於交換的做法，則是向仍處於草創階段的蘇聯紅軍提供訓練，並且傳授德國參謀本部的作業方式。一九三五年時，德國派駐蘇聯的

5 馮·塞克特（Hans von Seeckt, 1866-1936）為德軍上將，一九一九至一九二六年之間擔任德軍領導人，被視為「國防軍之父」。塞克特最後並來華擔任蔣介石的軍事顧問（1934-35）。

軍事全權代表科斯特林將軍，在蘇聯進行了一次被評定為特優的軍事演習之後表示：「我們與有榮焉。那些指揮官和領導人員都是我們的學生。」

除此之外，在其他方面顯然也很早就出現另外一個與蘇俄[6]合作的機會。波蘭在一九二〇年發動攻擊以後，波蘭與蘇俄之間隨即爆發戰爭。俄軍起初占了上風，一路逼近華沙。塞克特當時已經開始考慮，如果俄方獲勝的話，德方也應該進攻波蘭，並以某種方式與俄國再度瓜分波蘭——至少也要讓德國完全收復一九一九年被《凡爾賽和約》割讓給波蘭的土地。

不過這個想法還是落空了，因為「波蘇戰爭」的最後結局對波蘭有利。俄國人未能併吞波蘭的疆域，反倒是波蘭人大量併吞了白俄羅斯與烏克蘭的土地，而且一直保留到一九三九年為止。不過就連這種發展方向也對德國有利。波蘭與俄國之間持續出現的強烈敵意，使得國防軍高層的「塞克特路線」不斷有機會推動德蘇軍事同盟，以便兩國在未來的某個時候聯手向波蘭開戰。國防軍的那種做法，甚至一度還爭取到德國官方外交政策的支持（雖然後者其實採取了不同的路線）。如此便出現了戰後的第一個聳動事件，即德國與蘇俄在一九二二年簽訂的《拉帕羅條約》。剛好就在熱那亞舉辦一場國際經濟會議的時候，突然傳出有關締結該條約的消息，使得西方國家對德國抱持著濃厚的不信任感——這種所謂的「拉帕羅情結」直到今天都還沒有完全根除。

就表面上的內容而言，《拉帕羅條約》是德國與蘇俄以溫和理性的態度事後補行簽訂的和約。《布列斯特—里托夫斯克和約》早已因為《凡爾賽和約》而作廢，新德國與新俄國如今決定建立正式的外交關係（當時西方列強尚未與蘇俄建交）、相互以最惠國待遇來維繫貿易關係，同時兩國之間全面恢復正常關係。就那些方面其實並沒有什麼可議之處，但背後自然還隱藏了更多東西。

因為自從簽訂《拉帕羅條約》以來，德俄兩國原有的鬆散軍事合作關係益形鞏固，一直持續到一九三三年為止。兩國有朝一日聯手向波蘭動武的可能性，也仍舊令雙方的軍事高層念念不忘。於是國防軍優先爭取的目標，已在某種程度內透過德俄之間的合作而得到實現，那就是要規避《凡爾賽和約》所列出的軍事條款。

德國外交當局和德國整體政策所著重的事項卻有所不同：重整軍備不該列為德國最優先的目標，當務之急應當是設法擺脫賠款的負擔，以便讓德國經濟獲得重建的機會。為了實現擺脫賠款這個目標，德國的政策於是對一種社會災難視若無睹，然而那個災難卻為德國的國內政治氛圍造成毀滅性影響，此即一九一九至一九二二年之間連續不斷的快速通膨，到了一九二三年更是勢如奔馬。

6 當時蘇聯尚未成立（蘇聯成立於一九二二年十二月三十日）。

一九二三年出現荒誕不經的情況之前（我馬上還會對此做出說明），德國一切的金錢財富早已在一九一九至一九二二年之間全面貶值。大戰剛結束的時候，德意志馬克對美元的匯率仍相當合理，大約是十比一。到了一九二二年，一美元已可換得二萬馬克，[7]也就是說，德國所有的貨幣資產變得一文不值。於是在貨幣儲蓄者和現金擁有者受害的情況下，德國財富進行了劇烈的重新分配，而其中的獲益者是當時享有經濟優勢的實物資產擁有人。

德國在一九一九至一九二三年之間達到充分就業，雖然實得工資持續下降。那是因為德國工業界為了避免像其他各國那般，在士兵大量復原之後面臨大規模失業潮的困擾，於是出口價格不斷下跌但是數量極為可觀的商品，使它們還有辦法繼續營運下去。這麼做的代價是德國儲蓄者的財富大幅縮水。

因此最先在德國深受通貨膨脹之害的並非工人，而是儲蓄了金錢的中產階級，他們的財產形同遭到沒收，這種情況激起了巨大的恨意。斯提凡・茨威格曾經寫道：「**沒有任何事物能夠像一九一九至一九二三年之間的通貨膨脹那般，將德國中產階級調教得願意接受希特勒。**」

德國中產階級的那種憤恨並非毫無道理可言，因為中央政府不但對通貨膨脹袖手旁觀，反而刻意藉此追求一個重要的目標——讓德國在國際間不再擁有可被接受、可用於支付的貨幣，以便擺脫賠款。

德國的修正主義和法國的修正主義因而在此相互碰撞。德方放任通貨膨脹肆虐，以便讓自己失去償付能力來規避賠款。法方則設法利用德國不履行賠款義務的機會開疆闢土，將《凡爾賽和約》修改得對自己有利。雙方修正和約之爭的最高潮，就是一九二三年所謂的「魯爾戰爭」。

法國也曾經在之前幾年內，針對德國違反賠款規定的行為採取過某些制裁措施，時而跨出萊茵河左岸地區占領右岸的若干城市。最後法國在一九二三年決定展開大規模攻擊行動，出兵占領了魯爾地區——當時那裡是德國最為重要、延續德國經濟命脈不可或缺的工業地帶。法國如今試圖透過軍事手段，先是在經濟上、而後也在政治上將這個地區從德國切割出去。

德國的對策是進行所謂的「消極抵抗」：魯爾地區停止了工業生產。可是魯爾地區的工人和工業家們必須繼續養家活口，而當時的因應之道就是完全無限制地操作印鈔機。

結果連印鈔機都不敷使用了。在一九二三年的時候，光是想印製足夠數量的紙幣

7 馬克對美元的匯率在一九二三年一月中旬才跌到二萬比一（在一月初是七千五百比一）。

也已經成為一個真正的難題。這麼一來，就不得不動用民間的印刷機來幫忙印鈔票。此外並衍生出交通方面的問題：一整列又一整列的貨運火車必須被使用於運輸，以便及時將剛印好的紙鈔運送出去。當時荒誕不經的情況已有各種報導敘述了，在此便不對這個主題多做說明。[8]

總而言之，魯爾地區進行消極抵抗以及政府資助消極抵抗之後，所造成的情況是：德國的貨幣經濟實際上已在一九二三年陷入癱瘓。那光怪陸離的一年當中，美元匯率成為全體德國百姓都十分熟悉的話題，而且美元匯率產生了宛如體溫計一般的作用。在一九二三年初，一美元還折合兩萬馬克；八月時的美元匯率已經突破百萬大關，又過了三個月以後進而突破千億大關。到了一九二三年底，一美元所能換得的金額已高達四點二兆馬克。德國實際上已經不再擁有貨幣了。

一九二三年之前，通貨膨脹還只是奪走人們儲蓄的金錢而已，現在就連以現金支付的收入亦已嚴重貶值。如今工人也深受通貨膨脹荼毒，受害者已不再像從前那般只侷限於家有積蓄的中產階級。事實上人們再也無法靠工作賺錢，而且即使賺到了錢，也會在一個小時之後變得一文不值。德國普遍出現荒謬的情況，以致在一九二三年秋季演變成攸關生死存亡的政治危機。德意志國在一九二三年秋季已瀕臨政治解體。魯爾地區的消極抵抗行動則無論如何都必須終止。儘管如此，消極抵抗還是為德國帶來了一個非常幸運的結局：其他的賠款支付對象——英國和美國——如今已得出結論，不可以再這麼繼續下去。於是法國遭到施壓，被迫結束在魯爾地區的冒險行動；德國則終於完成早就應該在一九一九／二〇年做出的事情，進行了貨幣改革。

有了新而穩定的貨幣作為基礎之後，即可對賠款另訂規範。德國得以分期償付已調降的賠款金額，在起初不訂出賠款總金額的情況下，每年支付二十億馬克左右——但是為此必須以某些國家歲入項目作為抵押，其中主要是關稅收入，同時鐵路的管理權也包括在內。除此之外，德國還必須針對西部的邊界，與英國、美國和法國達成最終協議，如此一來即可同時排除日後法國的侵犯行動以及德國修正領土的要求。

一九二四至一九二五年之交，上述事項在西方促成了一個新的和平條約，共分成兩部分，分別為一九二四年暫時解決賠款問題的《倫敦協定》，以及一九二五年的《羅加諾公約》。在《羅加諾公約》中，德國終於自願放棄收復亞爾薩斯—洛林，並做出承諾，等到盟軍撤出當時仍被占領的萊茵河左岸地區以後，該地區將維持非軍事化。為此交換到的非常有利條件是，英國與義大利從此將為法德兩國最後敲定的德國西部邊界提供保證。

8 關於那年的惡性通貨膨脹，可參考哈夫納《一個德國人的故事》第十章——〈群魔亂舞的一九二三年〉。

《羅加諾公約》意味著，法國基本上已經與自己的東歐盟友脫鉤。既然德國西部邊界已得到義大利和英國的保證，那麼縱使德國在東方與法國的盟邦（波蘭或捷克斯洛伐克）交戰，法國也不得越界進行干預。這個在《羅加諾公約》裡面雖然從未講明，卻是不言而喻的結論，使得法國轉而採取純粹的守勢。法國在簽訂《羅加諾公約》之後的幾年內修築了「馬其諾防線」，以此舉動向世人宣布，該國從此不再自視為歐洲的霸主以及中歐與東歐新成立民族國家的擔保人，反而只是一個關注自身安全、除此之外別無希冀的國家，不但願意遷就德國，而且必須遷就德國。

法國起先還嘗試避開這種狀況，其做法是敦促各方也針對東歐簽訂《羅加諾公約》，由英國、義大利和法國對德國的東部邊界做出保證，尤其是波蘭與德國的邊界。然而這項要求非但遭到德國拒絕，就連英國和義大利也加以反對。兩國的這種反應不無道理存在。畢竟西方列強於緊急情況下面對一場德國的東方戰爭時，將無法真正動用武力來保障波蘭的疆界，這是後來在第二次世界大戰期間明白顯示出來的事情，而且縱使在當時也不難預見於此。況且如果針對東歐簽訂《羅加諾公約》的話，那麼蘇聯也必須參與其中，但蘇聯當時是歐洲列強的拒絕往來戶，同時蘇聯根本無意為了向波蘭的某些邊界提供保證而出面對抗德國。更何況蘇聯自己在波蘭也有許多失土。

因此簽訂《羅加諾公約》以後的情況如下：德國人不聲不響但非常有效率地在東邊

與蘇聯合作，以便規避《凡爾賽和約》的軍事條款；同時他們在西邊形同與法國、英國和義大利簽訂一個新的和約，繼《凡爾賽和約》之後啟動了一個新的和平體系，藉此排除法國與德國之間爆發戰爭的可能。

德國起初必須繼續支付戰敗賠款，但是負擔已經減輕，雖然賠款的總金額仍未確定。除此之外，美國在此時已經以一種對德國比較有利的方式來涉足歐洲經濟。

法國和英國不僅為德國支付戰敗賠款的對象，他們同時也是美國的債務國。當初兩國為了繼續作戰下去，需要美國提供大量貸款。美國人現在堅持他們必須償還那些貸款；法國和英國儘管心不甘情不願，還是不得不還錢。結果便形成了一種奇特的經濟循環。德國向英國和法國支付賠款，英國和法國則向美國償還戰債，而為了讓此事得以順利進行下去，美國又向德國挹注貸款。這麼一來，德國主要是依靠美國的貸款，而在一九二四至一九二九年之間處於重建階段，甚至出現中度的經濟繁榮。貸款的數目大幅超出了德國的賠款金額。曾經有人非常粗略地估算出來，德國人在那幾年內大約支付了一百億馬克賠款，卻獲得了二百五十億馬克左右的美國貸款。同時德國人更因為經濟的復興，在對外出口方面表現極佳。

德國外交部長史特雷斯曼親自主導了各種相關事務，並且從中爭取到一個經過明顯改善的《凡爾賽和約》版本，即便他並不因此感到滿意。他難得公開透露自己進一步修正和約的目標，但還是幾度做出相當明白的暗示，讓人得以大致看出端倪。

史特雷斯曼的近程目標，是要讓法軍和英軍撤出當時仍遭兩國占領的萊茵河左岸地區。他也實現了這個目標，卻無法親身經歷此事發生。因為英法兩國在一九二九年，也就是他去世的那一年同意撤離，但完成撤軍行動的時間是在一九三〇年。

史特雷斯曼的第二個目標是要動員所謂的「境外德國人」，尤其是奧地利、捷克斯洛伐克、波蘭和巴爾幹半島的德國人。他希望那些人能夠在自己的國家成為德國的前哨站，促使那些國家在經濟上和政治上惟德國馬首是瞻，甚至促進當地爭取與德意志國合併的運動。這方面的工作在他任內也相當順利，比希特勒在一九三〇年代進行得還要成功許多。只是等到第二次世界大戰結束以後，那些「境外德國人」不免遭受了可怕的報復。

第三個已經是遠期的目標。就此而言，史特雷斯曼尋求修正東邊的疆界，主要是撤銷所謂的「波蘭走廊」。至於上西里西亞被併入波蘭的部分，[9]他希望透過施壓——但未必開戰——在時機有利的時候加以收復。這個目標似乎也並非毫無指望，因為此時《羅加諾公約》已經導致法國在東歐被綁住了手腳。

第四個和最長程的目標，是要將德意志國與奧地利共和國統一起來——當時奧地利被稱做「德意志奧地利」。[10]這種「德奧合併」當時也是奧地利百姓所樂見的，不過史特雷斯曼的構想是將此事保留給無法預見的遙遠未來，靜待有利外交局勢出現。

德國固然繼續秉持修正主義立場，但在短期之內只有一個目標，那就是希望聯軍提前撤出萊茵地區。然而在撤軍之前，必須先對賠款的總金額做出最後規範。一九二九年終於透過所謂的「楊氏計劃」，對此達成了協議。「楊氏計劃」更進一步調降了德國每年賠款的金額，訂出的賠款期限卻非常漫長，要求德國一直賠款到一九八〇年代。但是不管怎麼樣，德國由於經濟蓬勃發展，輕而易舉就可以用出口盈餘來支付那筆款項。

自從一九二四／二五年引進新規定以來，出現了幾個頗為平靜和幸福的年頭，然而那一切隨著一九二九年從美國爆發的全球經濟危機而被打亂。對德國來說，全球經濟危機造成了一個非常嚴重的後果：美國的貸款停止繼續流入；若是短期貸款，甚至必須部分償還。德國迄今仍然相當高的就業率立刻急劇下降，在經濟方面則出現了破

9「波蘭走廊」是協約國從德國割給波蘭的出海通道，導致東普魯士成為孤懸在外的飛地。「上西里西亞」原為德國主要工業區之一，一戰結束後當地舉行公民投票決定留在德國，但協約國仍將上西里西亞東部的工業地帶（卡托維治等地）割給波蘭，威瑪共和國只能保留西部的農業區。

10 奧匈帝國解體後，德意志奧地利共和國曾依據民族自決原則，在一九一八年十一月宣布與德國合併，但遭到協約國否決。

產潮。

這個發展使得此時剛改組的德國政府再度有機會擺脫賠款負擔，並取消不久前在「楊氏計劃」中訂出的新規範。但這回不必像一九二〇年代初期那般大肆透過通貨膨脹來進行，而是藉由刻意採取的通貨緊縮政策——它讓德國變得如此貧困，以致根本不再有能力繼續支付賠款。最後就連德國的債權人也不得不承認此事。

這項通貨緊縮政策成為德國在威瑪共和時期，為求擺脫賠款而遭遇的第二場重大社會災難，而且這一回的政策收到了效果。全球經濟危機不但波及德國，同時更對整個西方世界造成重創（俄國除外）。在所有受到影響的國家（尤其是美國本身），人們如今開始意識到，當前的形勢使得這種「政治性的付款」——亦即一方面由西歐盟國向美國償還貸款，另一方面由德國向西歐盟國支付賠款——不應該對日益陷入崩潰的全球經濟造成額外負擔。

於是美國總統胡佛在一九三一年要求一概停止此類「政治性的付款」，起先是透過有效期限為一年的《胡佛延期償付案》實現了這個目標。等到一年期滿後，一九三二年在「洛桑會議」期間果真達成持久協議，由法國、英國和其他的債權國放棄繼續向德國索取戰敗賠款。即便當時商定德國仍須支付一筆金額為三十億馬克的尾款，但德國從未支付那筆款項，而且不曾有人認真追討。也就是說，海因利希·布呂寧總理透過刻意讓德國陷入貧困的政策，終於實現了擺脫賠款的目標，縱使他本人在此不久以前已經黯然下台。

對此我還想簡短指出的是，德國在一九三〇至一九三三年之間陷入貧困一事，直到今天仍然被看成是全球經濟危機所不可避免的後果。但全球經濟危機只不過是部分理由而已，其情況正如同一九一九至一九二三年之間德國通貨膨脹的原因，僅有一部分是出自那場由公債加以支撐、然後打輸了的戰爭。反正無論就前者或後者而言，都只不過是部分的事實。若能及時在戰後進行貨幣改革，德國應不至於淪落到讓全國儲蓄資產都化為烏有的地步；而若能採取不一樣的經濟政策，應可大幅減輕全球經濟危機對德國造成的傷害，而非更進一步惡化。因應大蕭條的經濟政策當時非但有英國經濟學家凱因斯，在德國亦有諸如瓦格曼等經濟學家加以鼓吹：這種政策旨在透過擴大公共支出（即便犧牲了政府的預算平衡也無妨），透過所謂的「赤字開支」讓經濟再度產生動能。布呂寧的政策卻完全反其道而行——他激化了全球經濟危機的惡果、蓄意使德國的經濟完全朽壞，藉以擺脫賠款。如同前文所述，他獲得了成功。[11] 然而我們將

11 哈夫納曾在《一個德國人的故事》中表示，布呂寧的成就皆遵循一個固定的模式，此即「手術獲得成功，病患已經死亡」，要不然就是「陣地固守下來，人員全部損失」。

在下一章做出說明：他的這個成就在內政上所付出的代價，就是把陷入貧困的德國百姓成群地推向了希特勒。

同一年內，德國的修正主義政策還取得另外一項重大成就。一九三二年在日內瓦舉行了國際裁軍會議。西方列強曾於《凡爾賽和約》中，將德國的解除武裝列為全面裁軍之先決條件。那種官樣文章如今成為德國外交政策的有力槓桿。德國人的論點是：除非西方列強現在也裁軍到德國被迫裁軍後的同樣程度，否則他們就必須允許德國有權重新擴充軍備。德國人用這個論點獲得了成功。當時的世界局勢已經全面改觀——一則是因為全球經濟危機，再則是因為距離戰爭已有一段時間的緣故，一九一九年時的氛圍已經不復存在。到了一九三二年十二月，西方列強在「日內瓦裁軍會議」期間向德國政府做出承諾（當時德國政府的領導人已非布呂寧，而是施萊歇爾[12]），允許德國在軍備方面享有同等權利。

這意味著，在一九三二年底的時候，德國繞了許多彎路終於擺脫自從一九一九年以來阻礙德國重建強權地位的兩大枷鎖——必須支付巨額戰敗賠款，以及被迫將國防力量維持在最小限度內。德國再度以大國的身分進入強權之列，而且德國已然成為東歐和南歐的潛在霸主，確認了《羅加諾公約》早已呈現出來的跡象。那些都是德國修正主義所獲致的決定性成就，一切完成於威瑪共和時代。可是它們隨即由一個完全改頭換面的德國來坐享其成。

威瑪共和國直到一九三二年為止都還不斷處於內耗的階段，其內部早就已經坍塌（這是即將在下一章探討的主題）。此時在內政方面所著眼的事項，已不再是應該如何延續威瑪共和國的命脈，反而是它的繼承權。威瑪共和國在一九三二年臨去秋波、做出重大成就沒有多久之後，其繼承權就在一九三三年落入希特勒手中。結果如今已重新恢復昔日強權地位、並且至少已在中歐東部地區躍升為準霸主的那個德國，就是希特勒的德國。

12 施萊歇爾（Kurt von Schleicher, 1882-1934）是坐辦公桌出身的德軍將領，性喜耍弄權謀，在一九二〇年代末期已可影響興登堡而決定總理之去留。他自己擔任總理的時間只有五十七天，下一任的總理就是希特勒。

第7章

興登堡時代

Hindenburgzeit

有三個原因使得國家社會主義黨先是在一九三〇年成為群眾政黨，而後在一九三二年成為全國第一大黨：經濟危機，百姓以駭人聽聞的速度陷入貧困，而希特勒乃唯一允諾克服貧困的人；驟然復甦的民族主義，但沒有人能夠像納粹那般，以如此堅定的信念來宣揚民族主義、民族自豪感和民族仇恨心；希特勒本人，儘管具備各種駭人聽聞的特質，卻是一個非常偉大的人物，他一再展現出大膽遠見與靈敏直覺，當時沒有任何政治人物能夠散發出那種魔法般的魅力。

我們在上一章主要是探討凡爾賽，對威瑪著墨較少。這意味著，我們較詳細地談論了威瑪共和國的外交政策及修正主義，但對其國內政策並未多加留意。不過正是由於內政方面的問題，才使得政權逐步從威瑪共和轉移到希特勒手中，我們因而必須在此做出補充說明。

威瑪共和國雖然僅僅延續了十四年，卻呈現出三個涇渭分明的階段。在最初幾年內，從建國直到一九二四年為止，共和國看似一開始就注定了覆亡的命運。接著令人驚訝地出現一段彷彿根基穩固的時期，即一九二五至一九二九年之間「黃金的」二〇年代。隨即相當突然地在一九三〇至一九三二年之間形成一個解體過程，為希特勒的奪權做好了準備。

第一個階段無須在此詳述。反正從一九二〇年至少到一九二三年（在某些方面還延伸到一九二四年），都是一個混亂至極的年代。其間重覆出現了分別由右派和左派發動的政變、純粹由右派犯下的許多起政治謀殺案，以及不斷改組的內閣。那一切都上演於通貨膨脹的背景下，而如同前一章所述，通貨膨脹正是政府為了擺脫戰敗賠款，於是兩度刻意釀成的社會災難當中的第一次。

那幾年內的各種戲劇化事件通常未曾帶來劃時代的影響，所以我無意對此詳加說明，而只是侷限於強調兩個連續發生、並且在我看來產生了決定性意義的事實。

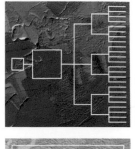

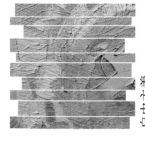

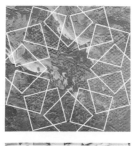

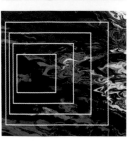

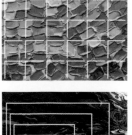

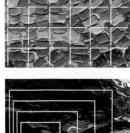

左岸文化

牛津非常短講

OXFORD UNIVERSITY PRESS:
VERY SHORT INTRODUCTIONS

自由主義 Liberalism
by Michael Freeden

社會主義 Socialism
by Michael Newman

共產主義 Communism
by Leslie Holmes

法西斯主義 Fascism
by Kevin Passmore

民粹主義 Populism
by Cas Mudde & Cristóbal Rovira Kaltwasser

多元文化主義 Multiculturalism
by Ali Rattansi

「民粹主義」到底是在幹什麼，總是被拿來罵人？
「自由主義」對民主政治有益無害？
「社會主義」還有市場嗎？
「共產主義」已經走不下去了嗎？
「法西斯主義」會不會捲土重來？
「多元文化主義」是不可挑戰的政治正確嗎？

這些思潮左右了20世紀的發展，
直到今天仍深深影響著我們。
但我們真的了解「主義們」（-isms）在說什麼嗎？

Very Short Introductions（VSI）
是牛津大學出版社1995年推出的系列，
由專家針對特定主題撰寫簡明扼要的介紹，
至今已出版超過700種作品。
左岸文化將自2022年起，從VSI精選
適合台灣讀者的書目組成〈牛津非常短講〉，
每一本都是初次以繁體中文面世。

那麼，你渴望認識「主義們」，並接受衝擊了嗎？

第一個事實是：威瑪共和國當時總共只受到三個政黨支持。而那三個政黨——社會民主黨、德意志民主黨和中央黨——在一九一七年是舊帝國國會的多數派，而後於一九一九年的國民議會中握有四分之三席次，共同組成了所謂的「威瑪聯盟」。只有那三個政黨投票贊成威瑪共和憲法。只有他們同意用共和國來取代德國人習以為常的君主政體。但即便在那三個黨裡面，也有許多人只是很勉強地接受了共和政體，而非真心希望如此。威瑪共和因而被稱作「**一個沒有共和黨人的共和國**」。那個國家固然並非完全沒有共和黨人，但它可以說只是站立在一條腿上面，惟獨立場中間偏左的人士對它表示贊同。更左傾的共產黨則打算建立一個截然不同的共和國。就右派來說，他們在國民議會的席次雖然看似不多，真正的實力卻遠甚於此，而且一心只想讓他們的皇帝復辟。

威瑪聯盟在一九二〇年首度舉行的國會大選中，即已喪失自己之前在國民議會所享有的多數。那是一場壓倒性的挫敗：社會民主黨幾乎損失了一半的席次，其他兩個中產階級政黨也失去許多議席；右派則恢復元氣，變得和往常一般強大。這就意味著，在隨後的整個時期一直沒有出現過穩定的政府。時而是由中間派的中產階級組成少數黨政府，有時更由社會民主黨和右派自由主義政黨設法共組大聯盟政府，但那些內閣都很快就垮台了。從一九二二年底到一九二三年八月，甚至還一度出現過一個由所謂

「專業部長」組成的右派政府。然而那些內閣都是急就章拼湊而成，壽命皆非常短暫。這第一個事實使得威瑪共和國在一九二〇至一九二四年之間，看似一開始就注定了失敗的命運。

第二個事實卻沒有那麼明顯。它所涉及的對象是社會民主黨，亦即真正領導了威瑪聯盟與威瑪共和的政黨，而且該黨是唯一別無退路的黨派。從黨綱來看，社會民主黨始終是一個主張共和的政黨；但是於內心深處（即便從未公開承認），社民黨在威廉二世統治下也早已習慣了君主政體。在一九一八年，當一切都殘破不堪的時候，社會民主黨正如同其黨主席艾伯特所說，願意「跳入火坑」。艾伯特甚至在一九一八年十一月九日當天還意圖透過任命一位帝國攝政王來挽救君主政體。等到那個嘗試失敗以後，社會民主黨人可謂是希望以共和國的方式來延續帝制。他們願意讓一切的社會事務都維持舊面貌，於是一成不變地保留了君主政體的基礎架構，並且任由舊統治階級繼續進行統治。所以我們可以表示，帝國是在社會民主黨的管理之下繼續運作。如今已當上總統的艾伯特，因而向他所面對、所接收、並且從革命手中拯救出來的社會與國家，開出了非常優惠的價碼。

但是他所開出的價碼沒有被接受。這個事實遂成為威瑪共和國自始即無法擺脫的致命傷。帝國時代的一切機構，包括軍隊、公務單位、司法體系、教會、大學，再加上大農業與大工業，都不斷維持抗拒的態度——儘管新政府對他們未加打擾，並且願意讓他們繼續保留一貫的性質、舊有的人手，以及傳統的優勢與主導地位。

不過其抗拒態度出現了程度上的差別。例如高級行政官員和政府官僚體系就勉為其難地繼續盡忠職守。各部會的事務人員和政府官員仍然完成分內的工作，讓自己產生用處。他們固然對新政府已不懷有之前對舊政府的那種熱忱，但還是公事公辦。他們在共和國早年爆發的一次右派政變期間（即一九二〇年的「卡普政變」），甚至以一種消極抵抗的方式做出貢獻，阻止了政變政府站穩腳步。

但這已經是那些舊精英對共和國所能抱持的最友善態度。例如國防軍曾於「卡普政變」一爆發後，採取了和高級公務員不一樣的做法，在合法政府與非法政府之間維持冷冰冰的中立立場。當時的軍方領導人馮・塞克特將軍曾經宣布：「國防軍不向國防軍開槍。」後來在發生另外一次危機的時候，艾伯特總統以名義上國防軍最高指揮官的身分，向塞克特提出一個羞辱人的問題：「我真的很想知道，國防軍到底站在哪一邊？」結果艾伯特得到一個倨傲的答案：「國防軍站在我背後。」

共和國在各所大學和高級中學的處境最為不利。大學生和大學教授、高中老師和高中學生都頑固地反對共和、擁護帝制，充滿了民族主義和復仇主義——而我還可以用自己青少年時代的親身經驗對此做出證明。教會方面的立場則比較和緩一點，但是整體而言，基督教會當時右傾的程度至少與該教會今日左傾的程度不分軒輊。天主教會對共和國所持的態度也極度保留，即便天主教徒的中央黨乃共同執政黨之一。天主教會遲至一九三三年才達成政教協議，但協議的對象已經是希特勒了。

工業界的情況更加複雜。革命爆發之後不久，企業主與工會就在一九一九年十一月簽署了一項協議，即所謂的《斯廷內斯－列金協議》。[1]雙方形同簽訂和約，對工會日後在勞資協定中的角色做出規範。然而通貨膨脹再度激化了企業家與工人之間的階級利益對立。結果威瑪共和基本上只是一個工人的共和國——而且僅僅限定於非共產黨籍的工人。大多數的企業主則很快就對這個國家不屑一顧。

上述各個團體的抗拒態度，就是共和政體之所以在艾伯特總統任內（一九一九至一九二四年之間），始終未能成為德意志國穩定政府形式的最深層原因。相形之下，艾伯特並未真正依據《威瑪憲法》由百姓直選，而是由國民議會「臨時」選出的總統一事，則只能說是表面上造成政局不穩的理由。

接著在威瑪共和國的中期階段（一九二五至一九二九年之間），共和政體突然看似得到鞏固。艾伯特在一九二五年二月逝世以後，接著首度舉行了合乎憲法規範的總統直選。在第一輪投票中，每一個政黨都推出了陪榜的候選人，結果沒有任何人明顯勝出。到了第二輪投票的時候，德意志國家民族黨——亦即保皇右派人士——靈機一動，將那位既老邁又出名的一戰英雄興登堡元帥推出為總統候選人。結果興登堡贏了。

興登堡的勝利起初被共和派看成是一個可怕的打擊。興登堡乃第一次世界大戰時期的元帥，彼時曾經是魯登道夫那個極端保守人物的傀儡，而且他本人直到骨子裡都是個保皇派。共和國在他上台之後又該如何繼續走下去呢？然而令人驚訝的是，起先凡事都進展得非常順利。興登堡總統任期的最初五年，竟然成為威瑪共和國最好的五個年頭。共和政體看似終於鞏固下來，而其中存在著一個非常簡單的理由：

帝國時代的舊統治階層雖然也是共和時期的實際統治者，卻從未真正接受那個新國家；此際他們卻突然用不一樣的眼光來看待共和國。因為興登堡是德意志帝國最受尊崇的主要人物之一，而且他在第一次世界大戰期間早已一度形同代理皇帝，由這位總統來掌管的共和國，在意義上自然迥異於艾伯特與社會民主黨的共和國。這種情緒上的轉變很快便具體反映出來，以致迄今斷然反對共和的國會最大右派政黨——德意志國家民族黨——現在願意加入共和國的政府。

一九二五至一九二八年之間除了短暫中斷過一次之外，威瑪共和國的執政者已非

1 斯廷內斯（Hugo Stinnes, 1870-1924）為德國礦業鉅子和工業界領袖，列金（Carl Legien, 1861-1920）則是社民黨籍的德國工會領袖和帝國國會議員。二人代表勞資雙方進行談判後，資方承認工會乃工人的職業代表機構，確立了勞資利益團體在經濟領域內的合作模式。

威瑪聯盟，而是一個由中央黨、德意志民族黨和德意志國家民族黨所組成的右派聯盟，他們在國會雖只是小幅領先，卻享有穩定多數。共和國現在突然站立在兩條腿上面。它不再只能仰賴中央偏左的政黨，如今亦可由一個中央偏右的聯盟完全正常地進行統治。威瑪共和國因而穩定下來。

更何況如同前一章所述，經濟情況已於此時大獲改善：通貨膨脹已經在艾伯特任內的最後一年遭到遏止；貨幣終於也經過了改革，甚至還微幅升值；大量流入的美國貸款更帶來了小規模的經濟榮景。就連在外交政策方面也有所斬獲：魯爾地區已恢復自由，此外還有了《羅加諾公約》——此舉形同針對國境西部補充簽訂和約，排除了法國未來的干預行動。簡而言之，令人愉快的時光驀然重返。直到一九二八年為止，一切看樣子可以這麼持續下去。

接著發生了兩個事件，使得共和國在一九二九年的全球經濟危機爆發之前，就已經再度開始根基動搖。第一個事件是，直到一九二八年中都還執政的中間偏右聯盟，輸掉了一九二八年的國會大選。德意志國家民族黨驟然大為衰弱，社會民主黨卻重新茁壯，獲得自從一九一九年以來的最佳選舉結果。此時演成的局面，使得新政府既不可能建立在威瑪聯盟的基礎上，也無法立基於我所稱的「興登堡聯盟」。畢竟威瑪共和國仍未具備今日德意志聯邦共和國自始就擁有的東西：一個色彩鮮明的右派與左派政黨體系。在此情況下，社會民主黨必須退而與包括右派自由黨在內的其他政黨共組「大聯盟」，但如此組成的政府非常脆弱，因為各派系打從一開始就背道而馳。從一九二八年中至一九三〇年初的「大聯盟」執政時期，因而在政治上缺乏了穩定性，雖然直到全球經濟危機爆發為止，在經濟方面仍然是令人愉快的時光。此為第一個事件。

就第二個事件而言，後來的發展證明它為害更烈，而且它與總統本人息息相關。興登堡在一九二五年當選總統的時候，已經高齡七十有七；如今他更已年過八十，不可能一直繼續當總統。沒有人可以期待，等到興登堡的七年任期在一九三二年屆滿之後，他還會有辦法以八十四歲的高齡再度參選，更遑論是做滿第二個總統任期。那麼接下來又該如何是好？再來就找不到第二個興登堡了。原來興登堡時代初期功德圓滿的妥協措施（一個性質近乎帝國，甚至連保皇右派都能夠接受的共和國），只不過是建立在他老邁的雙肩之上。

人們不得不開始思索，應該如何維持這種妥協——或者是否應該繼續維持這種妥協。右派人士於是陷入不安，其中尤以德意志國家民族黨為然。該黨如今已再度淪為反對黨，在一個更加保守的新領導高層主導之下突發奇想，認為可以用與先前不同的方式來看待興登堡時代：它並非鞏固共和政體的時期，反而只是過渡到君主復辟的階段。興登堡難道不可以從德意志國的總統逐步轉變成德皇的總督？說不定他還能夠在恢復帝制之前擔任攝政者？這是經過認真研討的計畫，在國防軍領導高層甚至被討論得非常積極。將之付諸具體行動的人，則是當時國防軍內部主導了政局發展的施萊歇爾將軍。

一九二九年的時候——而且是在那年年初，全球經濟危機尚未爆發、表面上看來一切都還完全平靜穩定之際——施萊歇爾邀請立場相當右傾的中央黨新任黨魁海因利希·布呂寧，前往他位於柏林市馬太教堂廣場的寓所。今日我們可從布呂寧的回憶錄獲悉，將軍向那位政治人物透露了一些顛覆性的構想。

施萊歇爾表示，必須利用老總統剩餘的任期來修改憲法，藉此奪走國會的權力，以便重建「穩定局勢」，回歸到一九一八年十月之前未經改革的君主政體。國家元首——當天尚未言及君主——不但應該有權任命總理，更可違反國會的意願讓總理繼續留任，這麼一來就可以讓國會如同在帝國時代那般，被排除於實際的政治決策之外。為達此目的就必須反覆不斷地解散國會，直到各政黨疲於奔命、財力枯竭，再也無意重新進行選戰為止。然後政府就可以趁著沒有國會的時候，以政變的方式修訂出一部純粹總統制的憲法，讓總統扮演昔日皇帝的角色。

布呂寧聽得心有戚戚焉，於是向施萊歇爾問道，整個過程在他眼中究竟應當持續多長的時間。施萊歇爾回答說：「嗯，那必須在六個月之內完成。」施萊歇爾進而利用此次機會向布呂寧透露了內情：興登堡總統對戰時那位忠誠的前線軍官布呂寧頗有好感（他的機槍連直到停戰當天都還奮戰不懈），並且將他視為執行政變計畫的總理人選。布呂寧起初仍等閒視之，因為進行這種計畫的時機尚未成熟。可是時機很快就來臨了。

全球經濟危機在一九二九年十月爆發。大聯盟政府的靈魂人物——史特雷斯曼——不幸就在同年十月去世，以致政府無力因應那場也在德國急劇惡化的危機。經濟危機最後導致大聯盟政府崩解，興登堡則採納施萊歇爾的建議，在一九三〇年三月按照預定計畫任命布呂寧出任總理。布呂寧依據《威瑪憲法》第四十八條的規定從總統那邊接獲全權，得以不顧國會逕行施政：憲法第四十八條給了國家元首機會，使得他可以在自由心證裁定國家出現緊急狀況的時候，頒布緊急命令來迴避國會的立法權。更何況總統還握有解散國會權，萬一國會意圖撤銷緊急命令的話，總統隨時有權解散國會。如今布呂寧即可假託總統的名義行使上述權利，旨在建立一個過渡階段，供隱身在興登堡背後的小圈子完成政變計畫，實現君主復辟的目標。

興登堡本人在其中究竟扮演何種角色，迄今仍無法斷定。這位老先生不是政治家，也從來沒有當過政治家。就某些方面而言，他在總統任內與戰時擔任最高陸軍指揮之際完全一樣，也只是個傀儡罷了。不過他仍然有自己的念頭，而且他一貫的想法隨著他的年齡日益變得僵化。自從他在一九二五年向憲法宣誓以後，便信守誓言，滿足於擔任一個尊貴的儀式性職務；現在連他也開始重溫自己對君主的情感，覺得自己的使命就在於把共和國帶上過渡到君主政體的回頭路——但一切都必須在不致直接違反其憲法誓言的情況下，於最大可能範圍內進行。

走上這條路的第一步，即為從二〇年代的議會制政府過渡到三〇年代早期的總統制政府，而布呂寧便是總統制政府的第一任總理和在位最久的總理。總統制政府表面上仍然維持在憲法的框架內，以致布呂寧很諷刺地獲得了「威瑪憲法的最後捍衛者」之聲譽。可是他並非憲法的捍衛者。依據布呂寧在回憶錄中所做的證言，其職責在於推動政變，而且他盡心盡力地執行這項工作。只不過他延遲了政變的進程，以便致力於另外一個計畫——結果他為此被迫下台。

此時全球經濟危機已然爆發，使得布呂寧於外交方面看見了我們已在前一章敘述過的大好機會：利用全球經濟陷入危機的時刻，透過刻意讓德國經濟危機急劇惡化的做法來擺脫戰敗賠款。布呂寧起初認為，擺脫賠款比籌畫政變還要來得重要。但即便如此，他還是在一九三〇年七月解散國會，並且將舉行改選的日期定在一九三〇年九月。其間卻發生了料想不到的事情！希特勒的國家社會主義黨在興登堡「好的」年代原本只是一個微不足道的小黨，卻於此次國會大選中突然躍升為第二大黨。他們獲得百分之十八的選民支持、六百萬張選票、一〇七個國會席次，導致德國內政舞台上驟然冒出一股新的勢力，令人從此不得不正眼相看。到底是什麼讓國社黨在倏忽之間變得如此強大？有三個原因使得國家社會主義黨先是在一九三〇年成為群眾政黨，而後在一九三二年成為全國第一大黨。

第一個原因來自於經濟危機。經濟危機使得勞動者以駭人聽聞的速度陷入貧困，而且我們不可忘記的是，就連雇主也不例外，因為也有許多企業破產或者難以為繼。在一九三二年——亦即有六百萬人失業的那一年——出現了一張海報，其上以表現主義風格呈現出一大群悲慘的百姓，除此之外別無他物。在人群的下方僅僅寫著這樣的字眼：「**希特勒，我們最後的希望**。」此話正中要害。貧困確為事實，而希特勒乃唯一允諾克服貧困的人，那也是事實。布呂寧則甚至在當時每個人都能夠暗中感受到的情況下，為了實現愛國的外交目的而刻意讓貧困惡化。但布呂寧不便公開對此做出說明，而且此事在今天尚未廣為人知。

貧窮困頓是導致百姓被成群推向希特勒的第一個原因。今日仍有人喜歡把它使用為唯一的辯解理由，來說明為何突然如此大量地出現納粹選民。貧困固然是理由之一，而且是一個非常有力的理由，但它絕非唯一的理由。

第二個原因在於驟然復甦的民族主義。它本來早已不像那些年頭的經濟危機一般觸目可及，而且其復甦的理由也比較不容易解釋。看起來甚至非常矛盾的是，貧窮與經濟困境正好促成一股「民族覺醒」的氛圍應運而生。但情況就是如此，而且每一個親身經歷過一九三〇到一九三三那幾個年頭的觀察者，都可以對此做出證明。一九一八年以後的民族主義情結與憤懣其實從未完全消散，同時那種感覺透過「背後捅一刀」和「十一月罪犯」[2]之類的用語具體表達了出來。不過在一九一九到一九二四年之間，那種情結與憤懣主要只侷限於老右派，亦即德意志國家民族黨的選民那邊；到了一九二五年以後，由於該黨也成為執政黨之一，民族主義隨之和緩下來。如今它卻冷不防變成了幾乎所有黨派的共同資產，就連共產黨也突然開始使用民族主義的語言。那些站在布呂寧「總統內閣」背後、或匿名或公開的保皇派自然更加如此。

但是這麼一來，他們便步入了國社黨自始即穩居上風的領域。沒有人能夠像納粹那般，以如此堅定的信念來宣揚民族主義、民族自豪感和民族仇恨心，於是國社黨在這方面比他們具有更大的信服力。沒有人膽敢像納粹那般宣稱，德國人其實絕對可以打贏第一次世界大戰，而且實際上已經打了勝仗，不料卻因為詭計和背叛以致勝利遭到詐取。而且沒有人會如此直言不諱地表示，有朝一日務必要把失去的勝利重新奪回。後來等到一九三九年第二次世界大戰爆發的時候，德國人已經遠遠不像一九一四年第一次世界大戰爆發之際那般興高采烈，因為他們早已在一九三三年將激情消耗殆盡了。

可是德國人對一九三三年「民族奮起」之勝利所展現出來的欣喜若狂，其實多方面隱藏著一九一四年時的戰爭激情。至於各方勢力在一九三三年以前所刻意挑起的那種戰爭激情，則使得國家社會主義黨成為受益者。

國社黨選戰獲勝的第三個原因在於希特勒本人——儘管今天這會讓許多人聽了不高興，但還是必須實話實說。希特勒並不會讓同時代的德國人覺得反胃，他反而具有吸引力，甚至稱得上是扣人心弦。在史特雷斯曼去世後的威瑪共和國末期階段，希特勒的政治格局遠遠超過政治舞台上的其他任何人物。

希特勒一向受到低估。其對手們所犯下的最大錯誤，就是刻意把他當作一個既渺小又可笑的人物來看待。然而他既不渺小，也不可笑。希特勒是一個非常邪惡的人。偉人往往邪惡，而希特勒也不例外，這是無庸置疑的事情。儘管希特勒具備各種駭人聽聞的特質，他卻是一個非常偉大的人物，從他在此後十年內一再展現出來的大膽遠見與靈敏直覺，便不難看出此事。就當時的政治人物而言，沒有其他任何人能夠散發出希特勒那種魔法般的魅力。

2「十一月罪犯」是德國右派人士在威瑪共和時代的用語，乃「背後捅一刀神話」之精髓。所毀謗對象為涉及一九一八年十一月革命、臨時政府、停戰協定的一切德國人士，例如共產黨員、社會民主黨、左派自由黨和猶太人等等（賣國賊）。「十一月罪犯」一詞後來更被納粹黨大肆利用，用於進行選戰以及在奪權後排除異己。

早在一九一八和一九一九年的時候，許多德國人就已經勾勒出類似希特勒那麼一號人物，視之為理想中的目標。斯提凡．格奧爾格曾經在一首詩作中表達出他希望新的時代將會：[3]

誕生唯一力足以振衰起敝之人……
彼將掙脫鎖鏈、掃清殘磚廢瓦
建立秩序、鞭策迷途者重返家園
回歸永恆法理，使偉大事物再度偉大，
居上位者重居上位、紀律重為紀律。他在
民族旗幟之上展現正確標誌，
不畏狂風暴雨及凶神惡煞
於拂曉時分率領忠誠群眾趕赴工作
於日出之後耕耘新的帝國。

許多人在戰後那幾年內，渴望出現一個既強硬又精明的領袖人物，來建立秩序、讓百姓遵守紀律、終結政黨政治、集大權於一身，並懂得如何運用那種權力。同時那種權力應該特別運用於外交政策方面——甚至連戰爭也包括在內。這個願景在一九一八／一九年時即已存在，此後並未完全沉寂下去。它在一九三〇年時再度成為熱門話題，而希特勒看似能夠符合要求。希特勒確實是許多德國人夢想的化身，而原因正好來自其個人特質：他驚人的口才、他的殘暴、他的堅韌、他的決心意志、他出奇制勝的能力，以及他有辦法在逆境中出人不意地找到脫困之路的天分。那麼希特勒的反猶太主義呢？——至少有許多人願意加以遷就。

這三項因素——貧窮困頓、復甦中的民族主義和希特勒個人——湊在一起之後，使得國家社會主義運動逐日上升為一股非常強大的政治勢力（但真正強大的並非國社黨本身，而是突然席捲國社黨並且助長了該黨氣焰的群眾運動）。那股政治勢力從此成為德國的舊右派，也就是在興登堡任內再度當上權貴的那批高級右派人士，不得不列入考慮的對象。

施萊歇爾當時身為復辟運動的精神導師，非常清楚地看出了那個發展，於是催促布呂寧搶先希特勒一步，在希特勒的運動變得過於強大之前完成君主政變。然而布呂寧還拿不定主意——施萊歇爾當時稱之為「拖泥帶水的布呂寧」。布呂寧希望先完成自

3　關於格奧爾格及相關時代背景，可參考哈夫納《破解希特勒》第一章。

己的重大外交成就，來取消戰敗賠款，可是那項工作需要花上不少時間。一九三一年便這麼悄悄地溜走，一九三二年的月分也一個接一個地飛逝。一直要等到一九三二年七月，戰敗賠款才終於遭到取消，但布呂寧此時已經被拉下馬來。

布呂寧在下台以前，卻找到了一種以半議會政體形式繼續施政的可能性：他從一九三〇年底開始，發現自己突然又可以在國會掌握多數席次。那時社會民主黨人士已經被希特勒的崛起嚇得手腳發軟，他們因而決定兩害相權取其輕，從此「容忍」布呂寧——也就是願意幫助布呂寧在國會獲得多數，但社民黨本身並不共同執政。就布呂寧而言，即便他願意，也不可能獲准讓社民黨加入內閣。畢竟他是一個總統制內閣的領導人，絕對不得採用議會制的施政方式。儘管如此，布呂寧還是照單收下了社民黨的「容忍」，並且篤篤定定地進行統治。他一則形同獲得議會的多數支持，再則直到一九三二年為止都能夠仰賴總統的緊急命令，於是在內政方面得以不受挑戰——同時布呂寧還一直希望，等到他偉大的外交成就進帳之後，便能夠放手進行自己真正的任務，為國內政治帶來變局。

可是施萊歇爾失去了耐心。他說服興登堡將布呂寧免職，任命一位願意採取較強硬內政路線的總理，以便加速完成布呂寧早就應該執行、而且已經答應執行的工作：過渡到一部新的專制憲法。那位新總理稱得上是施萊歇爾發明出來的人物——他名叫法朗茲．馮．巴本，是一個此前不為大多數德國人所知、來自中央黨右翼的普魯士下議院議員。巴本也是德皇威廉時代舊統治階層的典型代表性人物，這是他不同於出身中產階級的布呂寧之處。而巴本最重要的政治班底，就是柏林市的大人先生團體。

新總理在一九三二年六月，組成了一個很快就被譏為「男爵內閣」的新政府，並且宣布將推行「一種嶄新的政府形式與施政方式」。巴本採取與布呂寧相反的做法，直接走上了政變路線。他先是解散國會，然後在七月底舉行國會大選。結果納粹這回以百分之三十七的得票率躍居德國第一大黨，而共產黨也大有斬獲。在一九三二年七月選出的國會中，首度出現了這樣的現象：縱使各個中產階級政黨與社會民主黨共同組成一個超級大聯盟，也無法獲得執政所需的多數議席。如今是由不承認現有國家的兩個革命政黨共同居於多數——它們分別是極右派的國社黨和極左派的共產黨，但二者當然不可能聯手利用這種優勢地位。就此而言，巴本看似找到了非常有利的條件來實現策畫已久的政變：國會現在擺明已經不可能在政務上有所作為。

國會立刻再度遭到解散。但不可避免的是，國會在此之前已經用壓倒性的多數通過對巴本的不信任案。巴本這次解散國會的行動明顯違憲，因為依據憲法的規定，國會通過倒閣不信任案之後，總理就必須辭職，可是巴本完全不打算下台。

這並非巴本首次做出的違憲行為。之前已經出現過另外一個違反憲法的動作。巴本才剛剛被任命為總理，便在七月採取了所謂的「鞭打普魯士」行動——也就是說，他罷黜了普魯士的合法政府（它是繼續由「威瑪聯盟」執政）、動用國防軍將普魯士部長們逐出辦公室，並且任命自己為中央政府在普魯士的全權代表。這已經是一場小型政變，同時值得順便一提的是：從歷史的角度來看，普魯士的自主性已隨之真正終結。巴本那麼做的用意，就是想利用國會被解散後的空檔，來執行預謀已久的大規模政變，在憲法第四十八條的協助下將民主憲法轉換成君主憲法。巴本果真打算如此行事，而且興登堡已經準備為他提供掩護。但這回卻是施萊歇爾背棄了巴本。[4]

巴本、興登堡和施萊歇爾當初的君主革命構想，其實有一個不算小的缺憾：他們找不到現成的皇位繼承人選。把年逾古稀的前德皇威廉二世從荷蘭流亡地迎接回來，那絕對做不得。德皇出奔荷蘭一事，甚至使得保皇黨也對他失去了敬意；讓他重新登上皇位顯然已不可行，即便那是興登堡個人最希望的做法。

很早就從荷蘭返回德國的皇太子已是一介平民，也不再是可列入考慮的皇帝人選。[5]他的兒子們則都年紀太輕，而且沒沒無聞。當時在德國全境或許只有一個人適合成為君主：巴伐利亞王儲魯普雷希特。[6]假如魯普雷希特出任巴伐利亞國王的話，他的同胞們應該會大表歡迎。但若讓他當上了新任的德國皇帝，將表示君主復辟的同時也改朝換代。看樣子那也行不通。最後被列入考慮的解決辦法，就是由此際獲得連任——

並且是在其昔日政敵投票支持下才再度當選[7]——的總統出任帝國攝政，亦即先行為皇太子的子嗣攝理國政。

但年事已高的興登堡絕非長久之計，而且沒有人敢明目張膽地出此下策。果真要執行政變計畫，唯一的靠山只剩下那個老朽的興登堡，[8]然而等到他過世以後，就沒有人曉得該如何繼續走下去了。更何況萬一發動這場政變的話，便必須對抗國社黨浩浩蕩蕩的民族運動、對抗一切剩餘的共和派勢力，以及對抗同樣聲勢如日中天的共產黨。

4 巴本在一九三二年五月三十一日出任總理，接著在六月四日解散國會；「鞭打普魯士」發生於七月二十日，國會大選則在七月三十一日舉行；新國會於九月十二日通過倒閣案（五百五十四名議員當中有五百一十二人投下不信任票），興登堡與巴本隨即再度解散國會；十一月六日又舉行新一輪的國會大選；巴本於十二月三日被迫下台，由施萊歇爾接任總理。最後希特勒在一九三三年一月三十日被興登堡任命為總理。

5 皇太子威廉（Wilhelm von Preußen, 1882-1951）雖在一九二三年返回德國，但他早於革命爆發後便宣布放棄皇位繼承權。

6 巴伐利亞太子魯普雷希特（Rupprecht von Bayern, 1869-1955）是一戰時期的德軍元帥。

7 威瑪共和國在一九三二年三月十三日舉行末次總統大選，五位候選人皆無法獲得過半數選票（興登堡：百分之四十九點六，希特勒：百分之三十點一），於是在四月十日舉行第二輪選舉，由興登堡、希特勒和共產黨三方對決。各民主政黨迫不得已支持了興登堡，使得他順利連任（興登堡：百分之五十三，希特勒：百分之三十六點八）。

8 興登堡總統出生於一八四七年！

那只有靠動用武力才有辦法維持下去，可是這麼一來勢必將面臨總罷工、來自右派和左派的嚴重暴亂事件——施萊歇爾思之不覺腳底發涼。他可不希望在對抗每個人的情況下進行統治，而且他和巴本都已經獲悉，強大的國家社會主義運動根本不打算接受君主復辟，甚至無意加以容忍。

希特勒意圖把一切的權力據為己有，而他此際的一千三百萬選民也不想重建君主政權和老舊的德皇威廉體制。他們需要朝氣蓬勃的新事物。因此下述講法應該不至於冤枉了他們當中大多數的人：那些人想要的基本上正好就是他們後來得到的——希特勒的獨裁統治。國社黨在一九三二年進行各次選戰的時候（起先是希特勒在總統大選中出面挑戰興登堡，接著是七月三十一日的國會選舉，最後是在十一月第二度舉行的國會選舉），所著重的已不再只是打擊那些「十一月罪犯」而已，簡直還更加強調反對重新上台的舊統治階級、反對那些「男爵」、反對巴本。國家社會主義黨始終都在右派和左派立場之間搖擺，令人捉摸不定。他們一九三二年所突顯出來的，主要是其「左派」和民粹主義的那一面。國社黨甚至已經把它突顯到了這種地步，以致在一九三二年十一月柏林市交通業進行總罷工期間與共產黨結成盟友。有一張來自那個時期的照片，因而呈現出戈培爾和烏布利希站在同一個演講台上的畫面。[9]

施萊歇爾發現，那種同盟關係是國防軍所無法應付的。更何況他自己的想法如今已有所改變。那位將軍召募了許多傑出的年輕記者組成一個「智囊團」，發行一份當時廣受閱讀、名叫《真相》的月刊。施萊歇爾在那些年輕記者們的影響下發展出一套新的策略，結果在許多關鍵點上偏離了他一九二九年時赤裸裸的復辟構想。此時在他的腦海中，未來政府所賴以立足的基礎並非國會多數，而是一個由國防軍、工會和「青年聯盟」[10]組成的同盟。此外他希望分化國家社會主義黨，打算爭取國社黨的主要組織家——格雷戈爾·施特拉瑟爾——加入政府並且帶領一部分的黨員投靠過來。施萊歇爾如今所想要的，實際上類似「社團國家」或「等級制國家」，[11]也就是某種形式的德意志法西斯主義，他意圖藉此將希特勒的國家社會主義斷源截流。君主復辟在施萊歇爾的新構想當中僅僅扮演了微不足道的角色，或許其內心深處早已放棄了那種想法。

但不管怎麼樣，施萊歇爾到了十一月底已經不再配合巴本推動政變計畫，並且促成巴本內閣垮台。接著興登堡非常不情願地中止了政變計畫，任命施萊歇爾出任總理。

在施萊歇爾短暫的總理任期內，他各種好高鶩遠的計畫全部都落空了。當這位喜

9 戈培爾（Joseph Goebbels, 1897-1945）是德國文學博士和納粹的宣傳部長；烏布利希（Walter Ulbricht, 1893-1973）是德國共產黨的創黨元老之一，於東德建國後長年擔任黨政軍領導人。
10 青年聯盟為二十世紀初期的德國自由青年運動組織，於一九三〇年代末期被納粹摧毀。
11「社團國家」是義大利法西斯主義的用語。「等級制國家」則是奧地利法西斯主義所建立的國家形式。

歡干政的將軍還隱身幕後時，他在許多年內看起來像是德國最有權力的人物，然而等到他公開登上政治舞台以後，卻被證明為德國有史以來最倒楣的總理。他凡事都不順遂。工會拒絕合作、格雷戈爾・施特拉瑟爾一敗塗地，而國家無法光是建立在「青年聯盟」之上，因為就連國防軍內部也組成了一個反施萊歇爾團體。在十一月國會大選中損失了二百萬選民的國社黨已經重整旗鼓，而且共產黨同樣變得非常強大。到了一月底，施萊歇爾只得重施故技，走回已經在十一月被他阻擋下來的老路：他必須請求興登堡解散國會，允許他在不經國會同意的情況下組成政府——亦即進行政變。興登堡雖曾在兩個月以前批准巴本如此行事，這次卻對施萊歇爾一口回絕。

施萊歇爾曾經讓巴本失寵於興登堡，但興登堡此時已經與巴本不斷保持聯繫，而且巴本並非無所事事。巴本原本就一直打算讓希特勒成為自己的馬前卒，他在一九三二年八月甚至一度願意任命希特勒擔任副總理。可是巴本那麼盤算的時候不但低估了希特勒，同時更做出完全錯誤的判斷。

巴本是從大人先生的角度來看待希特勒。在他眼中，希特勒是一個有天分的市井小民、一個暴發戶，將會樂意在他的「男爵內閣」裡面坐坐冷板凳。可是他未能意識到希特勒遠大許多的計畫，以及希特勒令人高深莫測的野心。

希特勒當然拒絕了巴本的慷慨提議。他堅持必須由他本人出任總理，並且從總統那邊接獲全權。希特勒打算發動自己的政變。

巴本在此際做出了新的盤算，雖然他並未因此而改變自己對希特勒的看法：在迫不得已的時候，縱使讓希特勒那麼做也無妨。反正實際的權力中樞依舊是總統，即便名義上是由希特勒擔任總理而巴本僅僅屈居副總理，巴本仍然覺得極為篤定。他一廂情願的念頭是，如果能夠將希特勒「框起來」（那是巴本慣用的講法）；如果希特勒不堅持非要馬上把他的整個班底帶入內閣不可；如果希特勒願意與德意志國家民族黨、甚至與中央黨組成某種形式的聯盟——那麼讓他當總理又有何不可呢？

國家社會主義黨在一九三三年一月下旬與德意志國家民族黨結盟之後，有一位批評者驚懼莫名地詢問巴本：「什麼！你們已經讓希特勒掌握大權了？」巴本十分趾高氣昂地回答道：「您說得不對，我們只不過雇用了他而已。」巴本可是大錯特錯！

第8章

希特勒時代

Hitlerzeit

希特勒在這個時期取得了三項非常重大的成就：首先是恢復充分就業，從一九三六到一九三九年中期，出現了令人料想不到的經濟復甦；第二項乃順利擴充軍備，讓國防軍對希特勒的其他政策還抱持的各種疑慮，隨之一掃而空；第三項是在外交政策方面，希特勒從一開始就向全世界做出挑戰。「這種事情我們本來連想都不敢想。那個人卻可以把任何事情都做成功。他是上帝派來的使者。」這正是德國大眾經歷了各種重大成就之後所產生的觀感。

德意志國的最後一個階段必須被稱作「希特勒時代」，而且其含義不同於第一次世界大戰之前名曰「德皇時代」的那些年頭，以及威瑪共和國晚期的「興登堡時代」。德皇和興登堡當然也是自己那個時代的指標性人物，但他們無法恣意妄為，決定德意志國的對內對外政策。我們或可宣稱，俾斯麥比較能夠如此行事。可是就連俾斯麥在他自己的時代，也無法像希特勒在德意志國最後十二年內所做的那般，非但完全掌控了國家，更可不受限制地隨心所欲加以形塑。

希特勒在一九三三年一月三十日被任命為總理一事，並不意謂他已經奪得了政權。完全相反的是：當時反而還有許多人認為，那個奇形怪狀的希特勒—巴本政府很快就會像前幾任內閣一般灰頭土臉地下台，接著又將出現截然不同的東西。後來的發展卻並非如此，不免令許多人大感震驚——對他們當中的大多數人來說，那是一個驚喜。

希特勒被任命為總理後，就在一九三三年二月底至七月初之間的四個月內，幾乎完全攫取了政治權力。接著他停頓一陣子以後，又奪得人們直到當時為止都還完全無法想像的那種權力，即絕對的權力。希特勒奪取政權的經過因而分成了兩個步驟。

第一個步驟進行於一九三三年上半葉，旨在肅清政治領域。之前三年內德意志國所形成的政治生態（一個由威瑪議會民主制的殘留物與新式專權總統制所組成的綜合體），在一九三三年一月三十日仍然原封不動地繼續存在下去。可是到了一九三三年七月十四日，那種政治生態已經完全消失無蹤。[1]各政黨已不復存在，政府的形式既非專權總統制亦非議會民主制，此時唯一的當政者就是國家總理和他的黨。演變至此的過程非常驚心動魄，其間不免出現了各式各樣的違法措施、恐怖行動和卑劣作為。

當時最具決定性的事件至今仍未真正獲得釐清，那就是一九三三年二月二十七日發生的「國會大廈縱火案」。希特勒利用這起縱火事件為藉口，以便在仍然與巴本立場一致的情況下，說服總統簽署一項意義遠甚於前的緊急命令。從此憲法大部分失去效力、所有的國民基本權利遭到廢止，官方更可任意進行逮捕。逮捕行動事先早已準備妥當，於是就在縱火事件的第二天（二月二十八日）立即開始實施。

德國政壇隨之引進了一個新的元素：合法的國家恐怖主義。這種恐怖主義的運用起初還相當具有選擇性。第一批立即遭到逮捕或者必須逃避追捕的受害者，就是共產黨員以及一些左派政治人物，特別是某些深受新統治集團憎惡的左翼記者和作家。在最初幾個星期內尚未出現無所不在的恐怖行動。

然而那年二月二十八日推出的恐怖主義起了關鍵性的作用。在一個星期以後仍獲當選的八十一名共產黨籍議員，再也無法進入新國會。等到國會過了三個星期開議的

1 納粹政府在一九三三年七月十四日立法禁止成立政黨。

時候，他們早已悉數進了集中營、走入地下，或者流亡海外。這使得國會大選的結果全面改觀。

此次國會選舉的結果其實令政府大失所望。國家社會主義黨加上德意志國家民族黨之後，才以將近百分之五十二的得票率勉強過半。[2]國家社會主義黨本身僅僅獲得了百分之四十三點九的選票，未能如願成為絕對多數。可是一等到共產黨籍的議員消失以後，國家社會主義黨便突然獲得了絕對多數，甚至可與各中產階級政黨一同享有三分之二多數。這使得他們終於力足以修改憲法，讓國會自廢武功。

當國會在三月二十三日針對廢除議會制憲法進行表決的時候，這三分之二多數發揮了作用。除了社會民主黨之外的所有政黨，都投票贊成所謂的《授權法》，使得政府有權——也就是說，以合法的方式——不經國會同意逕行頒布法律，而此做法的有效期限起初為四年。[3]這是繼一九三三年二月二十八日之後的第二次政變。此時距離各個資產階級政黨在六月和七月的自行解散，以及社會民主黨與共產黨的遭到查禁，已經為期不遠了。

在此階段引人注目的地方是，所有的中產階級政黨果真都不想再繼續跟著玩下去了；也就是說，他們愜意於自己獲准完全淡出政治舞台。那種態度與當時人們所稱的「民族奮起」或「國家社會主義革命」息息相關，亦即德國從三月五日的國會大選到一九三三年夏天之間演變出來的情緒翻轉。那是很難探究明白的事情，不過每一個曾經身歷其境的人都還對之記憶猶新。情緒雖然無法加以定義、澄清和掌握，因為它飄忽不定，可謂具有「虛無縹緲」的本質——可是它卻起著非常舉足輕重的作用。正如同在一九一四年八月那般，一九三三年的情緒翻轉也產生了重大意義。因為這種情緒上的劇變，真正構成了即將來臨的「元首國家」之權力基礎。我們找不到其他的講法，只能這麼表示：那種普遍出現的情緒意味著，人們覺得自己得到了解脫，終於從民主中解放了出來。既然大多數的國民都不打算再享有民主，那麼民主還能夠有所作為嗎？當時絕大多數的民主派政治人物已得出一項結論：就讓我們下台一鞠躬、讓我們退出政治生活，我們將不復存在。各個民主政黨在一九三三年六月和七月時所做出的表現，與一九一八年十一月時的德國君主們完全相同。

「民族奮起」孳生自兩個根源，而我對此還記憶得非常清楚。第一個根源，是一九

2　一九三三年三月五日舉行了德意志國末代國會大選。納粹僅僅獲得百分之四十三點九的選票，其餘主要政黨的得票率分別為：社民黨百分之十八點三，共產黨百分之十二點三，中央黨百分之十一點二，德意志國家民族黨（納粹黨的盟友）百分之八。

3　國會在三月二十三日當天以四百四十四票通過《授權法》，只有社會民主黨的九十四位議員投下反對票。《授權法》後來又延長了三次，直到納粹敗亡為止。

三三年之前的那幾年內，政治不確定性所普遍導致的厭倦感。人們想要重新撥雲見日，渴望恢復秩序，期盼有一位一世之雄用強硬手腕和堅決意志來登上顛峰。然而——這是該運動的第二個根源——人們可不打算看見巴本或施萊歇爾登峰造極，他們需要的人物，並非早就被視為過氣、在一九一八年已經垮台的舊保皇派上流階級之代言人。人們盼望出現真正的新局面：一個沒有政黨的全民政權、一位眾望所歸的元首人物（那在他們看來就是希特勒），尤其德國應該再度統一力量，成為一個強大的國家——類似一九一四年時的情況。德皇曾經在那一年宣示過：「**我的眼中不再有任何政黨，我的眼中只有德國人**。」現在人們果真不想再有任何政黨了，只想要有德國人。於是當希特勒廢除其他政黨的時候，大多數的中產階級選民都表示贊同，而且贊成者不光是侷限於那些在三月五日投票支持國家社會主義黨的人們。

這種普遍的情緒，讓舊中產階級政黨的代表性人物產生了一種「沛然莫之能禦」的印象。例如一位曾經在威瑪共和時代末期擔任部長，此際僅僅是自由左派「德意志民主黨」國會議員的先生——狄特里希[4]——幾經良心上的掙扎，還是對《授權法》投下了贊成票。狄特里希在一九四五年以後寫道：當時他所做的那個決定，使得其選區以前所未見的方式，一面倒地投書向他表示肯定。

此事看起來固然不痛不癢，卻可視為一九三三年三月到六月之間整個發展過程的明顯症候。儘管那個時代已經發生過各種不公不義的事情，儘管已經設立了集中營，儘管官方肆行逮捕，而且儘管已經開始明顯出現反猶太主義政策的跡象，百姓之間卻普遍形成一種信念，認為這是一個偉大的時代、一個民族再度團結的時代，他們終於找到了自己的上帝使者——那位出身民間的元首將維護紀律與秩序、凝聚整個民族的力量，並且將德意志國帶向新而偉大的時代。正是這種情緒，才使得希特勒有辦法在幾乎未遭抵抗之下肅清整個政治舞台，同時創造出一個局面，使得除了他自己的班底之外，沒有任何人能夠抗拒他的旨意或者阻撓他的計劃。

這整個進程至今仍然得不到解釋。其理由不外乎人們老是喜歡忘記。一九三三年年初至夏季之間確實出現了民族大團結的現象，百姓未必團結在國家社會主義黨的背後，但他們團結在希特勒的背後——按照當時已經習慣對他使用的稱呼，也就是團結在「元首」的背後。與此齊頭並進的，還有另外一個極不尋常的發展：所謂的「同步化」。除了貨真價實的政黨之外，德國凡是還存在的一切政治性——或者非政治性——的組織，從包括工會在內的各種大型工業團體和利益團體，一直到規模最小的聯合會，都設法在這幾個月裡面將自己「**同步化**」。也就是說：更換自己的領導階層、讓自己沾

4 狄特里希（Hermann Dietrich, 1879-1954）是布呂寧內閣的副總理，並先後兼任經濟部長和財政部長。

染國家社會主義的氣息、加入那個如今已氾濫於德國的運動，並且與它同行。

除此之外，這幾個月內的入黨人數暴增，許多迄今與國家社會主義保持距離的人士，現在紛紛搶著在大門關閉以前擠進黨內——那些人被稱作「三月陣亡者」[5]。接著國社黨果真關上了大門，從一九三三年中開始不再吸收新黨員，為時長達四年之久。一九三七年的時候第二度短暫開放入黨，結果再度大量冒出新黨員，其中有許多人根本不具備國家社會主義的心態，只不過他們「實事求是」，希望藉此開創錦繡前程。那種態度固然令人鄙夷，卻合乎人類的天性，它使得絕大多數德國人在一九三〇年代成為一個在政治上相當團結一致的民族。

現在再來談談奪取政權的第二個步驟。自從政治舞台遭到肅清、希特勒和他的黨成為德國唯一還剩下的政治勢力之後，情況看起來是何模樣呢？國社黨雖然已經成為唯一的政治勢力，卻不是唯一的一股勢力。希特勒的體制並非建立在黨的基礎上，而是由許多個國家社會主義團體所共同構成。其中地位遙遙領先的最重要團體，就是國社黨的武裝組織——突擊隊。

突擊隊在那個年代乃真正的恐怖工具。突擊隊是最初幾座集中營的設立者和管理者，他們就是在此時發展出恣意妄為的恐怖作風。突擊隊除了遵奉上級指示進行逮捕之外，也隨意胡亂抓人，而其動機往往出自個人恩怨。因此那個恐怖政權大肆採取的殘暴措施和為數頗多的謀殺行動，有一部分脫離了希特勒的掌控。

除了突擊隊之外，當時的德國還存在著另外一股勢力。它雖然不具政治色彩，卻是更加實在的權力機構，那就是國防軍。國防軍起初贊成希特勒出任總理，而且新生代的國防軍領導高層對納粹十分友善（其主導者已非施萊歇爾，而是布隆貝格與賴歇瑙等將領[6]），希望利用納粹運動以達到自己的目的，他們因而在一九三三年一月支持興登堡任命希特勒為總理。即便如此，國防軍依舊為國中之國——它固然對國家社會主義黨抱持善意而成為其盟友，卻絕非該黨的從屬單位。

國防軍和突擊隊之間於是形成了衝突，讓希特勒陷入非常尷尬的境地。突擊隊是一個群眾組織，其領導層級原為第一次世界大戰時期的尉級軍官；可是突擊隊現在希望自己改頭換面，變成新政權的「國家社會主義軍隊」。突擊隊計畫轉型成為新的國防軍，並且從舊國防軍領導階層那邊奪走權力，其成員可部分加以吸納，剩餘部分則或

5 納粹自己也瞧不起那些從一九三三年三月開始搶著入黨的人，譏稱他們為「三月陣亡者」（「三月陣亡者」原指一八四八革命爆發後柏林街頭戰鬥中遇難的百姓）。

6 布隆貝格（Werner von Blomberg, 1878-1946）是希特勒的首任國防部長（1933-1938），一九三四年於興登堡死後下令全軍向「元首」個人宣誓效忠，因而晉升元帥。賴歇瑙（Walter von Reichenau, 1884-1942）是希特勒上台之初的國防部長辦公室主任，於法國戰役後晉升元帥。賴歇瑙為德軍將領中相當罕見的納粹黨員，有「政治將軍」之稱。

許可以勒令退休。突擊隊必須被改組成龐大的國家社會主義革命新軍，而這應該是希特勒夢寐以求的做法，因為突擊隊是他自己旗下的組織之一，他本人則是「突擊隊最高元首」（即便他無法每天都親自進行領導）。有了那支軍隊以後，他可以期待軍方將不再只是盟友，而是他在政治上可以加以滲透和掌控的對象。

儘管如此，希特勒還是選擇了國防軍。我認為那出自兩個理由：比較次要的理由是，希特勒打從一開始就計畫大規模擴軍，以便在未來發動戰爭。無怪乎希特勒被任命為總理之後，在一九三三年二月初立即召見的第一批人士，正好就是國防軍的將領。為了大肆擴軍和日後發動戰爭，希特勒在軍事上不但需要一個心甘情願的工具，同時更需要第一流的工具。國防軍正是不二的選擇。突擊隊雖然擁有數百萬名鬥志高昂的成員，但那些人的社會地位多半不高，而且缺乏國防軍所深具的軍人精神和軍事傳統。不過應該還有另外一個更重要的理由，使得希特勒在國防軍與突擊隊之間的衝突中，決定站在國防軍那一方。

年屆耄齡的興登堡仍然在世，但已不復享有他在希特勒上台之前所握有的那種政治權力。他如今確實老邁不堪，並且在一九三四年初的時候，退隱到位於東普魯士諾伊德克的自家莊園靜候死亡。誰將成為他的總統繼任者呢？希特勒立意已決，務必要親自成為興登堡的繼任者，並且由他本人集總理與總統的職務於一身，藉此徹底完成自己的奪權行動。但這只有在國防軍不出面阻撓的情況下，才會有實現的可能。希特勒因而必須設法與國防軍達成協議，說服國防軍同意由他來接任總統。這種協議實際上意味著，國防軍將如同先前在興登堡時代那般，直接隸屬於新就任的希特勒總統之下——畢竟按照行之有年的德意志傳統，國家元首同時也是武裝力量的最高指揮官。

國防軍願意進行對希特勒至關緊要的這筆交易，但先決條件是必須逼退突擊隊、讓突擊隊取代國防軍的計畫成為泡影，而且希特勒從此以後不得再將突擊隊使用為恐怖工具。這使得希特勒的處境極為尷尬，因為有許多跡象顯示，他已經讓自己的戰鬥組織產生希望，以為可獲准在興登堡死後實現自己夢寐以求的「第二次革命」——上述那場軍事革命。希特勒在這種進退兩難的情況下只有一條出路：誅除突擊隊的領導高層。他在一九三四年六月三十日採取了相關行動。

那段歷史甚至會讓毫不同情突擊隊領導高階的人們也大起反感。希特勒與突擊隊的領導高層安排妥當，讓突擊隊在一九三四年七月份開始休假，直到預期中的興登堡去世時刻來臨為止。在此之前，他希望在六月三十日與突擊隊領導高層在巴特維西舉行會議，詳細討論全部的後續細節。突擊隊領導高層於是在六月二十九日抵達巴特維西，以便第二天早上迎接希特勒。希特勒卻提前幾個小時，在大批警力護衛下於夜間露面。其目的並非為了參加突擊隊的會議，反而是要將群聚在巴特維西的突擊隊頭目悉數逮捕，然後運往慕尼黑（或柏林），未經起訴、偵訊、審問便就地槍決。希特勒事後對此做出的辯解是，突擊隊密謀發動政變。「羅姆政變」一詞，直到今天依然像鬼魂一般地出沒於德國歷史書籍之中。

可是從來就沒有過什麼「羅姆政變」。羅姆——突擊隊的「參謀長」——相信，他自己在為日後的軍事政變做出規畫時，與希特勒完全意見一致。然而羅姆卻在睡夢中遭到制服，與手下大多數的頭目一同遇害。[7]過了幾天以後，內閣認可了一九三四年六月三十日的事件，稱之為「國家緊急防衛」。這是謀殺性恐怖行動和濫權統治的第一次預演，之後從一九三八至一九四五年間將會不斷重演。

國防軍遵守了自己與希特勒的協議。興登堡在一九三四年八月二日去世以後，希特勒就在當天自立為繼任者，國防軍則按照約定向希特勒個人宣誓效忠，承認他是軍方的最高指揮官。如此一來，希特勒不但在政治舞台上，也在軍事舞台上奪取了權力。他除了成為政治獨裁者之外，也讓自己成為最高軍事統帥，成為一個新的皇帝。

就連以駭人聽聞的方式向突擊隊領導高層展開的謀殺行動，也在德國普遍受到一般大眾和舊上流階級認同——他們即便表現得不像廢除各政黨的時候那般興高采烈，這個消息仍然讓他們心滿意足和如釋重負。突擊隊非常不受歡迎。它在德國上流階層眼中是一個由暴民和無賴所組成的團體，而一般中產階級也因為突擊隊無理取鬧的粗暴行為——例如干涉商業活動——而對之深感畏懼。那批傢伙現在遭到斬草除根了，元首也在這方面建立秩序了，一切終於回復正常了，這些作為都受到人們的歡迎，而希特勒為此所採取的可怕手段則獲得容忍。同時人們也默默容許他利用此次機會，殺害一些著名的保守派人士——其中包括前任總理施萊歇爾及其妻。如果有人打算找出一項必須由全體德意志民族共同承擔責任的希特勒罪行，那麼便應該在這裡尋找。

繼一九三三年三月至七月，以及一九三四年六月至八月的兩次政治變天之後，接著出現了一段平靜的時期。從一九三四年秋季到一九三八年之間是「好的」納粹年頭。在那幾年內，早期的恐怖措施已經稍加收斂；各座集中營雖然繼續存在，可是被釋放出來者多過被關進去的人。生活看似已恢復常態。

與此同時，那些年頭內還出現了希特勒的經濟奇蹟：經濟獲得復甦，於是在一九三三至一九三七年的四年之內，大規模失業轉而成為充分就業。附帶值得一提的是，希特勒藉此為自己爭取到幾乎全體的昔日社會民主黨選民，以及大多數昔日的共產黨支持者及選民，或者至少使得他們不再懷有敵意。

7 因為「羅姆政變」而遭殺害者總共有二百人左右。羅姆（Ernst Rohm, 1887-1934）是退役的巴伐利亞陸軍上尉，乃希特勒唯一可稱兄道弟的朋友。羅姆被槍斃時所喊出的最後一句話為：「希特勒萬歲！」

然而我們果真可以篤篤定定地這麼表示嗎？德國大眾在那些年頭究竟於多大程度內真心擁護了希特勒，這是一個找不出答案的問題。希特勒從未在自由選舉中獲得過半數的選票，至於他在一九三三年十一月、一九三六年初和一九三八年初，於歷次階段性舉行的公民投票和國會選舉中所獲得的百分之九十九支持率，完全不具有任何意義。因為那時已缺乏真正的選擇：人們必須前往「投票」，以免引起注意。人們必須投下自己的選票，至於他們到底是打圈還是打叉，已經無關宏旨。即便如此，凡是曾親身經歷過當時情況的人都無法不注意到，希特勒在一九三三年底以後——最晚從一九三四年底開始——已經讓絕大多數德國人站在他的背後。那些人不但認可和贊同他的統治，而且對結果也表示滿意。其中特別有吸引力之處，對中產階級而言就是順利擴充軍備，以及在外交上一再成功的強硬姿態；對工人階級而言則是沒有人能夠真正預料到的經濟繁榮與充分就業。

德意志國在此階段究竟是怎麼樣的一個國家呢？它和人們往往喜歡使用的講法不同，並非一黨國家。其國家形式有異於今日的東德或蘇聯，也就是說，它不是由一個組織嚴密的政黨來實際進行統治的國家。國家社會主義黨沒有中央委員會、沒有中央政治局，而且希特勒從未在黨內召集任何形式的委員會來共商大局。每年秋季以盛大排場在紐倫堡舉行的黨大會，絕對不像一般習稱的黨大會——亦即黨的執行委員會與基層黨代表齊聚一堂，共同商討方案並做出決議。

在紐倫堡從未進行過這種類型的討論。國家社會主義黨的黨大會，是由黨員群眾以及其他各種組織所從事的列隊集會。此外更有「突擊隊之日」、「黨衛隊之日」，甚至有「國家義務勞動役之日」，一九三四年以後還有「國防軍之日」。那些組織都稱得上是國中之國，都在自己的節日被聚集在一起舉辦令人印象深刻的大型遊行活動，其間只有希特勒，而且一再只有希特勒發表演說，他自己則根本不聽別人講話。國家並非由黨來進行統治，而是受到希特勒統治，順便也透過黨來統治。

「順便也透過黨來統治」，那是因為：自從其他政黨都消失以後，就連國家社會主義黨也不復在這個國家扮演真正重要的角色。其中相當奇特的地方是，幾乎全體「省黨部領導人」和「全國領袖」[8]——亦即最高階黨幹部——的姓名今日都已經完全遭人遺忘，而且他們即便在第三帝國的時代也多半不為大眾所知。第三帝國並非一黨國家，它是一個元首國家。

而且它在許多方面也不同於今日被視為理所當然的事物，例如它並非名副其實的

8　省黨部領導人是納粹地方黨務的最高負責人，一九四一年時在「大德意志國」境內共有四十二個省黨部。全國領袖則是理論上地位僅次於「元首」的納粹高幹。納粹黨共有十八個「全國領袖」，其中最著名的是宣傳部長戈培爾，以及黨衛隊（黑衫隊）頭目希姆萊。

極權國家。剛好相反的是，與之前任何時代的德意志國比較起來，在希特勒的國家裡面出現了更多的國中之國。一位名叫恩斯特·弗蘭克爾的德國教授於流亡國外時期，寫了一本標題為《雙重國家》的精心之作，表示第三帝國內部至少同時存在著兩個國家：一邊是專制獨裁、進行恐怖統治的國家，另一邊則是原有的官僚國家，甚至是一個法治國家。比方說吧，當時如果有誰進行租約訴訟或者打離婚官司，都可以完全依據舊法典和正常的司法程序替自己爭取權益——不論有沒有國家社會主義，實際上並無差別。這種情形不只出現在司法部門的職權範圍內而已，其他許多部會的業務項目也不例外，事情都按照舊規矩來辦理。從一九三四年底開始的狀況更是如此，隨著突擊隊恐怖行動的退潮，生活已大致恢復正常。只不過這種正常狀態可能時而打斷，而每當「元首」策畫大規模的政治行動時，他總是找得到合乎自己心意的工具。

國防軍一如既往是特殊的國中之國，但此時它已經在實行普遍徵兵制以後換了一個名稱。[9]名詩人戈特弗里德·本恩在那個年代重操舊業擔任軍醫官，他將自己的舉動稱作「貴族形式的移民國外」。

固然那種舉動並非移民國外，而且人們對「貴族」一詞也可以有不同的看法，它卻是一種回歸自我的形式。若是在今天的話，我們或許會稱之為：進入一個化外之地、進入一個特殊的國中之國，而且那裡的舊傳統和舊習俗將在很長的一段時間內繼續蔚為主流。比方說吧，國防軍直到一九四四年仍然不使用希特勒式的敬禮，而是按照軍方的老規矩舉手接觸帽沿行禮。

此類縫隙之所以能夠存在，絕非出自希特勒的疏忽。人們曾經把納粹形容為一個「運動」；但說來非常奇怪的是，一九三三年以後真正的「運動」卻是希特勒本人。希特勒以統治者身分所促成的運動，比起整個德意志國和整個德意志民族都要來得多。他從未創造出固定的國家秩序，也沒有留下一部憲法，既未協調他所設立的諸多機構和組織，也不曾對它們彼此之間的關係做出規範。他故意忽略上述工作的理由，正是為了要讓一切都保持運動狀態。因為對希特勒而言，德意志國絕對不是最終的發展。在他眼中，那並非繼承過來以後就必須加以維護的對象。德意志國對希特勒來說只不過是一塊跳板，僅僅是大肆進行領土擴張、建立一個新權力架構的起步點——但那個權力架構的內在形式與憲政體系仍然完全無法預測。第三帝國的內部因而陷入混亂。

希特勒如何照樣有辦法統治這個被割裂成許多個特殊部門，而且並不集權的國度，讓它繼續成為一個元首國家？為何這種所謂的「**專制獨裁下的無政府狀態**」繼續出現

9 國防軍在一九一九至一九三五年之間的德文名稱是「Reichswehr」，一九三五至一九四五年之間改稱「Wehrmacht」（意為「防衛力量」）。

一個最高權威，同時最高權威能夠隨時隨地如願貫徹自己的旨意？這可以用兩個字眼來回答：「**宣傳**」與「**恐怖**」。那兩樣工具直到希特勒的納粹帝國走上末路為止，始終都是最重要的統治手段。正是因為它們的緣故，才使得希特勒政權截然不同於德意志國之前的各種國家形式。

讓我們先從「恐怖」開始講起。希特勒政權一直都設有集中營，可在未開具逮捕令、未經覆核、未加起訴的情況下，任意將人送入集中營，而被關進去的人只能期待可怕的命運。自從突擊隊被剝奪權力以後，各集中營的管轄權即歸屬於希特勒創建的另外一個恐怖組織——黨衛隊。[10]希特勒在一九三四年六月三十日採取了非常聰明的做法：他沒有命令國防軍來槍斃突擊隊的領導高層，國防軍也非常高興能夠避開那個令人不快的任務，免得弄髒了自己的雙手。希特勒只是讓國防軍提供必需的武器和運輸工具，然後動用了他自己的另外一個小型軍事化組織，而該組織——黨衛隊——在此之前只是突擊隊轄下的特種單位。黨衛隊如今變成了新的突擊隊，同時又與突擊隊不盡相同。因為黨衛隊從來就不像突擊隊那般，只是一個主要由一般民眾所構成的組織。它從一開始就被設計成國家社會主義各組織當中的貴族，而且是一個在人種方面經過特別挑選的群體——禁衛軍的身高！[11]追溯到公元一八〇〇年的血統證明！

不過黨衛隊也具備自己的特殊功能。當初突擊隊曾經打算變成國防軍，卻未能如願以償，結果突擊隊就在錯失目標之後跌落到無足輕重的地位。黨衛隊的做法則稍稍有所不同：黨衛隊希望成為國家的警察，此事獲得了希特勒批准，於是可以成真。警察在希特勒上台後的最初幾年內仍然歸由地方政府管轄，如今它也被中央集權化，其最高單位——「國家安全總局」[12]——則成為國家級的機關。黨衛隊很快就完全滲透了「國家安全總局」。黨衛隊領導高層最重要的人物進入了警察體系，被接收過來的警官們則改用黨衛隊的職銜。黨衛隊和警察融為一體，成為國內無所不在的一股勢力，成為一個前所未有的權力機構。

除此之外，黨衛隊還被極度地擴大。其恐怖功能被劃分出去，獨立運作於黨衛隊同樣非常受人畏懼的警察功能之外，由一些受過特別訓練的單位——所謂的「骷髏頭部隊」——負責執行。那些單位如今取代了突擊隊，成為集中營的負責人和管理者。他

10 突擊隊穿著褐色制服，亦稱「褐衫隊」；黨衛隊穿著黑色制服，亦稱「黑衫隊」。

11 「禁衛軍的身高」（Gardemaß）這個用語衍生自「在普魯士的國王」腓特烈·威廉一世（1713-1740）的巨人擲彈兵團（最低身高標準為一八八公分）。納粹黑衫隊員的最低身高標準則是一八〇公分。

12 「國家安全總局」（Reichssicherheitshauptamt, RSHA）成立於一九三九年九月，是德國國家警察與納粹黨衛隊合而為一後所形成的怪物。其直屬長官就是身兼黨衛隊頭目和「德國警察總監」二職的希姆萊。「國家安全總局」下設七個部門，分別掌管人事、組織、國內情報、國家秘密警察（「蓋世太保」）、刑警、國外情報、「世界觀研究」（新聞檢查）。「國家安全總局」的核心單位就是「蓋世太保」（第四局）。

們為各個集中營帶來了新作風，以及比較有規律、冷酷許多的制度，使得凡事不再像過去那般難以逆料和雜亂無章。不過那絕非比較人道的制度，反而更加嚴厲，有各種可怕的紀律制裁措施可供使用——從平日針對瑣碎違紀行為例行實施的體罰，乃至於作為紀律制裁措施而經常任意執行的死刑。

那一切都不可能一蹴而就。更何況黨衛隊在一九三四年的時候，還只是一個相當小型的單位。它需要好幾年的光陰，才得以轉型成為一九三八年以後令人心生畏懼的權力工具和恐怖工具。其情況正類似國防軍需要花上許多年的工夫，才有辦法從一九三三年那支仍然只有十萬人的小型陸軍（即便人數已經偷偷增加得略多於此），變成希特勒可以拿來打仗的龐大軍事力量。

正由於擴充軍備和擴大黨衛隊這兩項工作都需要若干年的時間來進行，從一九三四到一九三八年之間的那個階段因而看起來還算正常。人們在最初幾年內非常熟悉的真正希特勒作風，便於此際暫時退居幕後，要等到一九三八年以後才日益肆虐。

我曾經在前面提到過希特勒的兩個統治工具：「恐怖」與「宣傳」。恐怖工作是由希姆萊和他的黨衛隊負責進行，就此而言，希姆萊是希特勒的右手。宣傳工作的負責機關，則是一九三三年三月無中生有的「國民啟蒙暨宣傳部」，由戈培爾主司其職，我們也可以將戈培爾稱作希特勒不可或缺的左手。

二人雖然都是希特勒的手下，戈培爾卻從未像納粹時代後期的希姆萊那般，扶搖直上享有形同獨立的權力地位。他始終只是一個純粹的執行者、希特勒的幹部，而且一直無法對希特勒的政策發揮影響力（縱使在內政方面也不例外），不像希姆萊有時可以如此。然而戈培爾在希特勒的帝國內，操控了最重要的國中之國之一。因為他在希特勒的授權下，以合法方式壟斷了一整個領域，即今日所稱的「媒體業」——也就是一切足以左右公眾意見和公眾情緒的事物。當時那主要是報刊、廣播（那個年代還沒有電視）、戲劇、電影，在某些方面甚至還包括了書籍發行與文學創作。戈培爾技巧十足地執行了自己的任務，若是從純粹技術面的角度來看，我們只能對他表示嘆服。

戈培爾其實從未試圖讓整個德意志民族都皈依國家社會主義的理念。他反而轉移自己的努力方向，透過他的媒體向德國人呈現出一個健全的世界——一個在元首統治下，由國家社會主義重新創造出來的健全世界。他的電影政策在這方面尤其明顯。

這位宣傳部長雖然偶爾下令拍攝一些大型宣傳影片，但是它們的數目用一隻手的指頭就算得出來。除此之外，整個德國製片業所推出的，都是一些輕鬆愉快、不懷惡意、在製作技術和藝術表現上非常優秀的娛樂電影，而且水準與正常的院線影片並沒有兩樣。在那些電影裡面，小姑娘釣得金龜婿，愛情永遠至上，大家彼此打招呼時從來不喊「希特勒萬歲」——一切都讓人感覺不到第三帝國的存在。德國電影觀眾可以在那些影片裡面找到自己一直追求的東西，來滿足個人的夢想。

其中非常值得注意的是，那些心甘情願配合戈培爾進行宣傳工作的人，多半都自視為反納粹分子，而且他們在心態上確也如此。第三帝國時代的電影明星和導演們，大多數都屬於當時所稱的「反對派」。由於第三帝國在他們製作的電影裡面受到了忽略，以致有許多人甚至一廂情願地認為自己正在進行某種形式的抵抗。然而他們並不曉得，自己其實是在完全不幹壞事、未曾明顯做出納粹舉動的情況下，非但完成了戈培爾所交辦的工作，同時更協助他瞞天過海——讓德國百姓感覺一切還沒有那麼糟糕，大家基本上仍舊過著完全正常的生活。我們不必苛責他們，畢竟他們和其他每個人一樣也必須賺錢謀生；而且其他每一個希望靠著誠實工作在第三帝國賺錢謀生的人，也都各自透過不同的方式來為第三帝國效勞。但他們某些人卻在事後自詡為反抗運動的助手，例如今日許多演員的回憶錄當中便這麼說，而那種做法未免略嫌誇張。

戈培爾的新聞政策也採用了非常類似對待電影業的方法。戈培爾沒有禁止中產階級的報紙，惟獨昔日社民黨和共產黨的報刊才全部遭到查禁。他讓中產階級的報紙繼續發行，我們甚至無法表示，戈培爾曾經設法把它們真正納粹化。固然各編輯部門內部都派駐了一名納粹記者，來扮演某種監視者的角色，可是他們在報社裡的地位通常都微不足道。諸如《德意志通論報》、《法蘭克福日報》、《柏林日報》之類的中產階級報紙，大多能夠保留原有的編輯小組——他們的猶太裔同事除外。

他們的撰稿方式與先前一貫的筆調相同，而且他們也必須如此。第三帝國仍然具有一定程度的新聞多樣性。例如人們在《法蘭克福日報》所讀到的東西，在敘事的語氣和風格上面都截然不同於《人民觀察家報》。[13]就連《人民觀察家報》的論調，也有異於那些當然同樣繼續發行的國家社會主義「戰鬥性刊物」，諸如黨衛隊的機關報《黑色軍團》，或者是「中法蘭克尼亞」省黨部領導史特萊歇爾那名狂熱反猶太主義者的《衝鋒報》。[14]報紙的讀者們依舊可以選擇自己打算讀到的東西，並且按照自己的心態來接受服務。

戈培爾只在一個相當有限的範圍內進行干預。在宣傳部裡面，每天都由一名參事（難得是由戈培爾本人）主持一場會議，各報社則派遣一名編輯（通常都不是總主筆）參加會議，並且在會中接獲所謂的「語言規範」。但這種「語言規範」並不表示官方對各報社的每一個小細節都做出了規定——如前所述，他們可以，甚至應該保持自己的

13《人民觀察家報》是納粹的黨報。

14 史特萊歇爾（Julius Streicher, 1885-1946）乃小學教師出身的納粹高幹，為紐倫堡地區（中法蘭克尼亞）的省黨部頭目。《衝鋒報》自一九二三年起散播反猶太主義，以文字及漫畫極盡污衊猶太人之能事。史特萊歇爾並為一九三三年納粹抵制猶太人行動的負責人，最後在紐倫堡大審被判處絞刑並執行完畢。

原有風格。然而那種做法意味著，某些特定的新聞必須遭到扣發或者以極不醒目的方式刊出，某些特定的新聞則必須大肆張揚。在特殊情況下或者當時機緊迫之際，各家報刊仍會接獲指示，應當在社論中採取何種路線（但此事不常發生）。

因此我們無法表示新聞界完全被「同步化」了。報紙的多樣性依舊存在，即便官方已經為新聞媒體定出不得逾越的上限。此做法所收到的效果是，就連不贊成國家社會主義的讀者也可以用自己嚥得下去的方式，來接受戈培爾和希特勒的薰陶。這種操縱輿論的措施簡直稱得上是天才之作。而且更加重要的是，它可以操弄公眾情緒，在未曾硬性灌輸任何想法的情況下，針對百姓於官方眼中仍不「成熟」的地方來下功夫。

除此之外，希特勒在一九三四至一九三八年之間確實做出了一些可以炫耀的表現，讓那幾年內的宣傳工作進行得輕而易舉。當時就連反對納粹者也不得不承認：那個人只要想做什麼，就有辦法完成什麼。他不但曉得自己想要什麼，還能夠付諸行動，並且加以實現。我們必須放手讓他辦事，因為他會成功。我們必須放手讓他辦事，因為他有辦法讓我們變得富裕、偉大和強盛，而且他可以向全世界顯示，德國又重新站了起來。

希特勒在這個時期取得了三項非常重大的成就。首先是恢復充分就業，這項工作也是交由一個國中之國來處理，希特勒本人並未特別進行干預。這個成就主要必須歸功於希亞爾瑪．沙赫特，一位昔日的民主派人士——他起先擔任希特勒的中央銀行總裁，然後出任經濟部長。沙赫特將國內經濟與外面的世界嚴密阻隔開來，並且以不致立即造成明顯通貨膨脹的方式發行公債，藉此促成經濟繁榮。從一九三六到一九三九年中期，出現了令人料想不到的經濟復甦。在那幾年裡面，參與經濟活動的雙方——企業家與勞工——生活都過得很好，至少遠遠好過了陷入經濟危機的那些年頭，以及布呂寧推行通貨緊縮政策的年代。這是不容低估的成就，因為經濟狀況足以決定一個時代的氣候。而希特勒時代的中期階段出現了好天氣。

希特勒在這個年代做出的第二項重大成就，乃順利擴充軍備。國防軍對希特勒的其他政策還抱持的各種疑慮，隨之一掃而空。我們在此同樣不可低估的是：對舊國防軍的軍官團成員而言，擴充軍備意味著大展鴻圖。在如今創造出來的百萬大軍之中，舊國防軍的尉官變成了校官、校官變成了將軍、將軍變成了元帥。簡言之：每個人都過得非常好，而且不光是在物質方面如此。他們每個人在職業生涯方面再度稱心如意，覺得終於可以重新發揮所長——他們正在為一個進行大規模擴充和建設的軍事組織貢獻心力。他們在這種情況下非但不會從事反抗活動，甚至還可以容忍一些其實令人髮指的作為。

其中的作為之一，就是國防軍在一九三五年引進了「雅利安人條款」。[15]猶太裔的軍官固然為數不多，可是有猶太裔外婆或猶太裔母親的軍官卻相當不少，因為軍事貴族與猶太金融貴族彼此通婚的現象，在過去幾個世代特別頻繁。那些婚姻的不幸子嗣們如今必須離開國防軍。此一措施製造出憤怒與仇恨，然而卻被容忍下來，畢竟更加重要的事情是：軍隊已經再度變得強大壯盛，而且如同在德皇時代那般，成為一個真正的戰爭工具。

希特勒取得的第三項重大成就是在外交政策方面，那同時也歸功於戈培爾的行銷技術，讓廣大公眾產生了極為深刻的印象。希特勒從一開始就向全世界做出挑戰，採取了截然不同於史特雷斯曼和威瑪共和國政府的方式。後者雖然同樣推動修正主義政策，甚至也獲得了重大成就，但其作風卻一直是順應配合，以及在表面上進行和解。如今一切已成過去。希特勒把重點放在從世界手中奪取自己的成就。

一九三三年已經首開其端。當時德國故作姿態，退出僅僅在七年前才獲准加入的國際聯盟——也就是說，用力在背後關上了大門。希特勒非常巧妙地運用群眾心理，針對那項行動舉行了他的第一次公民投票，首度獲得將近百分之百的支持率。

他接著在一九三五年公開宣布重新實行普遍徵兵制，表示德國從此將在和平時期維持三十六個師的兵力——而不再是《凡爾賽和約》所規定的十萬人陸軍！他同時還通知全世界，德國從此已經重新擁有空軍。

一九三六年他又做出一個特別大膽的舉動，德國不但撕毀了《凡爾賽和約》，同時也毀棄一九二五年自願簽訂的《羅加諾公約》：下令國防軍開入非軍事化的萊茵地區。這回演變成希特勒的外交政策在一九三八年以前所引發的唯一一次危機。法國一度看似將對德國的舉動做出回應，準備進行動員並揮軍開入萊茵地區作為反制。某些國防軍的將領們自始就畏懼此事，因而設法勸阻進軍萊茵地區的行動。希特勒卻堅決表示法國將不會採取行動，而且他的預測正確無誤。「現在我們又什麼事情都可以做了，而其他人，例如法國人，將再也不敢為了維護自己的利益而對抗我們。」——這種自信感或許就是希特勒透過其效果十足的外交姿態，在國內政策和群眾心理等方面所獲致的最傑出成就。

接著在一九三八年出現了沒有人能夠預料得到的巨大成就：他在無人提出質疑、未曾進行戰鬥的情況下揮軍開入奧地利，然後加以合併，實現了修正主義政治人物昔

15 納粹政府為了將德國行政體系「同步化」並剝奪猶太人出任公職的權利，在一九三三年四月七日頒布《專業公務人員制度重建法》。該法案的第三條（「雅利安人條款」）明文規定各級公職人員須為「雅利安人」——凡是祖父母或外祖父母當中有一人為猶太裔的德國人，便屬於「非雅利安人」（「四分之一猶太人」）。國防軍在一九三五年五月也採用了這個條款。

日夢寐以求的目標。緊接著又在首度出現戰爭危機之後，於一九三八年秋季的《慕尼黑協定》中，讓英國和法國犧牲法國的盟友捷克斯洛伐克，強迫捷克將所謂的「蘇台德地區」，亦即該國主要由德國人居住的邊緣地帶，讓渡給德意志國。[16]

「**這種事情我們本來連想都不敢想。那個人卻可以把任何事情都做成功。他是上帝派來的使者。**」這正是德國大眾經歷了各種重大成就之後所產生的觀感，因而便不再有人特別介意希特勒並不怎麼受歡迎的其餘政策了。

現在我想對那些其餘政策做出說明。希特勒自始便毫不留情地迫害兩個族群：一是共產主義者，一是猶太人。光是基於一個理由，希特勒的反共產主義就應該不受歡迎，因為共產黨在一九三二年初是一個擁有六百萬選民的群眾政黨。我們不禁想問道：那些選民們在一九三三年以後到底跑到哪裡去了？他們其實哪裡都不在。

就連來自中產階級和社會民主黨陣營的反共產黨人士，也曾經在一九三三年年初幸災樂禍地期待著，至少共產黨將以某種方式採取反抗希特勒的行動——各中產階級政黨和社會民主黨自己則再也無法奮力這麼做了。他們相信，既然希特勒一直威脅要摧毀共產黨，共產黨絕不至於未加抵抗便束手就擒。而且他們盼望出現暴動，或許可藉此釀成類似內戰的狀態（不過他們對內戰也心生畏懼）。

然而類似這樣的情況根本不曾發生過。自從國會大廈失火以來，凡是尚未逃亡國外或走入地下的共黨領袖人物，都已經被送入集中營；共產黨的辦公室則被警方搜索和占領，工作人員遭到逮捕。共產黨實際上已經被查禁，官方卻無須公開宣布此事。那個行動獲得百分之百的成功，從此就沒有了顯著的共黨抵抗活動。

我相信這也發揮了關鍵性的作用，以致一貫的共產黨選民和結構鬆散的共黨支持者（為數或許多達好幾百萬人），在隨後幾個月內多半紛紛變節。共產黨繼續遭到查禁一事，自然會令各個中產階級政黨完全感到滿意；在某種程度內甚至連社會民主黨也不例外，因為他們自己當初跟共產黨有過兄弟鬩牆之爭。不過我們必須承認一件事：當所有的資產階級政黨都已經消失得無影無蹤，而社會民主黨只能夠在海外延續命脈的時候，留在德國的共產黨員雖然歷盡可怕的犧牲，卻在整個希特勒時代都還是一個幹部黨，維持了最起碼的黨機關。這種過人表現令我們不得不心生敬意。但我們也必

16 德軍在一九三八年三月十二日開入奧地利，而後希特勒於十五日在維也納宣布：「我的故鄉加入德意志國。」納粹政府從此非正式地將德國稱作「大德意志國」（自一九四三年起，更在郵票上面打出「大德意志國」的國號）。

「蘇台德地區」原本屬於奧匈帝國的德語地區，面積超過二萬平方公里，自北、西、南三面包夾波希米亞。一戰結束後，戰勝國禁止奧匈帝國的德語地區依據民族自決原則與德國合併，並且將蘇台德地區劃歸捷克，導致捷克的人口三分之一為德裔。簽訂《慕尼黑協定》以後，德軍在一九三八年十月一日開入蘇台德地區，將之併入納粹德國。世居該地的三百多萬德裔百姓於二戰結束後悉數遭到捷克驅逐。

須接著表示，他們在整個第三帝國時代並未做出任何成績。共產黨一再組成小團體或小小團體，有時還完成了小規模的行動——主要是在郵局或電話亭放置傳單。但那從未收到任何具體效果，充其量只是為共產主義的事業大量製造出烈士罷了。整體來說，希特勒的反共產主義並未損及他在操弄群眾心理上所獲得的成功，並沒有怎麼影響到大多數百姓對其政策的全盤接受，以及對其成就所產生的敬意。

反猶太主義的情況則有所不同。霍恩佐倫皇室的德意志帝國從來就不是一個反猶太主義的國家，之前哈登貝格[17]與俾斯麥的普魯士更絕非如此。在一般德國百姓當中頂多也只出現「傳統的」反猶太主義：猶太人並未一直受到歡迎，而且在鄉間往往被隔離於社會之外。猶太人在特定職業領域內所獲得的傑出成就（律師、醫生、記者、出版商、作家），固然令某些人覺得很不是滋味，可是這種反猶太主義並沒有深植人心，整體而言並無大礙。更何況它從未成為主流態度。

一般德國百姓看待猶太人的方式有三種。第一種方式是贊成完全解放猶太人並且平等待之，其看法類似哈登貝格一八一一年時的用語：「同樣的權利，同樣的義務。」第二種方式是在「受過洗」和「未受洗」的猶太人之間，或者在「舊住民」與「新移民」之間做出區分；受過洗和世居於此的猶太人獲得接受，未受洗和新移入的猶太人則遭到排斥。最後還有公開的反猶太主義者——他們巴不得讓所有的猶太人，或者至少讓未受洗和新移入的猶太人成為權利受限的次等公民。熱烈支持最後一種方式的人，甚至打算將全體猶太人納入《外國人法》的管轄範圍。即便如此，在廣大的德國百姓當中並沒有任何路線主張猶太人必須遭到滅絕，就連公開的反猶太主義者也不例外。希特勒不斷透露出來的、最後更以如此恐怖的方式付諸實現的滅絕猶太人想法，對「前希特勒時代」的德國人來說是完全陌生的。

希特勒在這個領域內採取了化零為整的做法。猶太人起先只是被逐出特定的機關與行業，但第一次世界大戰的參戰士兵以及為國捐軀者的子嗣，起初仍可在那些機關和行業內享有例外優待。然後禁令的適用範圍逐漸擴及到其他行業。接著在一九三五年出現第一個大動作，頒布《紐倫堡法案》剝奪猶太人的政治公民權利，同時猶太人被禁止與非猶太人通婚，猶太人與非猶太人之間的戀愛關係則是違法行為。那是十分過分的做法，我們無法表示它特別受到歡迎，可是它卻得到容忍。人們忍氣吞聲的理由之一就是：傳統反猶太主義的最激進要求已透過法律形式加以完成。此外更有許多人相信，如此一來就已經達到了希特勒反猶太政策的終極階段。

17 哈登貝格（Karl August von Hardenberg, 1750-1822）為普魯士首相（1810-1822），與斯坦因男爵同為最著名的普魯士改革家。哈登貝格進行的主要改革之一，是在一八一二年三月授予猶太人完整的公民權利（解放猶太人）。

人們一廂情願地認為，猶太人從此妾身已明。事情固然做得非常過分，以致他們不再享有政治權利、不能夠（或者只能在例外情況下）從事特定的職業、不准跟非猶太裔的德國人結婚或談戀愛。可是相較於希特勒所完成的各種成就，諸如充分就業、重整軍備、以強硬外交政策來贏得勝利、重振民族自尊等等——人們經過這麼一番比較之後便可以將就下去了。

這種將就的態度，導致人們不斷接受越來越可怕的事物，而這正是德國人必須為希特勒迫害猶太人的行動所負起的共同罪責。但我們還是必須替德國人緩頰一下：自從民主政治的生態遭到廢除以來，他們就沒有任何工具可用於表達自己的不滿以及在政治上採取行動。

他們只能以個人身分來抗拒希特勒的猶太人法案所造成的結果。如今在德國和猶太人結婚已不復可能，因為沒有任何戶政事務所同意承辦這種婚姻登記。但人們還是可以冒著受到懲罰的危險，想辦法與猶太人同居共處，[18]並隨即在開始上演真正的迫害以後，進而藏匿猶太人或者協助他們移居國外，要不然就以其他的方式私下伸出援手。不少人確實那麼做了——即使沒有數以百萬計，也有成千上萬。然而縱使他們有意，也已經無法採取有效方式，來對抗希特勒政府包括反猶太主義在內的各種內政措施。

儘管如此，希特勒的反猶太主義還是繼續成為一個主要標誌，可用於區分誰屬於元首的忠貞信仰者（那是一九三〇年代大多數的德國百姓），以及誰屬於人數雖然較少卻仍相當可觀的「反對派」。每當後者聚集在一起的時候，都忍不住痛罵希特勒、痛罵他的黨、詛咒整個第三帝國，而且相信自己仍然堅守固有的信念——可是他們再也不敢公開表態，更何況當然不可能有人在政治上代表他們出面來貫徹信念。

那些「反對派」當中有許多人在後來——等到希特勒跌入地獄以後——一直喜歡自詡曾經進行過「內心流亡」，甚至進行過「抵抗」。可是我認為，我們使用這兩個字眼的時候都必須非常小心。

只有非常小的圈子裡面才曾經在特定時刻出現過抵抗行動，而且那些小圈子同時也任職於政府機關，尤其是軍方單位。因為除非是從政權內部下手，否則根本就無法有效進行真正的抵抗。其他類型的抵抗，例如一部分教會人士和共產黨員純粹為了維護自己的理念而採取的行動，則注定不可能得出具體結果。因為無論是教會人士還是共產黨員，他們手中都缺乏一根槓桿可使用於牽動那個「元首國家」的政策。實際上惟獨一個團體在手中握有這種槓桿，那就是國防軍的將領，尤其是陸軍的將領。軍方確曾兩度密謀起事：一九三八／三九年面臨即將爆發的戰爭時，以及一九四三／四四

18 作者當時的未婚妻就是猶太人，他們二人後來只能在英國結婚。

年面對迫在眉睫的敗仗之際。其中只有一次採取了實際行動，即一九四四年七月二十日由史陶芬堡伯爵執行的暗殺行動與政變嘗試。眾所周知的是，那個行動失敗了，而且失敗的原因正在於此事未能得到整個軍方領導階層支持，只有少數人表示贊同。那個少數派當中難得有人逃過了希特勒政權的報復。他們固然非常值得敬佩，可是他們也一事無成。

就「內心流亡」而言，情況則有所不同。當時免不了也有人流亡國外，可是這種做法相當不容易，因為經濟危機仍然在德國境外肆虐，只有少數幾個國家願意接納移民並允許他們工作。縱使「內心流亡」無疑是某些人士果真一心想做的事情，它卻以一種奇特的方式變得不可能。讓我在這裡舉一個例子：日後的聯邦德國總統海因里希・呂布克。[19]

呂布克乃昔日中央黨的政治人物，一直忠於自己的信仰，可是在一九三三年以後苦無機會以任何方式積極參與政治。他因而回歸老本行變成了土木工程師，展開一段不具政治性的職業生涯。我們完全可以稱之為「內心流亡」。呂布克承受了某種程度的社會地位下降，從身分相當崇高的政界人士轉而過著沒沒無聞的中產階級生活，藉此在內心維護對舊信念的忠誠。但那確實是一種「流亡」的方式嗎？因為即便身為土木工程師，他還是必須為國家的利益效勞。例如他在二戰時期必須協助修築營地來安置從國外強徵過來的工人，以致後來為此而飽受攻訐。我個人認為那種攻訐並不公平，畢竟他也必須靠某種方式來過活。但無論如何，跟某些來自電影界、新聞界、廣播界、戲劇界，甚或文學界的「反對派」比較起來，呂布克更有資格自稱為「內心流亡者」——因為那些人按照了戈培爾的意思來辦事。

現在讓我再回頭談一下文學，因為它所受到的箝制比較少。德國文壇要人固然大多已經移民出去，但即便在第三帝國，凡是心有靈犀的人仍可明顯覺察到一種文學形式的存在：其作者們屬於「反對派」，而且他們努力想辦法遠離第三帝國。沒有任何年代能夠像第三帝國時期那般，如此大量地撰寫和出版了缺乏時代背景的田園文藝、幼時回憶，以及描繪大自然的作品。任何閱讀那些作品的人都看得出來：作者不打算當納粹，他不想同流合污。

但那些作者實際上還是同流合污了，而其合作方式就是向喜歡閱讀此類作品的人們呈現出來：你們在第三帝國照樣可以讀到這樣的東西。每一個在戈培爾下面做事的人，即便他還極力自視為「反對納粹者」，都在戈培爾的樂團裡面演奏了一件小樂器。在那個樂團裡面，不論是田園風情也好，還是老式的道貌岸然作風也罷——亦即一切

19 海因里希・呂布克（Heinrich Lübke, 1894-1972）是德意志聯邦共和國第二任總統（1959-1969）。

屬於「正常狀態」而且不直接違逆第三帝國的事物——都必須配合演出。那就好比是管弦樂團也需要有人吹奏小短笛一般。

本章的結尾部分要探討一個經常被人談論、卻從未得出明確答案的問題：第三帝國究竟是延續了德意志國的脈絡呢，還是已經偏離了連貫性？一言以蔽之，答案是：延續的成分和不連貫的成分都有，但是延續的成分居多。我們將在後面讀到，希特勒接收了帝國時代後期與第一次世界大戰時期的二擇一選項——「世界霸權或淪亡？」——並把它推向極致。也就是說，他的外交政策完全維持了德意志國的連貫性，而且那種連貫性只有在打輸第一次世界大戰之後才被迫中斷了一陣子。

希特勒帝國的內政實務則有所不同。在此一眼即可看出完全的不連貫性：無論是一人獨裁，還是將國家恐怖主義與宣傳壟斷使用為統治的手段，或是禁止除了一個政黨之外的所有政黨，那些做法在德意志國的歷史上都沒有過先例。然而很奇怪的是，那一切都在一九三三年被心甘情願地接受，彷彿百姓始終在等待它們發生一般。儘管那些做法沒有先例可循，可是在德意志國的歷史上難道不曾為它們做出了準備？俾斯麥雖然不是獨裁者，卻在「他的」帝國草創之初，幾乎如同希特勒在自己的後期階段那般，隨心所欲地形塑了國家的政策。如此一來，俾斯麥在自覺或不自覺、有意或無意之間所留下的遺產，就是「對英明領袖人物的渴望」。另一項可相提並論的遺產則是

「對各政黨的厭惡」。

在第一次世界大戰的後半段以及在威瑪共和時代末期，上述二者都再度甚囂塵上，而且兩次都是以興登堡作為眾望所歸的指標性人物。然而興登堡無論是在一九一六至一九一八年，還是在一九三〇至一九三二年之間，都從未滿足人們對他的秘密期望。希特勒卻在一九三三年立刻滿足了人們的期待，而且在隨後許多年內，他甚至還超出了國民的願望。那些願望的主要內容向來是民族的統一（與團結）以及國家的強大；二者皆為最終和最高、幾乎具有宗教性的目標。對大多數民眾來說，「**你什麼也不是，你的民族就是一切**」這句希特勒的口號，一向就是他們的政治想法和政治願望的秘密指導原則——在之前早期民族主義運動的時代已經如此，德意志國的百姓當然更是這樣。就此而言，希特勒仍然處於德意志國的歷史連貫性之中，即便其統治方式令之前存在過或者被嘗試過的各種做法遠遠望塵莫及。

在希特勒帝國的社會當中固然出現了若干變化，但這方面的連貫性也還是居於優勢。我們不妨稱之為「延續之中的嬗變」。舊統治階層雖然在政治上已經大致喪失了權力，但其社會地位仍未遭到剝奪。大地主還照樣是大地主，大企業家還照樣是大企業家，知識界與文化界的精英也還照樣是精英——只要他們沒有因為移民出去而被拔除原有地位的話。出現改變的地方，則是有許多人湧入那些主流階層，例如黨衛隊滲透到警察、國家社會主義的暴發戶進入大企業，以及大型出版機構昔日往往為猶太人的領導層級遭到新人取代。希特勒時代的社會是一個力爭上游者的社會，雖然方式略有不同，但其情況類似先前的威瑪共和國以及今日的兩個德國。延續性並未對此情況造成損害。一直延續下來的事物，還包括了軍方在社會上繼續享有的聲望與地位，即便那曾經在威瑪共和時代暫時稍微下降。

最不具延續性之處就是希特勒的反猶太主義，亦即生物性的人種觀念。反猶太主義昔日在德意志國無足掛齒，可是對希特勒本人來說，其重要性或許更甚於國家大事。對大多數德國人而言，自己不是猶太人，也沒有因為與猶太人關係密切而感同身受，所以反猶太主義僅僅是次要的事情，可以視而不見、置若罔聞、逆來順受——只要德國在希特勒統治下繼續團結一致並且國勢強盛的話。這種情況直到末日來臨為止都還是如此。現在我想針對那個末日提前做出說明。因為在以第二次世界大戰為主題的下一章，並未將希特勒先後迫害猶太人與謀殺猶太人的行動包括在內。畢竟大屠殺不屬於戰爭行為的一環，即便它發生於戰爭期間。

大家都曉得，希特勒從一九三八年開始不斷加緊迫害猶太人。一九三八年時希特勒更進行了一場實驗，在官方主導下於全國各地展開迫害猶太人的行動（當時幾乎已經完全被冷凍起來的「突擊隊」因而再度發揮了作用），藉此測試公眾情緒以及他自己的反猶太宣傳所收到的成效。測試的結果卻很不理想。

德國人對此做出的反應，就是以還算精確的方式，將那次的行動不痛不癢地稱作「帝國水晶之夜」。而「水晶之夜」其實只是其中所發生最微不足道的事件。除了玻璃櫥窗被打破之外，還有猶太教堂被焚毀、猶太人的住宅被搗爛、成千上萬的猶太人遭到逮捕並送入集中營，還有不少人被打死。那其實並非什麼「水晶之夜」，而是大規模的迫害猶太人暴行。

德國百姓無意認同此事。他們以嘲諷的態度保持距離、他們在各地都不曾參與那些行動，並且還公開表達自己的反感。同時他們儘可能想辦法來貶抑那些可恥行為的重要性：那只不過是一個「帝國水晶之夜」罷了——它無疑十分惡劣，但同時也是一個有點滑稽的越軌舉動。百姓們固然不必親自為此負起責任，但也無意把責任推給整個納粹黨，更遑論是怪罪元首本人——「假如元首曉得此事的話！」[20]

但無論如何，從希特勒的角度觀之，測試的結果極為負面。於是他過了一個晚上和一個白天之後，便取消了那項行動。整個事件的過程顯示出，德國的公眾，亦即大

20「假如元首曉得此事的話！」是納粹時代一般德國百姓看見令人心生不滿的事物時，經常會私下說出的用語。其言外之意為：希特勒與那些惡行「無關」，假如希特勒事先曉得的話，此事就不會發生！

多數的德國百姓——效忠希特勒的百姓——不打算積極參與真正迫害猶太人的行動。

當希特勒後來決定實施「猶太人問題的最終解決」時，從那次的經驗得出了一個往往受到忽略的重要結論：不要在德國進行「猶太人問題的最終解決」。於是各座毀滅營都位於波蘭東部。在德國本土和其他許多國家所發生的事情是，猶太人僅僅被運走；而官方對外做出的解釋為，他們只不過被遷移到其他地點而已。實際的大規模謀殺，亦即使用機械化設備消滅數百萬猶太人的行動，反而從未像希特勒帝國其他的種種偉大事蹟或重大罪行那般被公開宣布，更遑論是大聲張揚。超群絕倫的宣傳機器更從未在這方面被使用過。

那些受到戈培爾操控的德國報紙上面從未刊載：「猶太人必須遭到滅絕」，更遑論：「猶太人現在已被滅絕」。一直進行到一九四五年的做法，反而還只是不斷重覆那些陳腔濫調：「猶太人是我們的災禍，我們必須對他們提高警覺。」對當時閱讀報紙和收聽廣播的德國公眾來說，並沒有大屠殺這麼一回事。

這種刻意向德國百姓掩飾大屠殺的做法，可在某種程度內用於替德國人緩頰，說明他們為什麼沒有採取反制行動。另一個更能夠幫他們辯解的理由，在我看來就是他們反正無能為力，尤其是在第二次世界大戰後期階段的條件下。

就德國人是否曉得或者果真不曉得大規模屠殺猶太人一事而言，這個問題只能針對單獨個案逐一做出答覆。自然有許多相關事項滲漏出去，但我並不曉得它們是否一直被人們信以為真。就連國外也久久無法相信，因為他們覺得此等情事根本令人難以置信。德國猶太人更在很長的一段時間內，同樣不認為那種事情有發生的可能——否則在一九三八年以後或許會有更多猶太人採取行動，及時脫逃出去。

但我們絕對不可隱瞞，在德意志國的歷史上確實有過迫害猶太人以及試圖滅絕猶太人的行動。此事已經發生，並且是那段歷史上永遠的污點。然而從另一方面來看，我們卻無法將上述情事拿來與「元首國家」和德意志國在歷史上實際出現過的其他許多事物等量齊觀，認為它們也是打從一開始就已經注定的。縱使沒有希特勒，一九三三年以後很可能也會出現某種形式的「元首國家」。縱使沒有希特勒，很可能也會爆發第二次世界大戰。不過假如沒有希特勒的話，就不會有數百萬猶太人遭到謀殺。

第9章

第二次世界大戰

Zweiter Weltkrieg

為什麼當希特勒已經全無勝算，卻在這種情況下繼續不斷戰鬥，而且還一直找得到狂熱的追隨者，願意以日益囂張的恐怖行徑來貫徹其意志？對此出現兩派理論。其中一派認為，希特勒直到末日來臨為止都還對「最後勝利」深信不疑。另外一派從偏向心理學的角度解釋，希特勒具有一種好大喜功、為求出名而不惜犯下滔天大罪的作風。如果他無法把德國擴建成唯一世界強權的話，那麼他不惜為此搞出德國歷史上的最大災難。

希特勒在一九三九年九月一日發動的戰爭，並不是他長久以來所希冀和所策畫的戰爭。

當初希特勒已經從第一次世界大戰中得出兩個相當明確的結論。第一個結論是，德國在東戰場擊敗俄國打贏了大戰；俄國在第一次世界大戰期間表現之弱，則出乎人們戰前的預料。俄國被迫簽訂條件苛刻的和約，而且那場戰爭結束之後有廣大的俄國土地落入德國手中。希特勒相信有辦法將此事重複一遍。那麼他在《我的奮鬥》裡面是怎麼表示的呢？——「**命運本身似乎願意在此為我們指出方向。……東方的巨大國度已經崩潰在望**。」

希特勒同時得出的結論為，德國在第一次世界大戰的西戰場主要是輸給英國，而且與英國的戰爭或許可以避免。於是第二次世界大戰爆發前的歷史，令我們聯想起第一次世界大戰爆發前的歷史：當時貝特曼—霍爾維格曾經努力讓英國保持中立，不介入那場他認為無可避免、必須在歐洲大陸對法國和俄國進行的戰爭。希特勒同樣設法爭取英國保持中立，甚至巴不得英國能夠成為盟友，站在他的那一邊。此外希特勒還認為他自己也曉得（我們不妨再次回憶一下《我的奮鬥》裡面的講法），為何讓英國在第一次世界大戰保持中立的希望到頭來還是落空了。

希特勒認為那個希望之所以落空，是因為德國儘管已經在歐陸被法國和俄國兩個對手所包夾，卻仍然嘗試推動世界政策與大海軍政策。結果德意志帝國就在不必要的情況下，挑起英國與德國在歐洲境外進行世界統治權之爭。這一回希特勒以比較正確和比較聰明的方式，放棄採取類似措施：沒有大海軍政策、沒有世界政策、將力量集中於對俄作戰——然而在攻打俄國之前必須先對法國開戰，以解除後顧之憂。但值得注意而且並非巧合的是，希特勒在一九三三到一九三八年之間以完全前後一致的方式所策畫出來的這種政策，最後歸於失敗。

希特勒在一九三五年與英國簽署了《海軍協定》，將德國艦隊的總噸位限制在英國的三分之一以內——其實那並非什麼特別了不起的事情，因為德國在當時幾乎還沒有艦隊。但希特勒或許曾經認真看待過這個條約。他既不打算跟英國打仗，又無意向英國做出挑釁，因為他希望贏得英國的支持，讓英國在德國征服布爾什維克俄國的時候袖手旁觀，看著它變成德國的「生存空間」。希特勒把里賓特洛甫[1]派往英國進行談判以前，曾經對他做出指示如下：「給我帶回與英國的盟約。」

但英國並不想結盟，而且不願坐視德國征服和占領俄羅斯。儘管如此，英國還是

1 里賓特洛甫（Joachim von Ribbentrop, 1893-1946）是納粹德國的外交部長（1938-1945），一九四六年在紐倫堡被判處絞刑。

準備向德國做出重大讓步——如果德國能夠以自己傳統的歐陸中心地位為滿足的話，亦即放過法國並不去騷擾俄國。

德國與英國在一九三七至一九三九年之間所進行的歷次談判，基本上已經言及德俄大戰。英國希望阻止這場戰爭，原因倒不在於該國對蘇聯情有獨鍾（相反的是，英國與布爾什維克俄國之間的關係非常糟糕），而是由於英國已經正確地預見：一旦蘇聯遭到征服之後，德國即便沒有大海軍政策，也將成為一個過於強大的國家，令英法等世界強權再也無法並駕齊驅。換句話說，英國打算「買斷」德國在東方的大規模征服戰爭，於是拒絕了里賓特洛甫以希特勒名義公開提出的要求——讓德國「在東方放手行事」。英方反而向德方提出自己的政策，而那個構想後來以「綏靖主義」之名著稱於世。

德國應該在英國的協助下，爭取到重大讓步。德國可以獲得自己希望併入境內的一切德語地區：奧地利、捷克斯洛伐克的邊緣地帶，以及但澤[2]。作為交換條件，德國必須與英國和法國為了歐洲的和平攜手合作。尤其重要的是，德國在取得新領土的時候必須與英法兩國（特別是英國）一致行動。

於是在一九三七至一九三九年之間出現了兩個相互對立的構想。一是希特勒的構想，希望英國最起碼能夠保持友好中立，坐視德國在東方大肆進行征服；另一則是英國的構想，期盼德國於擴大領土和心滿意足（「被綏靖」）之後，能夠在一個和平的歐洲停下腳步。

那不僅僅是出自理想主義而已，理由更在於英國迫切依賴歐洲的和平。如果英國必須在烽火連天的歐洲涉足歐陸事務的話，那麼大英帝國在東亞、地中海、近東等地區的弱點勢將暴露無遺。因為英國在此狀況下將不再有餘力，為了捍衛帝國的利益來對抗另外兩個意圖改變現狀、侵略性十足的強權——日本和義大利。

這場德英外交角力非常有趣的地方是，起初惟獨德國有所斬獲。德國能夠和平地擴張領土，再度成為一個真正的歐陸強權。希特勒有如探囊取物一般，在西方列強的配合下得以將一戰時期的「中歐構想」付諸實現，並且避免第二次世界大戰爆發。但是希特勒認為這還不夠。

這兩個相互對立的方案在進行角力時出現的第一個高潮，就是一九三八年秋季的「蘇台德危機」，所涉及的對象則為捷克斯洛伐克由德裔百姓居住的邊緣地帶。從表面上看來，當那個危機結束的時候，希特勒以和平方式取得了他自己的最大勝利。儘管

2 但澤（Danzig）今稱格但斯克（Gdansk），原為西普魯士的首府，百分之九十五的居民為德國人。一戰結束後，戰勝國將但澤自德國切割出去，成為國際聯盟託管的「自由市」，其海關、港口及鐵路則受波蘭管轄。但澤在希特勒戰敗之後被併入波蘭，其德裔居民悉數遭到驅逐。

英法兩國是一戰期間促成捷克斯洛伐克建國的主要勢力，而且雖然法國依舊與捷克斯洛伐克維持同盟關係，西方列強還是在危機逼近戰爭邊緣之際，臨時在慕尼黑舉行高峰會議，於會議中將「蘇台德德國人」所居住的捷克邊緣地帶讓渡給希特勒。

如前所述，從表面上看來這是希特勒迄今所獲得的最大勝利。此外就德國內部而言，軍方於危機方興未艾之際重新形成的反希特勒勢力，也在「慕尼黑」以後暫時完全銷聲匿跡。不過發人深省的是，希特勒卻認為「慕尼黑會議」及其結果意味著功敗垂成（他寧願針對捷克斯洛伐克演練一場短暫的戰爭來贏取勝利），而且慕尼黑的獲勝者與其說是希特勒的計畫，倒不如說是英國的綏靖政策。比方說吧，當時的英國首相張伯倫一從慕尼黑返回倫敦之後便公開宣布：那次會議的結果意味著「我們這個時代的和平」。

英國在這方面的盤算很容易就可以理解。其出發點為：東南歐各國現在都必須設法與希特勒進行溝通，而希特勒如果打算把別人放手讓他和平征服的勢力範圍好好組織起來，至少需要花上五到十年的工夫。在此期間內，希特勒無論如何都不可能擬訂出新的大規模行動計畫，西方國家則可好整以暇地整頓軍備，以便在軍事上重新與德國勢均力敵。

但希特勒不打算花那麼多時間。他繼續堅持自己的俄羅斯計畫，並且相信現在可以不必理會英方，必要時甚至在對抗英國的情況下執行該計畫，因為他在慕尼黑會議之後已經對英國懷有某種蔑視。一九三九年的危機於焉爆發。

不過一九三九年開始得非常和平。英國人相信綏靖政策已經獲得了成功。希特勒卻根本就不在乎應如何在德國領導下把東歐的中部與東南部組織起來。如果他曾經在該地區追尋過任何目標的話，那就是要爭取一些助手民族來配合進行籌畫中的對俄之戰。而波蘭應該成為那些助手民族當中最重要的一員。

波蘭在當時和今天一樣位處德俄兩國的中間，於是對希特勒的計畫構成了障礙。因為德俄之間若無共同軍事邊界的話，德國怎麼會有辦法對俄國開戰呢？從德國的角度觀之，這條軍事邊界的位置當然越靠近東邊越好。換句話說：波蘭必須被爭取為德國向蘇聯進軍時的盟友。波蘭則可獲准在烏克蘭開疆闢土——如果波蘭與德國簽署為期二十五年的協定、透過同意但澤自由市併入德國的方式來確認盟約，而且如果波蘭基於一個彼此心照不宣的先決條件，積極配合參與日後德國對蘇之戰的話。

波蘭對此表示拒絕。正是因為這種拒絕的態度，而非由於但澤本身，才使得希特勒改變了想法。既然他無法讓波蘭成為盟邦，那麼就必須征服和占領波蘭，使之成為德軍的攻擊發起地。計畫中的對俄之戰因而必須以一場即興創作出來的對波蘭之戰首開其端，而且不惜在對抗英國的情況下發動那場戰爭。如今也必須對抗英國的理由是，該國的態度此時已然出現轉變。那是希特勒自己所造成的結果。

慕尼黑會議不僅將捷克斯洛伐克的邊緣地帶讓渡給德國，同時會中還達成協議（對英國而言這是慕尼黑高峰會議的最重要成果），此後德國採取任何重大外交步驟時，都應該與英國事先協商。對希特勒而言，這一點正是失敗之處。他希望能夠在東歐放手行事。因此他決定硬是要違逆英國，在完全未經協商、未做預警的情況下出兵占領了殘餘捷克，同時又一次割裂捷克斯洛伐克。波希米亞與摩拉維亞變成了「帝國保護領地」，被分離出去的斯洛伐克則成為盟邦和附庸國。那是完全沒有必要的片面行動，因為殘餘捷克早已成為任由希特勒擺布的囊中物。此舉其實主要是希特勒為了「慕尼黑」——亦即他所認為的自己的失敗和英國的勝利——而進行的報復。

一九三九年三月發生的這個事件，也在倫敦觸發了警報。張伯倫政府雖然尚未放棄「綏靖主義」，不過綏靖政策的執行方式如今已有所改變。之前的做法只是藉由承諾與讓步來因勢利導，此後的進行方式還加上了威脅：如果希特勒繼續恣意獨行推動東向擴張政策的話，那麼英國將會出面阻擋他的去路。這種威脅姿態的象徵性動作，就是英國在波蘭拒絕加入希特勒的反俄同盟之後，於一九三九年三月底向波蘭提出的保證。

希特勒因而面對了一個新的形勢。大戰爆發三個星期以前，他在一九三九年八月十一日向「國際聯盟」當時派駐但澤自由市的高級專員——瑞士籍的卡爾・布克哈特——做出總結如下：「我所採取的一切行動，都是針對俄國而發；假如西方是這麼的愚蠢和盲目，以致無法理解此事的話，那麼我將被迫與俄國取得諒解，然後向西方出擊，接著在擊敗西方之後集中全力對付蘇聯。」

上述詞句蘊涵了第二次世界大戰爆發的關鍵。那正是希特勒臨時拼湊出來的新計畫，同時也是第二次世界大戰最初兩年內的行動方針。希特勒先是跟蘇聯達成協議，轉而與蘇聯聯手對付波蘭，接著在蘇聯的背後掩護下對西方作戰，最後才按照一開始的計畫「集中全力」攻打蘇聯。

那麼蘇聯為什麼配合進行了這個政策？史達林當然不可能不曉得，希特勒的各種計畫其實都是衝著蘇聯而來，而且希特勒未曾試圖向史達林遮掩此事。希特勒從一九三六年便開始與不同的國家——日本、義大利以及一些小國——簽訂了《反共產國際協定》，那些協定實際上都是反蘇聯的盟約，因為其中包含了秘密條款，要求各個簽約夥伴在德國對蘇聯發動戰爭以後保持友好中立。

史達林在一九三九年看見了避開戰爭的機會。那等於是把球傳到西方的半場上，促成德國陷入與英法兩國的戰爭，藉此儘可能讓希特勒在很長一段時間內無法對蘇聯開戰。在此有利背景下，史達林十分樂意基於一個先決條件跟希特勒達成協議——由蘇聯與德國瓜分東歐。

德國與蘇聯在一九三九年八月二十三日簽訂了互不侵犯協定。該協定中的秘密補充條款規定，對波蘭開戰之後，波蘭的東半部——亦即當初蘇俄在一九二一年必須割讓給波蘭的土地——將歸還給蘇聯；除此之外，蘇聯可成為波羅的海邊緣三個小國與芬蘭的主宰者。雙方同時也針對東南歐做出性質類似但有些含糊其詞的協議。

希特勒在一九三九年九月一日發動的戰爭便如此開始了，然而在他自己眼中，戰線的位置錯誤：向波蘭開戰，於是也必須對法國和英國作戰，而且跟蘇聯結成半吊子的聯盟。那其實並非希特勒一直以來所策畫的戰爭，反而是塞克特將軍與國防軍在一九二〇年代所著眼的對象。如前所述，那只不過是希特勒「集中全力」對蘇聯展開大戰的前奏，而且那場大戰預定將在他擊敗波蘭和西方列強之後登場。

但是那個計畫未能完全成功，即便希特勒起初戰果輝煌。經過一場短暫得令人詫異的出征行動後，波蘭就在一九三九年九月敗亡。隨即形成了漫長的停頓狀態，其間再度出現各種談判的嘗試，而且丹麥與挪威順便遭到占領。接著法國在一九四〇年五月和六月——以更加令人驚訝的方式——於六個星期之內也被擊敗。此次西征的時候，還又順便占領了荷蘭、比利時與盧森堡，並且同樣只遭遇到短暫的抵抗。

波蘭和法國都被解決之後，希特勒面臨了一個問題：下一步應該如何對付英國？

就真正與英國人作戰，以及入侵、征服與占領英國而言，德國並不像攻打波蘭和法國時那般準備充分。德國仍未擁有大海軍，更何況還在占領挪威的行動中損失了一部分現有的艦隊。因此除非希特勒有辦法掌握英國的制空權，否則便無法讓陸軍在英倫三島登陸。

一九四〇年八月和九月進行了制空權之爭，但那個嘗試徒勞無功。英國繼續主宰了自己的領空，德國入侵英國的行動因而長期延宕下去。若能做出充分準備的話，德國的入侵行動是否有機會在一九四二年或一九四三年獲得成功呢？那是頗有疑問的事情。因為其間英國也會不斷強化自己的實力，而且在地面武力方面亦然。

德國空軍在不列顛空戰中的敗績，對後續戰局所產生的意義往往被低估。因為空中戰役並非特別戲劇性的事件，而且不像兩年後的史達林格勒那般，成為德國的大災難。然而它標誌著一個重要的轉捩點，因為這意謂希特勒在西方的勝利還不完整。如果希特勒仍舊打算按照原定計畫回頭向蘇聯動武的話，他就無法「集中全力」來辦事。他在西方將繼續面對一個非常難纏、擁有巨大資源的對手，而且那個對手與美國關係密切。

希特勒有好一陣子三心二意地試圖讓英國不勝其擾而退出戰爭，於是在一九四〇／四一年之交的整個冬季以及一九四一年初，對倫敦和其他的英國大城市進行空襲。

可是那一切並未收到任何效果，正如同後來英美兩國以更大規模對德國展開的空襲行動，都只不過是戰略上的失策罷了。

對抗英國的戰爭於是繼續成為希特勒的包袱，而最大的問題是，他在這種情況下是否還負擔得起一場對俄之戰？幾經漫長的反覆考慮和雜亂的內部商討之後（況且德國還耗費時日介入此際已在義大利和英國之間爆發的戰爭），希特勒所得出的結論為，他有辦法對蘇聯作戰。時至一九四一年六月，他將自己在一九三九年八月即已宣布過的事項付諸行動：儘管希特勒無法「集中全力」，卻還是大舉出動陸上和空中武力進攻蘇聯——即便英國仍未脫離戰圈。

事後回顧起來，那稱得上是希特勒在戰時所犯下的第一個嚴重戰略錯誤，而且光是這個錯誤本身或許就足以讓他打敗仗。因為即便德國在初期階段取得了輝煌戰果，事態的發展卻顯示出，俄國不可能像波蘭和法國那般被擊敗。該國反而在遭遇了極為可觀、恐非其他任何歐洲國家所能承受的人力傷亡和土地損失之後，仍然能夠動員全民的力量，變得比德意志國更加強大。

希特勒忽視了俄國在一九二〇至一九四〇年代之間所發生的事情。一九二〇年代中葉，當希特勒在《我的奮鬥》一書中寫出「東方的巨大國度已經崩潰在望」之際，其看法或許不算完全錯誤。當時蘇聯成立未久，於歷經第一次世界大戰、內戰、列強出兵干預等等驚人的艱辛和苦難之後，確實已經殘破不堪。它雖然是一個巨大的國度，卻已精疲力竭，甚至支離破碎，說不定果真無力抗拒德意志國的攻勢。

然而此時的蘇聯已經邁入史達林時代——一個以極權方式掌控所有力量的時代。第一次世界大戰期間仍然以農業為主的俄國，在此階段已突飛猛進，被鞭策成為一個工業大國。希特勒在一九四一年攻打的蘇聯雖然還不是今日的那個超級強國，但蘇聯已然躍升為一個舉足輕重的工業強權。新的工業化措施憑藉著俄國舊有的力量泉源（遼闊的空間、充沛的人力，以及百姓忍受苦難的非凡能力與勇氣），已經將蘇聯改頭換面，變得比第一次世界大戰時期的舊俄國強大許多。

希特勒雖然打贏了許多場大型會戰、占領了廣大的土地，可是他的攻勢隨即在列寧格勒、莫斯科，以及頓河畔的羅斯托夫陷入停頓。俄國人歷經連續數月的慘敗之後，在一九四一／四二年之交甚至已可相當成功地展開冬季反擊戰。

但剛好就在蘇聯發動反攻的時候，也就是在一九四一年十二月初，當速戰速決擊敗俄國的計畫已告落空、並預見希特勒勢將長期與蘇聯激戰，而且他的勝利根本還不確定之際——希特勒卻在此刻向美國宣戰。

這是希特勒在二戰期間所做出最令人費解的決定，我對此也沒有真正的解釋。我曾經在許多著作裡面討論過各種可能的答案，還閱讀了一切我所能取得的相關史學論述，但我必須承認：不論是我自己的還是歷史學家們的假說，沒有任何講法能夠讓我真正信服。就此而言，我必須返回稍早的年代。自從羅斯福總統在一九三七年發表他那篇著名的《隔離演說》之後（他在演說中要求，必須宛如檢疫一般，將日本、義大利和德國等侵略國與世界其餘各地隔離開來），便不遺餘力地發出訊號，表示他立意已決，將在上述各國發動戰爭後加入敵對的一方。然而事態的發展已經顯示出，羅斯福無法在國內貫徹這個意志。無論是美國民間還是美國國會的主流意見，都要求繼續維持孤立主義。他們所努力的目標，就是不插手干預舊世界的任何事物。而且他們認為，如此一來即可避免美國重新犯下類似第一次世界大戰期間的錯誤：由於加入了協約國的一方而被捲入歐戰。

羅斯福直到一九四一年十二月為止，都未能打破這種孤立主義的反對勢力，以致無法推動他有意採取的干預政策，因此無法預料的是，假如希特勒未曾向美國宣戰，從而幫羅斯福克服難題的話，羅斯福究竟要等到何時才能夠順利打破孤立主義。更何況那是在日本偷襲珍珠港以後，而希特勒原本大可期待美國將在很長一段時間內無力干預歐洲戰局，因為美國已被捲入一場大規模的太平洋戰爭——此事固然使得美國有機會動員其休眠已久的巨大戰爭資源，但同時也強迫美國運用在對德國最不具危險性的地方，亦即在太平洋地區對付日本。

希特勒卻反其道而行，利用這個機會向美國宣戰，彷彿他早就對此躍躍欲試一般。等到希特勒這麼做了之後，羅斯福才終於如願以償，加入英國的一方對德作戰。當然那還需要花上很長一段工夫，為時幾乎長達兩年半之久。一直要等到一九四四年夏季，美國才充分擴大軍備、動員人手和部署兵力，敢於和英軍協力從英國出發，向歐洲大陸展開大規模的攻勢。但不管怎麼樣，德國自從幫了羅斯福一個大忙，主動向美國宣戰以後，就再也無力扭轉敗局。那麼希特勒為什麼會做出這個令人不解的舉動？

即便我們無法針對這個問題提出絕對明確的答案，但還是可以為此列出一些考量點。

一九四一年七月，希特勒在獲得巨大的初步戰果之後認為，對俄之戰已經勝券在握。希特勒就在這個時刻——當他其實已向德國的戰敗跨出了第一步以後——擬訂出一些新的計畫。那些計畫的範圍遠遠超出了他最初設定的目標：征服俄國並使之成為德國的生存空間。他在那年七月已經做出決定，陸軍的裝備雖然在之前幾年內由於籌備對俄作戰而享有優先權，現在卻必須受到限縮，以便大幅擴充海軍。希特勒認為蘇聯已經被擊敗，於是開始策畫未來的「世界閃電戰」，他希望藉由強大的艦隊和空軍，讓美國在充分完成戰備之前即已陷入癱瘓。

那些都是在狂妄自大之下所擬訂的計畫，它們從未獲得實現，甚至從未進入前置作業階段——建立強大的海上武力。因為從一九四二年開始，對俄之戰再度占用了德國全部的資源。但是上述各種計畫已經存在，而且直到一九四一年底，或許都還以不明確的方式繼續在希特勒的腦海中打轉。說不定希特勒在一九四一年十二月的時候，仍在有意無意之間相信可以重拾那些計畫，反正此時美國看樣子已經完全被日本牽制住了。

以上只不過是一種假定而已，或許也未盡正確。但無論如何已可確定的是，希特勒在一九四一年犯下了一個天大的錯誤：當他尚未擊敗英國和俄國，還正在焦頭爛額的時候，卻也向美國宣戰，在敵人當中又加上了當時已為全球第一強權的那個國家。這麼一來，德國的敗仗已經勢所難免。

進攻波蘭之後，希特勒縱使想全身而退，也已經找不到安全的退路來脫離戰局。德國可以脫離戰局，不過惟獨在另外一個政府的統治下才有可能這麼做——而且如同英國首相張伯倫在一九三九年十月所宣示的，那必須是一個「言語可信」的政府。希特勒本人已不復具備此資格；但德國也必須跟著打敗仗一事，則要等到希特勒在一九四一年決定先是將蘇聯、進而也將美國變成戰爭對手以後，才從此確定下來。一九四一年是真正的第二次世界大戰元年，之前只不過是一場有限度的歐洲戰爭罷了。就從一九四一年開始，有一個直線式的發展通往一九四五年。基於這個理由，我們僅需將第二次世界大戰的後半段簡單帶過即可。反正不管德國採取任何行動，最後的結局早已底定。

儘管如此，一九四二至一九四五年之間還是發生了一些重大的戰役。德國百姓在英國和美國的大規模空襲行動中，歷盡了沉痛的苦難和慘重的傷亡，而英美兩國一度深信不疑，以為這麼一來即可省掉在歐洲的地面攻勢。對於被占領地區的百姓來說，戰爭最後幾個年頭的情況最為惡劣。以蘇聯人民為例，德軍的緩慢撤退比起當初的快速挺進還要來得可怕：德國人只打算留下一片焦土。至於駭人聽聞的「猶太人問題的最終解決」則永遠無法被人遺忘——它在一九四一年從被踐踏的蘇聯土地上展開，而後在一九四二年蔓延到歐洲所有被占領的地區。

一九四二和一九四三年時，飽受折磨和災難的俄國仍有幾度看似願意停戰，讓希特勒可以脫離東戰場——如果他承諾撤退到當初的分界線，或者退回昔日德意志國疆界的話。但希特勒從未對此做出回應，因此我們大可完全不理會此類假設的可能狀況，因為它們從來就沒有接近過現實。

就第二次世界大戰的後半段而言，我們真正應該提出、同時必須儘可能找出答案來的，只有一個問題：為什麼當希特勒已經全無勝算，而敵方陣營於俄國幾經猶豫後，已經一致同意使用「無條件投降」這個字眼，最後更在一九四五年將戰火帶入德國境內的情況下，希特勒卻還要繼續戰鬥，直到他在柏林的廢墟內自殺身亡為止——而且他還一直找得到狂熱的追隨者，願意以日益囂張的恐怖行徑來貫徹其意志？

對此出現了兩派理論。其中一派理論認為，希特勒直到末日來臨為止都對「最後勝利」深信不疑。畢竟他在個人的政治生涯當中，早已多次經歷看似走投無路的狀況，可是一切又奇蹟般地轉變成對他有利的局面。說不定西方與東方如今將於勝利在望之際陷入爭端而分道揚鑣？或許德國之後還能夠與其中的一方媾和，於是有辦法擊敗另外一方？某些蛛絲馬跡可以支持這種論點，顯示希特勒果真在很長的一段時間內抱持過這種希望。例如他在一九四四／四五年之交的冬天仍然經常宣稱（並非在公開場合，只是向他的將領們秘密說明），他就像是「網上的蜘蛛」，而西方列強與蘇聯之間正在形成一場新的戰爭。

然而他並不像是網上的蜘蛛，反倒像是網上的蒼蠅。希特勒所忽略的事實是：對戰後秩序的不同意見所引發的巨大爭端，以及意識型態上的嚴重分歧，並不會造成盎格魯撒克遜人與俄羅斯人之間的攤牌，更遑論是以戰爭的方式來解決——只要德國還繼續兩線作戰，宛如一道絕緣層阻隔在他們雙方中間的話。就想像中的「第三次世界大戰」而言，西方與蘇聯之間如欲出現攻擊發起線，德國就必須先被擊敗和占領，而兩大權力集團必須在德國的中央相遇，並且直接接觸與對峙。只要攻擊發起線遲遲無法形成，便排除了兩大集團之間爆發公開衝突的可能性。當德國還繼續戰鬥下去，那場衝突就只是空中樓閣而已。於是德國拼死到底的抵抗行動，正好阻止了希特勒所希望發生的事情。希特勒押寶於同盟國彼此分道揚鑣的如意算盤，因而是一個錯誤的盤算——假使他真的這麼盤算過。

但沒有資料可以證明，希特勒確實直到末日來臨為止，都還相信自己所承諾的「最後勝利」。因此我們不妨採納另外一派理論，從比較偏向心理學的角度，來解釋希特勒不顧一切將戰爭進行到底的決定，而且這種解釋方式相當站得住腳。

希特勒具有一種好大喜功、為求出名而不惜犯下滔天大罪的作風。根據一個相當可信的口頭說法，一九三九年八月時，希特勒的「帝國元帥」戈林曾經當面向他建議：「我們就不必孤注一擲了吧！」希特勒的答覆卻是：「**我有生以來總是孤注一擲**。」[3]如果此事無誤的話，那麼希特勒對自己說出了實話。其為人也貪大求全，而且從希特勒的本性觀之，他也只可能做出這樣的表現。如果他無法把德國擴建成世界強權，擴建成唯一世界強權的話，那麼他不惜為此搞出德國歷史上的最大災難。有種種跡象顯示，

3 希特勒與戈林對談的時間是一九三九年八月二十九日早上。其背景為：德蘇在八月二十三日簽訂互不侵犯協定之後，英國也與波蘭簽訂盟約，而墨索里尼隨即通知希特勒，義大利將不會配合進行德國發動的戰爭。德國軍方希望利用此機會說服希特勒打消開戰的念頭，但希特勒在九月一日清晨就下令進攻波蘭。

希特勒最後更處心積慮打算這麼做。

早在一九四一年底，當戰敗的可能性首度出現之後，希特勒曾於私下談話中向外國的外交官表示：

> 如果德意志民族不再強韌、不準備做出充分的犧牲、不願意為自己的生存流血的話，那麼就應該沉淪，被另外一個更強大的勢力所毀滅……。屆時我不會為德意志民族流下一滴眼淚。

這句出自一位德國政治人物口中的話語，確實不同凡響。在戰爭的末期階段，希特勒果真以讓許多手下驚懼不已的方式，設法將軍事上的失敗轉換成德意志民族的全面淪亡。

希特勒在一九四五年三月十八日和十九日下達了著名的「尼祿命令」，[4]規定將國內還剩餘的物資（甚至包括百物必需賴以活命的物資），在落入敵人手中之前一概加以摧毀——幸好他當時的軍火生產部長施佩爾等人頗為成功地抵制了那道命令。但此事仍然清楚標誌出希特勒的思維方式。既然他無法成為德國最偉大勝利的創造者，那麼他顯然打算成為德國的毀滅者。

希特勒的念頭老是喜歡在「消滅」這個框框裡面打轉。之前他想要消滅猶太人、想要消滅蘇聯，如今他也不惜——稱得上是為了製造出轟轟烈烈的歷史效果——致力於消滅德國。此事無法得到證明，然而從希特勒所發表的各種不同言論當中即不難看出端倪。

德國最晚從一九四四年夏季開始，就在完全失敗和毫無指望的處境下（若有人願意的話，亦可稱之為「英雄式」的處境），繼續作戰到末日來臨，而且被夾在西方列強與蘇聯的陸軍和空軍之間，名副其實被磨成粉碎。到了最後，德國已經沒有未被占領的土地。德國的國防軍無條件投降；希特勒在自殺不久之前親自指派的末代德意志國政府則遭到逮捕；美國、蘇聯和英國三大強權更在一九四五年六月五日（法國稍後才加入），宣布自己是德國至高無上的統治者。

列強事先已經針對各自的占領區達成了協議。整個德境則交由盟軍的「管制委員會」負責統轄。德意志國便以這種形式勉強多存活了幾年，但它從此必須聽命於外國勢力不受限制的處分權，而且如果四個戰勝國無法針對德國政策產生共識的話，它就

4 尼祿命令就是希特勒針對德國所發布的毀滅令（有古羅馬「暴君焚城錄」的味道）。可參考哈夫納《破解希特勒》第六章。

必須解體。

德意志國的解體與覆亡，在一九四五年的時候尚未發生。三大占領國當時在「波茨坦會議」中仍達成共識，決定先將德境看待成一個經濟上的整體，甚至允許德境組成一個位階在戰勝國政府之下的政治機構——此議後來因為法國的反對而不了了之。目前還有許多德國人基於上述理由，宣稱德意志國繼續存在至今。然而在一九四五年以後又出現了許多重大的變化，而且那些重大變化不容忽視。如果把它們拿到放大鏡底下來檢視，我們便可以看出，德意志國確實已經不復存在了。

第10章

德意志國身後的歷史

Nachgeschichte des Deutschen Reiches

一九七一至一九七五年之間舉行的「赫爾辛基會議」，全體歐洲國家外加蘇聯、美國與加拿大都參加了，與會三十五國承認彼此皆為地位平等的主權國家，並保證不干預其他簽約國的內政，德意志聯邦共和國（西德）與德意志民主共和國（東德）自然也是涉及的對象。德意志國的重新建立，甚或兩個德意志國家未來的再統一，已非《赫爾辛基決議案》所探討的內容。因此我們可以表示，經過三十年的發展下來，德意志國自從一九四五年開始的緩慢死亡過程已告結束。

聯邦憲法法院在一九七三年提出一種論點，表示德意志國依舊存在。它即便不復具備行為能力，卻繼續是一個「國際法的主體」。這種論點勉強可以適用於一九四五年時的狀況。然而自從一九四五年以來，德國的歷史已經演進了四十餘年，而且這段歷史發展早已日益遠離那個只是存在於虛無縹緲間的德意志國。我認為今天再也沒有人能夠理直氣壯地宣稱，德意志國仍然以某種形式延續了下來——不論其存在的形式有多麼抽象。

一九四五年的時候多少還能夠那麼表示。當時德意志國的處分權雖已落入四個戰勝國手中，但德意志國作為處分權的對象，在某些程度上的確依然存在。一九四五年時出現的主要改變只不過在於：德意志國從政治行為的主體變成了客體。只有國防軍做出了無條件投降的動作。至於真正的無條件投降——由德意志國政府正式將德國的政權移交給戰勝國（起先是三個，後來變成四個）——則因為某些技術上的失誤而不曾發生。

政府的權力固然已從德方轉讓至同盟國手中，卻未能完全按計畫實施。其進行的方式為：戰勝國於五月二十三日逮捕鄧尼茨[1]的殘餘政府之後，在一九四五年六月五日片面接管了德國的政權。德意志國隨即於將近三年的時間內，以戰勝國接管對象的身分（亦即四個戰勝國的國度），在外國統治下延續了命脈。

不過這個國家的繼續存在，取決於戰勝國是否願意始終把它當成一個整體來統治與管轄——但結果卻非如此。不難預料的是，由於各戰勝國原本是一個反希特勒聯盟，純粹出自對抗希特勒的戰鬥才患難與共，同盟關係因而在戰爭結束以後撐不過三年的時間。

不過那三年內還是訂出了某些規定，而且其中有一部分仍沿用至今。在四個戰勝國的統轄下，西方占領區和東方占領區分別被劃分為許多個「邦」級單位；西方占領區內甚至特地為此成立了新的邦，諸如：北萊茵－西發利亞、下薩克森、什列斯威－霍爾斯坦。[2]顯然按照各戰勝國的初衷，這些邦國未來都應該再度以或鬆散或緊密的方式結合成一個邦聯或聯邦，共同構成某種形式的「德意志邦聯」。當時成立的各邦——

1 鄧尼茨（Karl Dönitz, 1891-1980）為德國潛艇艦隊司令、海軍元帥和納粹黨員，一九四五年四月三十日被希特勒在遺囑中指定為繼任者，遂成為德意志國末代總統。鄧尼茨五月八日在廣播中宣布德軍無條件投降，五月二十三日遭到英軍逮捕，一九四六年於紐倫堡審判中被判處十年徒刑。

2 這三個新成立的「邦」（Land）原為普魯士的省分（下薩克森則是一八六六年併入普魯士的漢諾威王國）。戰勝國在一九四七年解散普魯士，於是普魯士完全消失，南德四邦的名稱則繼續沿用下來（巴伐利亞、黑森、巴登、符騰堡）。德意志聯邦共和國在西德時代共有十個邦（外加西柏林），一九九〇年再統一之後則有十五個邦（外加柏林市）。

除了在西南部進行的一項修正之外[3]——直到今天依然存在於西德，衍生出德意志聯邦共和國。東德則不再具有任何邦級單位了。[4]

就今日仍在兩個德意志國家主導政局的各個政黨而言，其起源同樣也可以回溯到四個戰勝國的國度。當時起先有四個政黨（共產黨、社會民主黨、自由民主黨、基督教民主黨），同時現身於四國占領區內。戰勝國在這方面的用意，擺明也是要讓那些政黨決定未來整個德國的政治生態，無論實際的政體形式為何。

那四個政黨在德意志聯邦共和國一直延續至今，但其中的共產黨於一度遭到禁止之後，早已成為一個微不足道的邊緣政黨；就德意志民主共和國而言，社會民主黨則早已不復存在。[5]東德是由共產黨執政，雖然還出現一些別的政黨，只不過人們幾乎無法察覺其存在，它們緊緊依附於共產黨，卻仍然擺出獨立黨派的姿態，派遣代表參加「人民議院」。

除此之外，四個戰勝國的國度已經沒剩下多少東西了。因為歷史未曾凍結在戰後三年或四年內，我們還可以稱之為「四個戰勝國的國度」那個階段。接著決定了德意志國身後歷史發展的各個重大轉捩點，都標誌出德意志國一次又一次失去了更多的實體性，直到它最後再也不存在為止。那些重大轉捩點分別是一九四九年、一九五五年、一九六一年、一九七一／七二年，而且或許會令某些讀者感到訝異的是，最後還出現於一九七五年。

一九四九年發生了什麼事情？在我看來，這一年是德意志國身後歷史上所出現過最深的一道切口。當時在第二次世界大戰結束幾乎整整四年之後，成立了德國人至今仍生活於其中的兩個國家：在西邊為德意志聯邦共和國，衍生自西方的三個占領區；在東邊則是德意志民主共和國，即昔日的蘇聯占領區。建國的經過不必在此詳述，僅需指出一點即可：

在建立德意志聯邦共和國的過程中並非全無困難。德西各邦的總理們起初還拿不定主意，是否應當召開「議會委員會」來制訂新憲法（今日德意志聯邦共和國的《基本法》）。他們對於建立西德意志國家一事心懷顧慮，因為可以預見的是，走上這一步以後勢將導致東德也跟著建國（而且此事果然在東邊順利地發生了）。《基本法》廣受爭議的序言部分便充分表達出這種心理障礙，而建國者們可謂藉此向後世說明了自己的良心不安。他們並不想真正建立一個全新的西德意志國家。他們在內心深處仍然堅持必須重建完整的德國（亦即德意志國——縱使其疆界在一九四五年之後已經比較狹

3 「在西南部進行的修正」意謂：德國西南部的「巴登」和「符騰堡」二邦被合併成「巴登—符騰堡」邦。

4 德意志民主共和國採取中央集權制，劃分為十四個行政區（外加東柏林）。

5 蘇聯占領區的社會民主黨，已在一九四六年與共產黨合併為「社會主義統一黨」（SED）。

小[6]），於是以拐彎抹角的方式表達出這個意願：他們也為那些無法共襄盛舉的百姓採取行動，不斷呼籲全體德意志民族「在自由的自決中完成德國的統一與自由」。

聯邦憲法法院意圖據此得出兩個推論：一是國家必須再度統一，二是德意志國繼續存在。不過二者在我看來都是過度解讀。

因為《基本法》的序言部分不曾寫出，任何未來的聯邦共和國政府皆有義務致力於德國的再統一。假如憲法制訂者們有意表達這種見解的話，他們應該會把它講明。可是他們在《基本法》的序言當中，僅僅對德意志民族做出一個非常含糊其詞的呼籲，要求它「完成」自己的統一與自由。

序言中儘管列出了我們所必須進行的事項，卻同樣未曾寫下：德意志國繼續存在。憲法制訂者們若有意表達這種看法的話，那麼他們也應該會把它明講出來。相反的是：就某種意義而言，序言中甚至還指出德意志國已經不復存在——因為那個國家應該在不明確的未來，透過德意志民族的自由決定來重新建立（即「完成」）。

然而即便在相關段落內，所言及的也並非「德意志國」。[7]德國應當在自由之下得到統一，統一後的國家形式卻未曾講明。如果有人硬要做出詮釋，認為所指稱對象只可能是老舊的德意志國，那麼這種詮釋方式在我眼中已經超出了《基本法》序言的真正內涵——但此種詮釋方式今日依然影響了德國的內政。[8]反正無論人們對此的觀點為何，已可確定的事實是：德意志聯邦共和國的創始人實際上已經在德國西部建立了一個新的國家。

德意志聯邦共和國是一個新的國家。不僅就地理觀點而言，它並非重建後的德意志國，它也不是德意志國的殘餘部分。因為在組成德意志聯邦共和國的各邦當中，有一些從未在德意志國出現過；再就建立聯邦德國的各個政黨而言，其中的最大黨——基督教民主聯盟／基督教社會聯盟（CDU/CSU）——同樣是德意志國所不曾有過的。至於德意志聯邦共和國的憲法，並未模仿德意志帝國或威瑪共和國的憲法，反而呈現出全新的面貌。在此形成的確實是一個嶄新的國度。

此外在蘇聯占領區內也成立了一個新的國家。我們無須對之詳加解說，因為那個國家自始即與德意志國的任何一種國家形式全無類似之處，更何況它從未宣稱自己是

6 德意志帝國的面積為五十四萬八百五十八平方公里。一戰以後威瑪共和國及第三帝國初期的面積為四十六萬八千七百八十七平方公里。東德與西德合在一起的面積則是三十五萬七千一百〇四平方公里。

7《基本法》序言中所使用的字眼為「德國」(Deutschland)而非「德意志國」(Deutsches Reich)。東西兩德在一九九〇年十月三日統一之後，《基本法》的序言部分已遭到修改。新版序言的大致內容為：十六個邦的德國百姓「已在自由的自決中完成了德國的統一與自由」，因此《基本法》適用於全體德意志民族。

8 西德主張「一國論」(認為德國問題懸而未決)，東德則在一九九〇年以前主張「兩國論」。東西兩德彼此打交道的時候，東德是由外交部出面，西德則由「德意志內部關係部」主司其事。

以某種形式延續了德意志國。

但此情況並不妨礙那兩個新成立的德意志國家在主觀上都認為，自己是一個日後有待統一的完整德意志民族國家之核心國度，並且將這種看法明確地表達出來。[9]按照東德在那個時期的官方立場，西德是一個「分離國家」；聯邦共和國所展現的意圖則是，希望藉由自己更大的財富和更多的自由來產生磁吸作用，逐漸將東德的德國人爭取過來，以完成德國的再統一。這種想法在當時還不算是完全不切實際，因為東德百姓果真大量西向移民來到了聯邦共和國；東德由於百姓「從共和國脫逃」的緣故，在一九四九至一九六一年之間總共損失了數百萬人口，不過東德的國家主體性並未因此有所減損。

其間出現過一段插曲，使得兩個德意志國家統一的可能性，重新登上了政治舞台的背景。史達林在一九五二年三月向西方三強提出建議，不妨撤銷那兩個分開完成的建國行動，德國可以在奧德河—奈塞河邊界的範圍內，[10]透過自由選舉再度獲得統一。新的全德政府必須與各國簽訂和平條約，並獲准擁有自己的軍隊；所有的占領國則必須於一年之內撤出自己的占領區——最重要的是，各戰勝國必須履行不與德國結盟的義務，德國則不得締結此類的盟約。史達林的提議因而意謂：用中立來交換再統一。

該提議竟然被討論了長達三年之久，甚至一度於一九五四年由四國外交部長親自在柏林進行會商。可是西方列強——尤其是美國——自始就抱持極大的懷疑；而且說來有趣的是，那項提議更立即遭到當時的西德政府公開駁斥。艾德諾內閣的這種態度固然在西德內部受到德意志民族主義派的反對（主要來自新聞界），但反對的聲音只不過是有氣無力罷了。反對勢力雖然時而受到社會民主黨支持，但其基本觀點也僅僅為：最起碼應該「測試一下」俄方的提議。但縱使是那種「測試一下」的立場也從未有所突破，而且艾德諾在一九五三年和一九五七年兩次選戰中的大勝即可證明：這第一位聯邦總理對蘇聯所採取的不信任政策，至少已獲得大多數西德百姓認同（當時的東德百姓或許也不例外），即便為此所付出的代價，就是犧牲了德國的再統一。

但德國無法自行對一九五二年的「三月照會」做出最後決定，因為那畢竟是戰勝國之間的事宜。在美國領導下的西方列強固然原本準備同意讓德國再度統一，可是德國的中立化——亦即史達林的主要著眼點——卻是他們怎麼樣也無法接受的。更何況事

9 例如西德國歌的歌詞是：「統一與法治和自由，為了德意志祖國……」；東德國歌的歌詞則為：「讓我們為妳謀福祉，德國，統一的祖國……」。不過後來東德改採「兩國論」，以致東德國歌從一九七〇年代開始變成了純粹的演奏曲；東德恢復唱國歌的時間是在一九八九年十一月柏林圍牆倒塌之後！

10 奧德河與奈塞河在二戰以後共同構成德國與波蘭的邊界。兩條河流以東的波美拉尼亞、西里西亞，以及奧德河口西岸的斯德丁都被割讓給波蘭；東普魯士則一半劃歸俄羅斯，一半劃歸波蘭。

後回顧起來，西方列強反對的理由其實不難理解。

德國的中立化意味著，北大西洋公約組織在歐洲大陸的根據地主要將只剩下法國。縱使戴高樂統治下的法國後來不曾退出北約的軍事體系，那種陣勢也難以固守下去。按照常理來看，德國的中立化長此以往勢將導致美國退出歐洲，於是蘇聯僅需憑藉其強勢地位即足以在整個歐洲大陸享有主導權。

就此而言，即便是像我那般在當時主張過不同意見的人，事後也不得不承認：杜勒斯[11]與艾德諾拒絕接受史達林的提議一事，有其充分的理由存在。姑且不論二人的理由是好是壞，實際發生的結果都是：這個在權力政治上對莫斯科極為有利、因而蘇聯或許是真心誠意提出來的建議，最後被退了回去。蘇聯方面也就不再堅持己見，反而從此擺明了準備讓一九四九年以後出現的分裂局面成為常態──並且如同西方列強當時已經對德意志聯邦共和國做出的規畫那般，也將德意志民主共和國緊緊納入自己的同盟體系之內，進而在一九五五年加以執行。[12]

在德意志國身後的歷史上──亦即在德意志國消失的歷史上──一九五五年因而是第二個重要年份。一九四九年已分別成立了兩個新的德意志國家，時至一九五五年，德國一分為二的態勢更由於雙方分別加入相互對立、結構穩固的同盟體系和軍事組織而定型下來。

但即使在一九五五年以後，聯邦共和國仍然長年懷抱某種希望，即最後能夠藉由廢除東德並將之融入西德的做法來完成德國的再統一。唯一還能夠讓這個希望成真的地點，就是地位特殊的柏林市。柏林在四個戰勝國共同管轄之下仍舊處於開放狀態，於是在整個一九五〇年代成為人口流動的閘門，使得東德百姓有辦法湧入聯邦共和國。[13]然而不難預料的是，東德不可能容許這個漏洞一直存在下去。

如果西德果真對柏林寄予厚望的話，那麼就必須及早構思如何有效防衛這個薄弱地帶，因為此地有朝一日必將遭受攻擊，已是意料中事。

那個攻擊行動發生於一九五八至一九六一年的「柏林危機」期間。而且它明白顯示出，西方並未預先對此擬訂防衛計畫。此外，就在柏林危機的同時，一種新的局面演變出來，從此決定了兩大超級強國彼此之間以及其手下集團之間的關係——那就是所

11 杜勒斯（John Foster Dulles, 1888-1959）是冷戰初期美國外交政策的主要制訂者，曾任國務卿（1953-1959）。

12 西德在一九五五年五月九日加入「北大西洋公約組織」（成立於一九四九年四月四日）。蘇聯旋即在一九五五年五月十四日與東德、阿爾巴尼亞、保加利亞、捷克斯洛伐克、匈牙利、波蘭、羅馬尼亞等國組成「華沙公約組織」。

13 德國戰敗以後，戰勝國除了將德國劃分為四個占領區之外，也將深處東德境內的柏林市劃分為四國占領區。一九六一年蓋起柏林圍牆之前，雖然東西德邊界早已豎立起鐵絲網，東西柏林之間卻仍暢行無阻，成為東德百姓逃往西方的管道。

謂的「核子僵局」。之前美國人曾經在這種新式的大規模毀滅武器方面享有明顯優勢，此時俄國人卻已迎頭趕上。俄國人如今也有能力從自己國內向美國發動核子飛彈攻勢。美蘇兩大超級強國突然都因為此種相互毀滅的新威脅而進退維谷，再也不敢輕啟戰端。這正是雙方在柏林較勁之際的背景，而一九六一年時的最終解決辦法就是修築柏林圍牆，成功關閉了從柏林脫逃出去的管道。

一九六一年因而在德意志國身後的歷史上，成為第三個突出的時間點。期盼東西兩德於分別建國之後，到頭來還是能夠共同組成一個國家——而且是一個西方國家——的最後一點希望隨之破滅。從一九六一年開始就已經十分明白的是，兩個德意志國家並存的事實自此難以動搖，而且各個戰勝國也不再認真設法加以動搖。如今德國人再也無法指望，還會有辦法完成他們之前所稱的「再統一」。從此以後，任何試圖讓德國局勢變得比較容易被接受的做法，都只能寄望於改善那兩個再也無法撤銷的新德意志國家的雙邊關係。

此項認知在德意志聯邦共和國還需要將近十年的光陰，才轉化成為官方的政策。可是即便成為官方政策以後，「新東方政策」在接下來的十年內仍然宛如昔日的威瑪共和國一般，僅僅站在一條腿上面：因為只有從一九六九年開始執政的社會民主黨─自由民主黨聯合政府在推動這個政策。已淪為在野黨的基督教民主聯盟則未曾在一九七二年投票同意簽署《東方條約》，並且直到一九八二年重新接掌政權為止都堅持反對的態度。基督教民主聯盟遲至一九八〇年代才出於政策延續性的考量，將前任政府的東方政策納為已有。

「新東方政策」具體展現於一九七〇年簽訂的《莫斯科條約》和《華沙條約》，以及對本書而言意義最為重大、由德意志聯邦共和國與德意志民主共和國在一九七二年簽訂的《基礎條約》。東西兩德在《基礎條約》中相互承認對方為主權國家，卻對《基礎條約》序言中所言及的「國家定位問題」打馬虎眼。[14]

聯邦政府當時於威利・布朗德總理任內所簽訂的上述各項條約，可以和另外一個重要的條約等量齊觀，那就是各戰勝國彼此之間在一九七一年九月簽訂的《四國協定》。四個戰勝國在此協定中，以極為審慎的措辭，並刻意使用可做出不同詮釋的表達方式，針對德國最後一個還完全仰賴他們的問題——柏林地位問題——務實地訂定了

14 西德在一九五〇和六〇年代奉行「哈爾斯坦主義」，堅持德意志聯邦共和國代表整個德國，拒絕承認東德。社會民主黨籍的布朗德在一九六九年當選總理後，才放棄「哈爾斯坦主義」，轉而推動「新東方政策」。其結果為，一九七〇年的《莫斯科條約》和《華沙條約》改善了西德與蘇聯及東歐各國的關係，並承認二戰以後的新邊界。一九七二年的《基礎條約》則實現了兩德關係正常化：雙方相互承認對方為政治實體，卻又不視對方為外國（因此西德聯邦憲法法院裁定《基礎條約》並未違背西德「一德憲法」之精神）。東西兩德隨即在一九七三年同時加入聯合國。

規範。

此《柏林協定》對全德問題所產生的意義在於：仍然共同控管柏林的四個戰勝國，讓柏林市的情況遷就了如今已被視為常態的兩個德意志國家。這發生在一個精心保持平衡的條約架構內。

對柏林市民的日常生活而言，東柏林從此成為德意志民主共和國的首都；西柏林則成為德意志聯邦共和國具有若干特殊性質的一塊「飛地」。不過就國際法觀之，蘇聯認為西柏林是一個受到西方三強管轄的特區，西方三強則繼續認為整個柏林市都是四強共管的特區。四個戰勝國——包括西方三強在內——都不把西柏林看成是德意志聯邦共和國的一部分。四個戰勝國——蘇聯亦然——都表達出彼此的共識，非但願意讓西柏林維持現狀，並且同意西柏林繼續發展與德意志聯邦共和國的聯繫。（或連結？）無論如何，《柏林協定》在政治上的意義為：蘇聯與西方列強已經達成協議，雙方將不會（和不再）將各自的不同法理立場使用於權力競逐。此舉無疑使得這座分裂城市內的生活變得比較容易。

我們甚至可以表示，經由第二次世界大戰而形成，並且於戰後存續了三年的「四強的國度」，最後只侷限在柏林一隅。一九七一年的《柏林協定》使得這個殘餘地帶形同遭到隔離與消毒，以致而今而後再也無法從柏林衍生出全德性的糾紛或全德性的動能。關於四個戰勝國的立場講到這裡即已足夠。

不過就連兩個德意志國家看待彼此的方式，也在一九七〇年初期有所改變。一九七二年簽署《基礎條約》之後，聯邦共和國放棄了迄今不承認東德的立場，以及迄今所堅稱的「唯一代表權」，並且從此願意在有所保留的情況下與東德維持國與國關係。過了一年以後，兩個德意志國家隨即連袂加入聯合國。這個事件的重要性往往同樣被低估，因為如此一來，兩個德意志國家首度被整個國際社會接納為同一個「國際法共同體」之成員。雙方從此就如同其他任何主權國家一般，在聯合國內進行活動。

這一連串發展過程當中最後出現的劃時代事件，就是一九七一至一九七五年之間舉行的「赫爾辛基會議」。全體歐洲國家外加蘇聯、美國與加拿大——亦即整個北大西洋公約組織、整個華沙公約組織和所有的歐洲中立國——都參加了這個在戰後歷史上最大型的國際會議。他們可謂在赫爾辛基制訂出歐洲的和平規範，會中所做出的決議則可與一八一六年的《維也納會議決議案》相提並論。

在《赫爾辛基決議案》的第一部分（亦即對本書最重要的部分），與會三十五國承認彼此皆為地位平等的主權國家，並且保證不干預其他簽約國的內政。從此歐洲在政治上形成了普遍獲得接受的正常關係與和平狀態。德意志聯邦共和國與德意志民主共和國自然也是所涉及的對象。德意志國的重新建立，甚或只是兩個德意志國家未來的再統一，已非《赫爾辛基決議案》所探討的內容。因此我們可以表示，經過三十年的發展下來，德意志國自從一九四五年開始的緩慢死亡過程已告結束。

自從一九七五年以來，這方面即未曾出現過任何改變。兩個德意志國家之間的關係顯然並非以再統一作為標的，而是著眼於繼續謹慎改善尚未塵埃落定的德境內部關係，並且加以正常化。

我們不妨在此中斷片刻並向自己提出一個問題：這種狀態在可預見的將來是否有機會發生變化？目前的局勢是否可讓人做出合理推斷，認為有可能再度出現類似一九五二年時的情況，由蘇聯提議讓德國再統一和中立化？如果我們冷靜衡量實際狀況的話，那麼答案應該是：沒有機會。

一九五二年時，兩大超級強國之間的關係仍在未定之天。當時尚未完全確定下來，美蘇兩國是否還會有辦法重拾源自二戰時期的合作關係，抑或雙方在戰後形成的對抗狀態將持續下去。然而如今非常明確的是，這種或張或弛的對抗關係已經變成了常態。而且只要核子恐怖平衡存在一天，可以防阻雙方用戰爭來解決對抗，那麼這種常態至少將會在同樣長的時間內一直維持原樣。因為對兩大超級強國而言，一場核子戰爭勢將意味著相互毀滅，以致雙方皆不敢冒此風險。結果二者的行動自由都極為限縮，而且兩國在行動上受到最多限制之處，就是最晚從一九七五年開始、凡事都有規範可循、已經被緊緊綁住的那個地區：在歐洲，尤其是在德國。兩大超級強國若有一方在此後退了一步，則將表示另外一方向前多走了一步。因此雙方都動彈不得。

一九五二年以後更在其他方面也出現了改變。當初對蘇聯及其東歐同盟體系而言，德意志民主共和國依然可有可無；東德在莫斯科眼中還只是一個外交上的籌碼，一個抵押物而已。那時美國看似仍有退出歐洲大陸的可能，而若此事發生的話，蘇聯在歐陸的勢力範圍不僅能夠獲得確保，甚至可進而加以擴充——縱使沒有了東德也無所謂。但時至今日，有鑒於東歐集團國家爭取自主的行動（尤其是在波蘭），德意志民主共和國對蘇聯來說已經變得不可或缺。反向觀之，這種唇齒相依關係自然更加明確：東德一如既往不能沒有蘇聯的防衛同盟。

就美國與德意志聯邦共和國之間的關係而言，我們也可以做出類似的表示。在一九五二年的時候，縱使北約的範圍縮小，以致美國只在法國剩下一個狹窄的歐洲橋頭堡，那或許還是勉強可以接受的事情。不過自從法國退出北約的軍事機構，開始如同昔日那般推動獨立自主的強權政策之後，損失了西德將意味著北大西洋公約組織的解體——至少在歐洲大陸如此。正因為這個緣故，德意志聯邦共和國如今對美國亦已變得不可或缺，而且這同樣適用於相反的方向。假如缺少了與美國的防衛同盟，那麼沒有核子武器的西德將在孤立無援之下向壓力低頭，不得不屈服於或依附於擁有核武的東歐集團。

換句話說：今日在兩個德意志國家之間，以及其各自背後的兩大強權之間，雙方的關係已較建國之初更加密切和更加穩定。即便有人打算擺脫那些雙邊義務，現在也已經變得幾乎不可能了。

儘管如此，聯邦共和國的某些圈子裡面仍然抱持幻想，以為假如蘇聯再度像一九五二年那般提出建議的話，今天將會得到與當時截然不同的反應，而且西方將巴不得接受那項提議。但情況並非如此。或許對德國人自己來說，中立化現在是更能夠被採納的做法，因為今日統一後的德國可望再度成為一個值得認真看待的經濟強權，此為有異於一九五〇年代之處。可是那兩個超級強國及其同盟體系卻因而更加無法容忍德國的中立化。我們若仔細觀察的話，便可發現連對兩個德意志國家本身而言，雙方的再統一也不再是真正的課題——那並非出自情感上的理由，而是基於具體的政治因素。

兩個德意志國家已被箝制在兩大同盟體系之內，而兩大同盟體系的份量遠遠超過了俾斯麥時代的各種歐洲同盟（因為前者不僅擁有穩固的軍事組織，我們簡直可以表示，它們就是超級強國的化身）。這種箝制逐年益發緊密，以致恢復（或者重新建立）一個不論以何種形式涵蓋全德的國家——一個新德意志國——之前景，最後已然消失。

讓我們再從第二個觀點來看待這個問題，此即歐洲的觀點。時而有人表示：德國的分裂與歐洲的一分為二密不可分，由於歐洲各地如今已再度出現強烈的國家自主願望（無論在東歐或西歐皆然），因此「歐洲的歐洲化」長久下來應可促成德國的統一。

但我們若察看當今兩個德意志國家的歐洲鄰邦，他們基於本身利益，對某些德國人盼望中的德國再統一所抱持的態度，那麼我們只能得出一個令人掃興的結論：無論是在西方還是在東方，都沒有任何歐洲國家希望看見德國重新統一，或者願意接受此事發生。

所有的歐洲國家都跟昔日的德意志國有過相當不好、甚至往往十分可怕的經驗。對德意志國最重要的兩個鄰邦——法國與波蘭——而言，情況更是如此：假如兩國之間重新建構出一個擁有八千萬人口的權力集合體，必定將立刻導致警鐘震耳欲聾。德意志聯邦共和國的好朋友，義大利外交部長安德雷奧提，在一九八四年不小心說溜嘴的話（「現在有兩個德意志國家，而且兩個德國應該繼續維持下去」），便非常精確地呈現出德國各個鄰邦心底的想法。

講到最後：東西兩德已經分別發展了四十年，按照目前的情況來推斷，兩個德意志國家的再統一將會是何等模樣？說來奇怪的是，想像力在此已經不聽使喚。我們只能夠勾勒出一種再統一的模式，那就是兩德當中有一方消失不見，併入另外一方。然而其大前提是一場戰爭——而且依據今日現有的條件，這種再統一模式只可能在萬人塚裡面完成。就再統一本身而言，兩個德意志國家既然已經演變至此，我們實在無法想像二者還會有辦法融合成一個順利運作的國家，就連在理論上也很難想像。

最近四十二年來的歷史發展日益越離了德意志國。它從一九四五年時的影子國家，一個任由四大戰勝國擺布的對象，已經逐步演變得完全不復存在，甚至倒退至無法重建的地步。對德意志國的歷史進行回顧之後，不禁令人懷疑這種情況是否果真值得惋惜。那段充滿各種行動與苦難、斷層與恐懼的歷史，前後延續的時間只不過大致相當於今日我們和它之間距離的兩倍。而且我們與那段歷史的距離還只會年復一年地增加。[15]

15 德意志國從一八七一到一九四五年之間前後延續了七十四年（或一八六七至一九四八年之間的八十一年），本書在一九八七年初版時，與一九四五年之間的距離則為四十二年。

後記與致謝詞

Nachbemerkung und Danksagung

高齡與疾病使得本人再也無法以正規方式，將長年的研究結果與數十年來身為時代見證者的觀感撰寫成本書。我的朋友阿努爾夫・霸菱教授於是前來協助我克服難關。霸菱教授及其高足福爾克・察斯特羅與我舉行了十一次漫長的座談，由我向他們口述本書的十一個章節，接下來再一同進行討論。所討論的內容則依照霸菱教授的意願，不對外公開。

我的講詞錄音在法宮達・恩斯特女士辛苦謄抄出來以後，由福爾克・察斯特羅先生花費許多功夫來整理。他在不更動內容的情況下，完全清除了自由暢談時難免會出現的詞句重覆、累贅口語、以及語氣上的不一致——其實是經過他這番處理後，才產生了具有可讀性的文本。接著我將文本再次徹底修訂，並且多方面加以增補或替換。最後得出的結果就是本書。不過令我擔心的是，即便如此大費周章，人們恐怕還是會注意到本書最初是講出來而非寫出來的。

致謝詞幾乎是每一本歷史書籍當中必備的部分。但我對阿努爾夫・霸菱和福爾克・察斯特羅的謝意，則屬於另外一個層次：如果沒有他們前來「助產接生」(套用阿努爾夫・霸菱教授自己的講法)，本書根本就不可能面世。無論好壞如何，這畢竟還是我自己的書。關於書中所敘述的一切，以及任何——往往是出於刻意——未曾講出來的事物，我的兩位「助產士」都完全無須承擔責任。所有的謬誤、缺陷及弱點一概由本人負責。

賽巴斯提安・哈夫納
柏林，一九八七年八月

一九九〇年的後記
Nachwort 1990

本書於一九八七年在德國初版以後，書中的結論部分看似已被一九九〇年出現的各種事件所駁倒。我未能預先看出那些事件，更遑論是期待它們發生，而我所認識的其他人士當中，也無人能夠在一九八七年預見或期待它們發生。我想在此提醒的事情是：一九八七年時，德意志民主共和國「國務委員會主席」曾在波昂獲得國家元首級的禮遇，而招待他的那位聯邦總理，就是一九九〇年促成德意志民主共和國加入德意志聯邦共和國的同一人。[1]

今天人們當然再也無法像我在一九八七年所做的那般，以類似看望遠鏡的方式來回顧德意志國的歷史。人們反而必須向自己提出一個嚴肅的問題：德意志國是否換了一個名稱之後，又重新回到我們的身旁？這個當頭棒喝告訴我們，想從短期的眼光對歷史做出預測有多麼困難——而且這個困難度或許正出自我們是從短期眼光來預測歷史。縱使如此，我還是膽敢將拙作原封不動地呈現於世人面前。我這麼做的理由有二。

第一個理由是：這個出乎意料之外、由八千萬人重新建構起來的德國集合體若能獲得成功的話，它正可提供誘因，讓人們儘可能清楚地在記憶中喚回它迄今的歷史，亦即它從俾斯麥到希特勒之間的演變史。這段歷史繼續維持自己當初的原樣，而它所提供的教訓則比以往任何時刻都要來得更加迫切——那個教訓就是德國可以非常迅速地向世人呈現出一種截然不同的面貌。

第二個理由則為：在一九九〇年時仍然無法對歷史做出預測——而且正好同樣是無法從短期的眼光來預測。德國在一九九〇年十月三日出現的各種紀念演說和新聞標題，都紛紛表示德國已在當天「完成」統一。其實德國的重新統一根本尚未完成。那暫時只是純粹形式上的結合，將一個富裕的政體與一個剛在一九九〇年陷入大規模失業的貧窮政體拼湊起來。德意志民主共和國依舊存在，即便它已經在一九九〇年加入了德意志聯邦共和國。但它不再是一九八七年那個在經濟上勉強還算繁榮、在政治上多少還能夠運作下去的東德。它已成為一個經濟殘破、政治毀壞的國度。德意志聯邦共和國是否有能力（和意願），將本國這個全新的組成部分，從不到十二個月的時間內所形成的廢墟中拯救出來？[2]還是說西德將因此而延伸過度，甚至就連自己也被拖入東德的廢墟？這仍然是一個懸而未決的問題。其懸而未決的程度，至少與一九九〇年以前波昂官方用語中的「德國問題」不相上下。這說不定甚至——至少是在剛開始的時

1 那位聯邦總理是西德總理柯爾（Helmut Kohl, 1930-2017），後來成為兩德統一後的第一任總理。那位「國務委員會主席」則是東德黨政軍領導人何內克（Erich Honecker, 1912-94）。何內克曾在一九八七年前往西德進行官式訪問，於一九九〇年兩德統一前夕流亡莫斯科，蘇聯解體後被遣返德國接受審判，因健康不佳獲准流亡智利以至於終。

2 「不到十二個月的時間」指的是：柏林圍牆於一九八九年十一月九日夜間突然「倒塌」之後，東西兩德隨即在一九九〇年十月三日統一。

候——將成為一個新的「德國問題」。

譯名對照表

導言

德意志國（德意志帝國、威瑪共和國、第三帝國） Deutsches Reich
北德意志邦聯（北德同盟） Norddeutscher Bund
施馬爾卡爾登戰爭（徐馬爾卡爾底戰爭） Schmalkaldischer Krieg
三十年戰爭 Dreißigjähriger Krieg
七年戰爭 Siebenjähriger Krieg
保羅教堂（法蘭克福國民議會集會的地點） Paulskirche
什列斯威－霍爾斯坦（德境最北方的兩個公國） Schleswig-Holstein
尤利烏斯・福祿貝爾（一八四八革命時期的國民議會議員） Julius Fröbel
大衛・卡里歐（現代美國歷史學家） David Calleo
最後的理性（最後的手段——戰爭） *Ultima ratio*（拉丁文）
小德意志 Kleindeutsch
大德意志 Großdeutsch
普魯士的德意志國 Preußens deutsches Reich
德意志民族的神聖羅馬帝國 Heiliges Römisches Reich Deutscher Nation

第一章 德意志國的形成

萊茵省 Rheinprovinz
維蘭德（十八／十九世紀德國作家） Christoph Martin Wieland
席勒（十八世紀德國劇作家） Friedrich Schiller
《三十年戰爭史》 *Geschichte des Dreißigjährigen Krieges*
解放戰爭（德境反抗拿破崙的戰爭） Befreiungskriege

沙恩霍斯特（普魯士軍事改革家） Gerhard von Scharnhorst
格奈森瑙（普魯士軍事改革家） August Neidhardt von Gneisenau
斯坦因男爵（普魯士改革家） Freiherr vom Stein
湯瑪斯・曼（二十世紀德國作家） Thomas Mann
《綠蒂在威瑪》（湯瑪斯・曼的小說） *Lotte in Weimar*
原本民族 Urvolk
克萊斯特（十八／十九世紀德國劇作家） Heinrich von Kleist
恩斯特・莫里茲・阿恩特（十八／十九世紀德國作家）
Ernst Moritz Arndt
約翰・戈特里布・費希特（德國哲學家） Johann Gottlieb Fichte
德意志邦聯 Deutscher Bund
梅特涅（奧地利首相） Klemens Wenzel Fürst von Metternich
《卡爾斯巴德決議》 Karlsbader Beschlüsse
卡爾斯巴德（今日捷克西部的城市） Karlsbad（Karlovy Vary）
追捕煽動者 Demagogenverfolgungen
帝國攝政王 Reichsverweser
現實政治 Realpolitik
腓特烈・威廉四世（普魯士國王） Friedrich Wilhelm IV.
德意志聯盟 Deutsche Union（Erfurter Union）
哥塔（德國中部城市） Gotha
超級大德國（奧地利的德意志統一方案） Supergroßdeutschland
施瓦岑貝格侯爵（一八四八革命爆發後的奧地利首相）
Felix Fürst zu Schwarzenberg
《宏觀報告》 Prachtbericht
關稅同盟 Zollverein
普魯士憲政衝突 Preußischer Verfassungskonflikt
衝突部長（普魯士憲政衝突時期的俾斯麥） Konfliktminister
漢諾威王國 Königreich Hannover
黑森選侯國 Kurhessen（Kurfürstentum Hessen）
拿騷公國 Herzogtum Nassau
黑森—達姆斯塔特 Hessen-Darmstadt

德意志皇帝（德皇威廉一世的頭銜） Deutscher Kaiser
折衷方案（奧地利—匈牙利折衷方案）
Ausgleich（Österreichisch-Ungarischer Ausgleich）
克尼格雷茨（薩多瓦） Königgrätz（Sadowa）
尼科爾斯堡（普奧在摩拉維亞進行停戰談判的地點） Nikolsburg
美因河軍團 Mainarmee
民族主義騙局 Nationaler Schwindel
美因河沿線 Mainlinie
埃姆斯電報 Emser Depesche
霍亨佐倫家族（普魯士王室家族） Die Hohenzollern
和平的湧泉 Friedensfontanelle
尼斯 Nizza
薩伏依（法國東南部和義大利西北部地區） Savoyen
為克尼格雷茨復仇（為薩多瓦復仇） Revanche für Königgrätz
泰勒（英國歷史學家） Alan. J. P. Taylor
帝國的建立者 Reichsgründer
帝國的阻礙者 Reichsverhinderer

第二章　俾斯麥時代

俾斯麥時代 Bismarckzeit
威廉時代 Wilhelminische Zeit
德皇時代 Kaiserzeit
阿圖爾・羅森貝格（猶太裔德國歷史學家） Arthur Rosenberg
危機內閣（俾斯麥出任普魯士首相時的內閣） Krisenministerium
半議會君主制 Halbparlamentarische Monarchie
本尼格森（德國民族主義自由派政治人物） Rudolf von Bennigsen
中央黨（德國天主教徒的政黨） Zentrum
國家公敵 Reichsfeind
山那邊的人（支持教皇權力者） Ultramontan

容克貴族（普魯士易北河以東的土地貴族） Junker
拉薩爾（德國工運的創立者之一） Ferdinand Lassalle
《反對社會民主黨進行危害公安活動法》（反社會主義者法）
Gesetz gegen die gemeingefährlichen Bestrebungen der Sozialdemokratie（Sozialistengesetz）
生產階層的卡特爾 Kartell der schaffenden Stände
農民聯盟 Bund der Landwirte
德國工業家中央協會 Zentralverband deutscher Industrieller
漢薩聯盟（德意志帝國的工商業協會） Hansabund
狄斯雷利（十九世紀英國首相） Benjamin Disraeli
亞爾薩斯—洛林 Elsaß-Lothringen
斯特拉斯堡（亞爾薩斯的首府） Straßburg
麥次（洛林的首府） Metz
戈爾恰科夫（十九世紀俄羅斯帝國首相） Alexander Gortschakoff
戰爭迫在眉睫危機（一八七五年的德法危機） Krieg-in-Sicht-Krise
《基辛根口述稿》 Kissinger Diktat
利奧波德・馮・格拉赫（普魯士保守派健將） Leopold von Gerlach
漢斯・烏爾里希・魏勒（現代德國史學大師） Hans-Ulrich Wehler
社會帝國主義 Sozialimperialismus
門戶關閉政策 Torschlußpolitik
格拉斯東（十九世紀英國首相） William Ewart Gladstone
比羅（德意志帝國第四任總理） Bernhard Fürst von Bülow
誠實的經紀人（俾斯麥的外交用語） Ehrlicher Markler
喬治・肯楠（美國歷史學家和外交官） George F. Kennan
三帝同盟 Dreikaiserbündnis
特倫托（義大利北部的自治區） Trentino（Trento）
德里亞斯特（義大利東北部海港） Triest（Trieste）
《再保條約》 Rückversicherungsvertrag
軍事內閣 Militärkabinett
世界政策 Weltpolitk

第三章　德皇時代

德皇時代　Kaiserzeit
熊彼得（奧地利經濟學家）　Joseph Schumpeter
康德拉捷夫（遭史達林處決的蘇聯經濟學家）　Nikolai Kondratjew
工資鐵律　Ehernes Lohngesetz
第一國際　Erste Internationale
修正主義　Revisionismus
跳入火坑（社民黨在一戰末期收拾殘局的行動）　In die Bresche springen
艾伯特（社民黨領袖，威瑪共和首任總統）　Friedrich Ebert
群眾的政治化　Massenpolitisierung
德雷福斯事件（法國最著名的冤獄案）　Dreyfus-Affäre
殖民帝國主義的時代　Zeitalter des Kolonialimperialismus
馬克斯・韋伯（德國社會學大師）　Max Weber
協約　Entente（Entente Cordiale）
三國同盟（德奧義三國同盟）　Dreibund
地中海聯盟　Mittelmeer-Allianz
卡普里維（德意志帝國第二任總理）　Leo von Caprivi
《德英交換條約》
　　Deutsch-englischer Tauschvertrag（Helgoland-Sansibar-Vertrag）
尚西巴（德屬東非旁邊的群島）　Sansibar
黑爾戈蘭（德國深入北海的兩個島嶼）　Helgoland
新路線（俾斯麥下台後的德國內政路線）　Neuer Kurs
提爾皮茨（德意志帝國海軍元帥）　Alfred von Tirpitz
康拉德・艾德諾（西德首任總理）　Konrad Adenauer
第一次摩洛哥危機　Die erste Marokko-Krise（1905/06）
丹吉爾（摩洛哥北端的城市）　Tanger（Tangier）
阿爾弗雷德・馮・施利芬（德意志帝國陸軍元帥）　Alfred von Schlieffen
高級參贊　Vortragender Rat
霍爾斯坦（德意志帝國外交部的「大內高手」）　Friedrich von Holstein
阿爾赫西拉斯（西班牙南端的城市）　Algeciras

摩洛哥會議　Marokko-Konferenz
巴爾幹危機　Balkankrise
刀光閃閃的防護　Schimmernde Wehr
第二次摩洛哥危機　Die zweite Marokko-Krise（1911）
《阿爾赫西拉斯條約》　Algeciras-Akte
阿加迪爾（摩洛哥南部海港城市）　Agadir
波士尼亞危機　Die bosnische Krise
勞合・喬治（一戰後期的英國總理）　Lloyd George
霍爾丹（一戰爆發前夕的英國陸軍大臣）　Richard B. Haldane
霍爾丹任務　Haldane-Mission
軍備控制　Rüstungskontrolle
貝特曼—霍爾維格（一戰時期的德國總理）
　　Theobald von Bethmann-Hollweg
巴格達鐵路　Bagdadbahn
青年土耳其革命　Die jungtürkische Revolution（1908）

第四章　第一次世界大戰

戰爭罪責問題　Kriegsschuldfrage
弗里茨・費雪（現代德國歷史學家）　Fritz Fischer
費雪論戰　Fischer- Kontroverse
薩拉耶佛（波士尼亞首府）　Sarajevo
空白支票　Blankoscheck
施利芬計劃　Schlieffenplan
安特衛普（央凡爾）　Antwerpen（Antwerp , Anvers）
在貝爾格勒停止推進　Halt in Belgrad
毛奇　Helmuth von Moltke
瓦德西（德意志帝國陸軍元帥）　Alfred von Waldersee
加里西亞（波蘭南部和烏克蘭西部的地區）　Galizien
阿登地區（位於比利時東南部）　Ardennen

無限制潛艇戰　Unbeschränkter U-Boot-Krieg
斯卡格拉克海峽（挪威與丹麥之間的北海）　Skagerrak
獨立社會民主黨（德國社民黨的左派）
　Unabhängige Sozialdemokratische Partei（USPD）
多數社會民主黨（德國社民黨的溫和派）
　Mehrheitssozialdemokratische Partei（MSPD）
對等政策　Politik der Diagonale
德意志祖國黨　Deutsche Vaterlandspartei
戰爭目標辯論　Kriegszieldebatte
妥協的和約　Verständigungsfrieden（Kompromißfrieden）
最高陸軍指揮部　Oberste Heeresleitung（OHL）
興登堡　Paul von Hindenburg
魯登道夫　Erich Ludendorff
赫特林伯爵（一戰末期的德國總理）　Georg von Hertling
馮・派爾（德意志帝國末任副總理）　Friedrich von Payer
總體戰　Totaler Krieg
《輔助勤務法》　Hilfsdienstgesetz

第五章　一九一八年

《布列斯特—里托夫斯克和約》　Friede von Brest-Litowsk
《九月備忘錄》　Septemberdenkschrift
納爾瓦（愛沙尼亞與俄國邊界上的城市）　Narva
聶伯河　Dnjepr
頓河畔的羅斯托夫（俄羅斯南部大城）　Rostow am Don
曼斯坦計劃　Manstein-Plan
皇帝會戰（德軍在一九一八年初的大型攻勢）　Kaiserschlacht
馬恩河（法國中部河流）　Marne
蘭斯（法國香檳區的城市）　Reims
工賊（破壞罷工者）　Streikbrecher

興登堡防線　Hindenburglinie
十四點原則　14 Punkte
馮・辛慈（德意志帝國末期的外交部長）　Paul von Hintze
斯帕（比利時中部城市）　Spa
馬克斯・馮・巴登親王（德意志帝國末期的總理）　Prinz Max von Baden
德皇辯論　Kaiserdebatte
基爾（德國波羅的海軍港）　Kiel
工人士兵委員會（工人士兵蘇維埃）　Arbeiter- und Soldatenräte
賽德曼（威瑪共和國第二任總理））　Philipp Scheidemann
格勒納（革命爆發後的德軍領導人）　Wilhelm Groener
潘興將軍（歐洲美軍總司令）　General John J. Pershing
埃爾茨貝格爾（德國停戰代表團團長）　Matthias Erzberger
貢比涅（法國北部城市）　Compiègne
福煦元帥（一戰末期協約國部隊總指揮官）　Marschall Ferdinand Foch
背後捅一刀神話　Dolchstoßlegende
柏林工人士兵委員會　Berliner Arbeiter- und Soldatenräte
人民代表委員會　Rat der Volksbeauftragten
背後捅一刀訟訴案　Dolchstoßprozess
斯巴達克斯黨人（德國共產黨的前身）　Spartakisten
艾伯特─格勒納協定　Ebert-Groener-Pakt
全國委員會大會（全國蘇維埃大會）　Reichsrätekongreß
卡塞爾（德國中北部城市）　Kassel
義勇軍　Freikorps
國防軍部長　Reichswehrminister
諾斯克（革命後的首任國防軍部長）　Gustav Noske
人民海軍師　Volksmarinedivision
斯巴達克斯週　Spartakuswoche
波美拉尼亞（二戰後割讓給波蘭的德國東部省分）　Pommern

第六章　威瑪與凡爾賽

《威瑪憲法》　Weimarer Verfassung
《凡爾賽和約》　Versailler Friedensvertrag
威悉河（德國西北部的河流）　Weser
馮・塞克特將軍（威瑪共和初期的軍方領導人）
　　General Hans von Seeckt
科斯特林將軍（德國駐蘇軍事全權代表）　General Ernst-August Köstring
波蘇戰爭　Polnisch-russischer Krieg（Polnisch-Sowjetischer Krieg）
《拉帕羅條約》（德蘇在一九二二年簽訂的條約）　Vertrag von Rapallo
拉帕羅情結　Rapallokomplex
斯提凡・茨威格（猶太裔奧地利作家）　Stefan Zweig
魯爾戰爭　Ruhrkrieg
消極抵抗　Passiver Widerstand
《倫敦協定》　Londoner Abkommen
《羅加諾公約》　Locarno-Vertrag
馬其諾防線　Maginot-Linie
史特雷斯曼（一九二〇年代德國外長）　Gustav Stresemann
境外德國人　Auslandsdeutsche
波蘭走廊　Polnischer Korridor
上西里西亞　Oberschlesien
德意志奧地利（一戰結束後的奧地利）　Deutsch-Österreich
德奧合併　Anschluß
楊氏計劃　Young-Plan
《胡佛延期償付案》　Hoover-Moratorium
海因利希・布呂寧（威瑪共和後期的總理）　Heinrich Brüning
凱因斯（英國經濟學家）　John Maynard Keynes
瓦格曼（德國經濟學家）　Ernst Wagemann
赤字開支　Deficit spending
日內瓦裁軍會議　Genfer Abrüstungskonferenz
施萊歇爾（威瑪共和末任總理）　Kurt von Schleicher

第七章　興登堡時代

興登堡時代　Hindenburgzeit
黃金的二〇年代　Goldene Zwanziger Jahre
德意志民主黨（中央偏左的自由派政黨）
Deutsche Demokratische Partei（DDP）
威瑪聯盟　Weimarer Koalition
卡普政變（一九二〇年的右派流產政變）　Kapp-Putsch
斯廷內斯—列金協議　Stinnes-Legien-Abkommen
德意志國家民族黨（德國右派保守政黨）
Deutschnationale Volkspartei（DNVP）
德意志民族黨（德國右派自由政黨）　Deutsche Volkspartei（DVP）
馬太教堂廣場（位於柏林市）　Matthäikirchplatz
十一月罪犯　Novemberverbrecher
民族奮起　Nationale Erhebung
斯提凡・格奧爾格（二十世紀著名德國詩人）　Stefan George
法朗茲・馮・巴本（威瑪共和末期的總理）　Franz von Papen
男爵內閣（巴本內閣）　Kabinett der Barone
鞭打普魯士　Preußenschlag
魯普雷希特（巴伐利亞王儲）　Rupprecht von Bayern
戈培爾（納粹宣傳部長）　Joseph Goebbels
烏布利希（東德領導人）　Walter Ulbricht
青年聯盟　Bündische Jugend
格雷戈爾・施特拉瑟爾（納粹組織部長）　Gregor Strasser
社團國家（義大利式的法西斯國家）　Korporationsstaat
等級制國家（奧地利式的法西斯國家）　Ständestaat

第八章　希特勒時代

希特勒時代　Hitlerzeit

國會大廈縱火案　Reichstagsbrand
《授權法》（廢除威瑪議會民主制的法案）　Ermächtigungsgesetz
元首國家　Führerstaat
民族奮起　Die nationale Erhebung
國家社會主義革命　Die nationalsozialistische Revolution
狄特里希（威瑪共和末期的副總理）　Hermann Dietrich
同步化（納粹化）　Gleichschaltung
三月陣亡者（一九三三年三月搶著加入納粹黨的人）　Märzgefallene
突擊隊（納粹的街頭打手部隊）　Sturmabteilung（SA）
布隆貝格（下令德軍向希特勒宣誓效忠的國防部長）
　　Werner von Blomberg
賴歇瑙（納粹德國的「政治將軍」）　Walter von Reichenau
突擊隊最高元首（希特勒）　Oberster SA-Führer（OSAF）
諾伊德克（東普魯士西部的村莊）　Neudeck
巴特維西（巴伐利亞南端的度假勝地）　Bad Wiessee
羅姆（被希特勒槍斃的突擊隊參謀長）　Ernst Röhm
羅姆政變　Röhm-Putsch
國家緊急防衛　Staatsnotwehr
紐倫堡（納粹「黨大會的城市」）　Nürnberg
突擊隊之日　Tag der SA
黨衛隊之日　Tag der SS
黨衛隊（黑衫隊）　Schutzstaffel（SS）
國家義務勞動役之日　Tag des Reichsarbeitsdienstes
國防軍之日　Tag der Wehrmacht
省黨部領導人　Gauleiter
恩斯特・弗蘭克爾（德國政治學家）　Ernst Fraenkel
《雙重國家》　*The Dual State*（*Der Doppelstaat*）
國防軍（納粹時代德國軍隊的名稱）　Wehrmacht
戈特弗里德・本恩（德國詩人）　Gottfried Benn
貴族形式的移民國外　Die aristokratische Form der Emigration
專制獨裁下的無政府狀態　Autoritäre Anarchie

禁衛軍的身高　Gardemaß
國家安全總局　Reichssicherheitshauptamt（RSHA）
骷髏頭部隊　Totenkopfverbände
國民啟蒙暨宣傳部
　　Reichsministerium für Volksaufklärung und Propaganda
反對派（第三帝國時代反對納粹者）　Antis（Anti-Nazis）
《德意志通論報》　*Deutsche Allgemeine Zeitung*
《法蘭克福日報》　*Frankfurter Zeitung*
《柏林日報》　*Berliner Tageblatt*
《人民觀察家報》（納粹的黨報）　*Völkischer Beobachter*
《黑色軍團》（黨衛隊的機關報）　*Das Schwarze Korps*
中法蘭克尼亞（紐倫堡地區）　Mittelfranken（Middle Franconia）
史特萊歇爾（中法蘭克尼亞省黨部頭目）　Julius Streicher
《衝鋒報》（中法蘭克尼亞省黨部的機關報）　*Der Stürmer*
語言規範　Sprachregelung
希亞爾瑪・沙赫特（希特勒的「財政魔術師」）　Hjalmar Schacht
雅利安人條款　Arierparagraph
《慕尼黑協定》　Münchner Abkommen
蘇台德地區（波希米亞的邊緣地帶）　Sudetengebiet（Sudetenland）
《紐倫堡法案》　Nürnberger Gesetze
史陶芬堡伯爵（一九四四年行刺希特勒的軍官）　Claus Graf Stauffenberg
內心流亡　Innere Emigration
海因里希・呂布克（聯邦德國第二任總統）　Heinrich Lübke
世界霸權或淪亡？　Weltmacht oder Niedergang?
你什麼也不是，你的民族就是一切（希特勒的口號）
　　Du bist nichts, dein Volk ist alles
延續之中的嬗變　Wandel in der Kontinuität
帝國水晶之夜（一九三八年迫害猶太人的行動）　Reichskristallnacht
假如元首曉得此事的話！　Wenn das der Führer wüßte!

第九章　第二次世界大戰

《我的奮鬥》　*Mein Kampf*
《海軍協定》　Flottenabkommen
生存空間　Lebensraum
里賓特洛甫（希特勒的外交部長）　Joachim von Ribbentrop
綏靖主義　Appeasement
但澤（格但斯克）　Danzig（Gdansk）
中歐構想　Mitteleuropakonzept
蘇台德危機　Sudentenkrise
蘇台德德國人　Sudetendeutsche
慕尼黑會議　Münchner Konferenz
波希米亞　Böhmen
摩拉維亞（波希米亞與斯洛伐克之間的「走廊」）　Mähren
帝國保護領地　Reichsprotektorat
卡爾・布克哈特（瑞士外交官與歷史學家）　Carl J. Burckhardt
《反共產國際協定》　Antikominternpakt
互不侵犯協定　Nichtangriffspakt
《隔離演說》　Quarantäne-Rede
世界閃電戰　Weltblitzkrieg
猶太人問題的最終解決　Endlösung der Judenfrage
孤注一擲　Vabanquespiel
尼祿命令（希特勒下令在德國毀滅一切的命令）　Nero-Befehle
施佩爾（希特勒的軍火生產部長）　Albert Speer
管制委員會（二戰結束後的盟軍占領當局）　Kontrollkommission
波茨坦會議　Konferenz von Potsdam

第十章　德意志國身後的歷史

聯邦憲法法院　Bundesverfassungsgericht

國際法的主體　Völkerrechtssubjekt
鄧尼茨（德意志國末代總統）　Karl Dönitz
北萊茵—西發利亞（位於德國西部）　Nordrhein-Westfalen
下薩克森（位於德國北部）　Niedersachsen
人民議院（東德國會）　Volkskammer
德意志民主共和國（東德）　DDR（Deutsche Demokratische Republik）
德意志聯邦共和國（西德）　Bundesrepublik Deutschland
議會委員會（德國聯邦國會的前身）　Parlamentarischer Rat
《基本法》（德意志聯邦共和國憲法）　Grundgesetz
基督教民主聯盟　CDU
基督教社會聯盟　CSU
分離國家　Spalterstaat
從共和國脫逃　Republikflucht
奧德河—奈塞河邊界（今日的德國波蘭邊界）　Oder-Neiße-Grenze
三月照會　März-Note
杜勒斯（冷戰初期的美國國務卿）　John Foster Dulles
柏林危機　Berlin-Krise（1958-1961）
核子僵局　Atompatt
新東方政策　Neue Ostpolitik
《東方條約》　Ostverträge
《基礎條約》　Grundlagenvertrag
威利・布朗德（推行新東方政策的西德總理）　Willy Brandt
《四國協定》（《柏林協定》）
Vier-Mächte-Abkommen（Berlin-Abkommen）
唯一代表權　Alleinvertretungsanspruch
國際法共同體　Völkerrechtsgemeinschaft
赫爾辛基會議　Konferenz von Helsinki
《維也納會議決議案》　Wiener Schlußakte
《赫爾辛基決議案》　Schlußakte von Helsinki
歐洲的歐洲化　Eruopäisierung Europas
安德雷奧提（義大利外交部長及總理）　Giulio Andreotti

後記

阿努爾夫・霸菱（德國法學家與歷史學家） Arnulf Baring
福爾克・察斯特羅（德國記者） Volker Zastrow
宮達・恩斯特 Gunda Ernst
國務委員會主席（東德政府領導人） Staatsratsvorsitzende
德國問題 Deutsche Frage

地圖

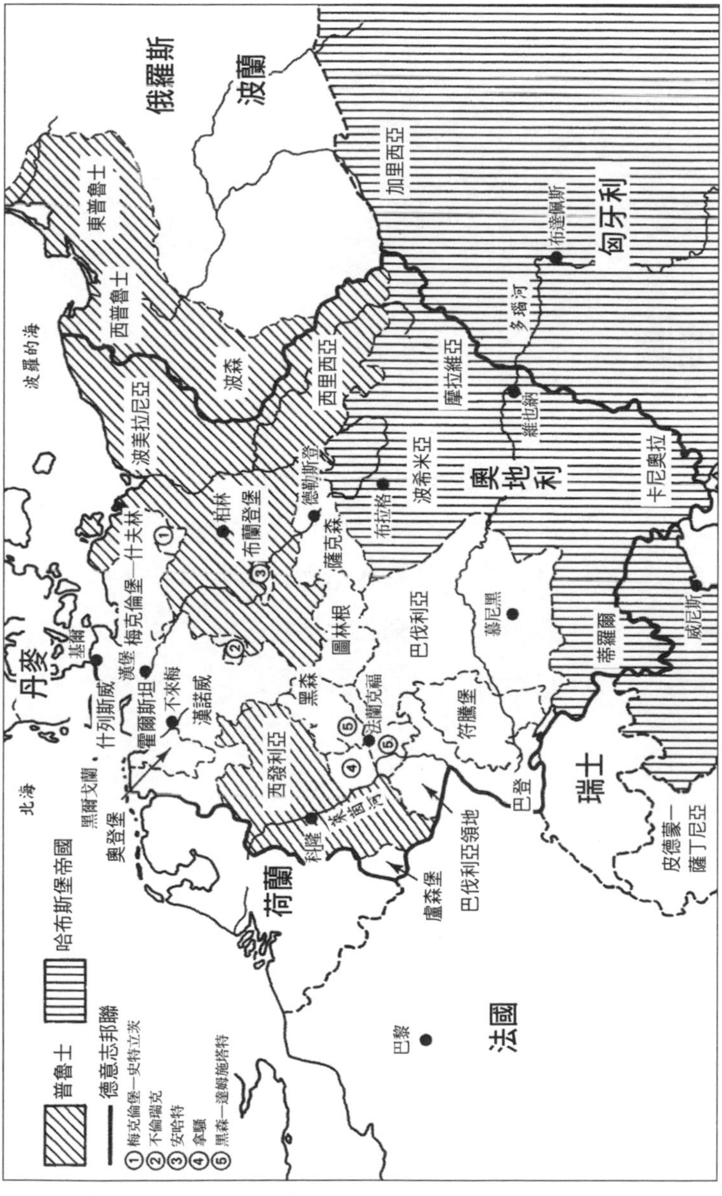

圖一 一八一五年之後的德意志邦聯

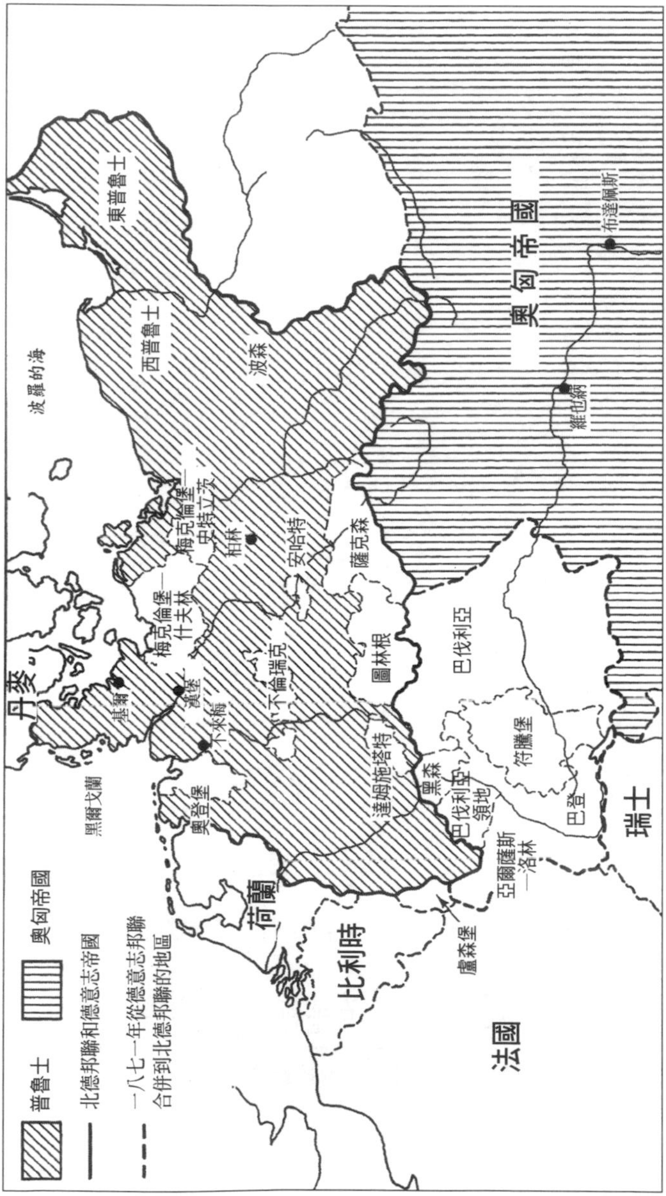

圖二　一八六七至一八七一年的北德邦聯與德意志帝國

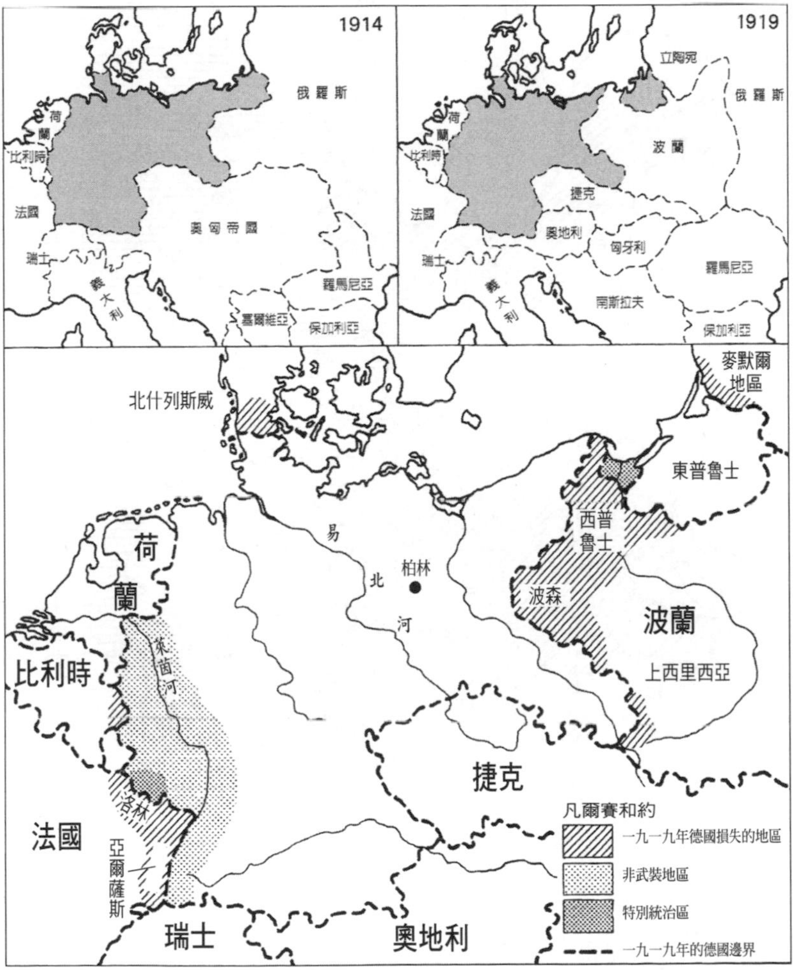

圖三　一九一九年因《凡爾賽和約》失去的領地

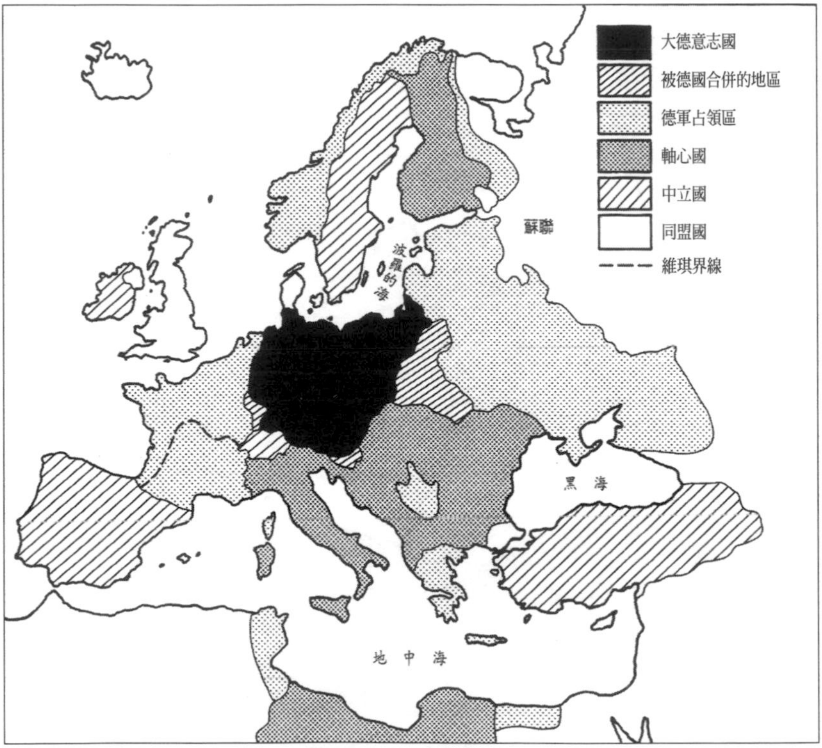

圖四　一九四二年時希特勒的大德意志國

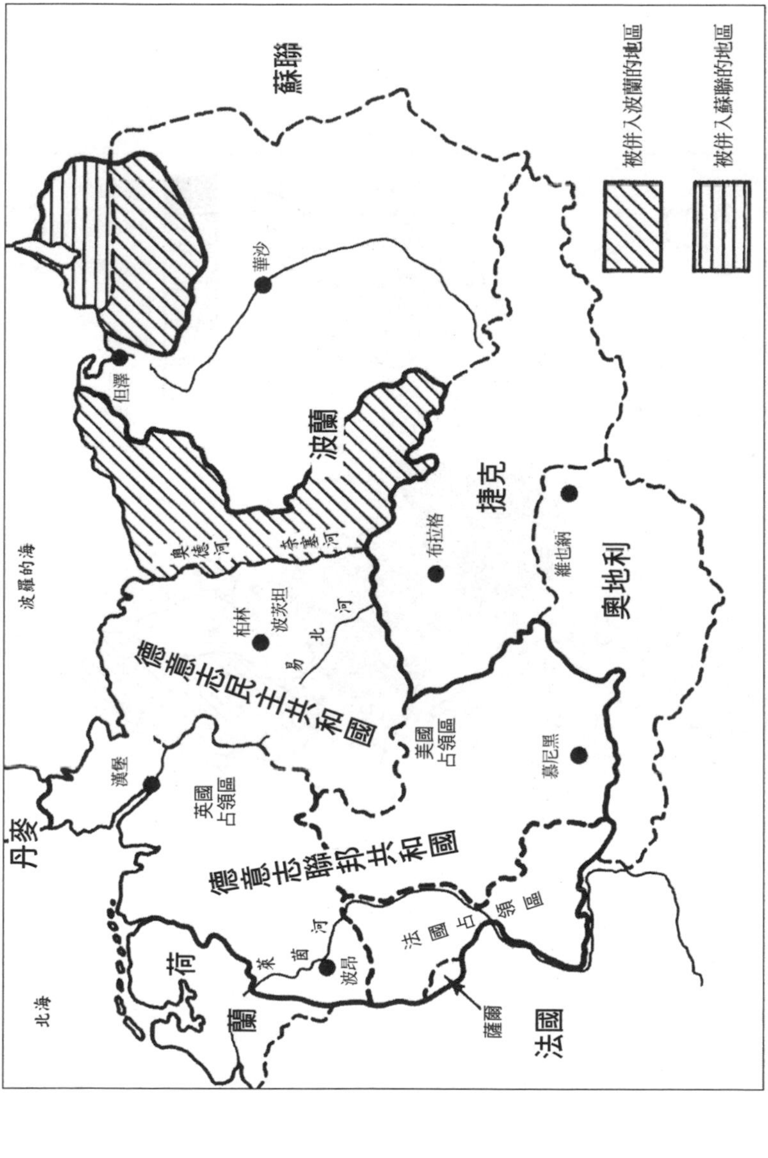

圖五　一九四五年後德境的分裂形勢

左岸｜歷史255

從俾斯麥到希特勒：回顧德意志國（新版）
Von Bismarck zu Hitler: Ein Rückblick

作　　者　賽巴斯提安・哈夫納（Sebastian Haffner）
譯　　者　周全
總 編 輯　黃秀如
封面設計　黃暐鵬
內頁排版　宸遠彩藝

社　　長　郭重興
發行人暨出版總監　曾大福
出　　版　左岸文化／遠足文化事業股份有限公司
發　　行　遠足文化事業股份有限公司
23141新北市新店區民權路108-2號9樓
電　　話　02−2218−1417
傳　　真　02−2218−8057
客服專線　0800−221−029
E-Mail　rivegauche2002@gmail.com
左岸臉書　facebook.com/RiveGauchePublishingHouse
法律顧問　華洋法律事務所 蘇文生律師
印　　刷　成陽印刷股份有限公司
初版一刷　2009年10月
二版一刷　2017年07月
二版四刷　2022年03月
定　　價　350元
ISBN　978-986-5727-58-1

國家圖書館出版品預行編目資料

從俾斯麥到希特勒：回顧德意志國／賽巴斯提安・哈夫納(Sebastian Haffner)著；周全譯. -- 二版. -- 新北市：左岸文化出版：遠足文化發行, 2017.07
面；　公分. -- (左岸歷史；255)

譯自：Von Bismarck zu Hitler : ein Rückblick

ISBN 978-986-5727-58-1(平裝)

1. 德國史

743.25　　106009604